汽车发动机构造与维修

（含任务实施与评价手册）

主　审　李泽林
主　编　王小娟　赵　磊
副主编　马志雄
参　编　豆建芳　李开春　王兴国

北京理工大学出版社

BEIJING INSTITUTE OF TECHNOLOGY PRESS

内容简介

本书主要介绍了发动机机械系统的构造与维修，内容涵盖汽车及发动机总体认知，以及曲柄连杆机构、配气机构、燃料系统、冷却系统和润滑系统等发动机机械部分的构造原理和拆装检修。

本书以落实立德树人为根本任务，以"发展新质生产力，扎实推进高质量发展"为宗旨，反映了当前汽车工业的"四新"内容；充分运用现代信息技术，创新教材呈现形式，注重教材资源的多样化，体现教学设计的精细化；通过大版原创思维导图及场景化微课资源，加强了知识与技能的可视化，有利于激发学生的学习兴趣，提升学习效能。

本书可作为高职高专院校、中等职业学校、技师学院、应用技术型本科院校的教学和培训考证教材，也可作为相关行业、企业的岗位培训教材及其他汽车爱好者、读者的自学用书。

本书配备精品微课、思维导图、任务作业单、课件、教案、试卷、检测习题及答案等丰富多样的教学资源。

版权专有　侵权必究

图书在版编目（CIP）数据

汽车发动机构造与维修：含任务实施与评价手册 / 王小娟，赵磊主编．-- 北京：北京理工大学出版社，2024.4

ISBN 978-7-5763-3901-7

Ⅰ．①汽… Ⅱ．①王…②赵… Ⅲ．①汽车－发动机－构造②汽车－发动机－车辆修理 Ⅳ．①U472.43

中国国家版本馆 CIP 数据核字（2024）第 088611 号

责任编辑： 多海鹏	**文案编辑：** 多海鹏
责任校对： 周瑞红	**责任印制：** 李志强

出版发行 / 北京理工大学出版社有限责任公司

社　　址 / 北京市丰台区四合庄路6号

邮　　编 / 100070

电　　话 /（010）68914026（教材售后服务热线）

　　　　　（010）63726648（课件资源服务热线）

网　　址 / http://www.bitpress.com.cn

版 印 次 / 2024年4月第1版第1次印刷

印　　刷 / 北京广达印刷有限公司

开　　本 / 787 mm × 1092 mm　1/16

印　　张 / 20

插　　页 / 6

字　　数 / 466 千字

总 定 价 / 85.00 元

图书出现印装质量问题，请拨打售后服务热线，负责调换

二维码索引

序号	名称	二维码	页码	序号	名称	二维码	页码
1	汽车行驶的基本原理		008	10	气缸磨损测量		037
2	发动机及其分类		010	11	活塞连杆组		039
3	发动机总体结构		014	12	活塞及其检修		040
4	发动机专用术语		015	13	活塞环拆装及三隙测量		044
5	机体组		027	14	活塞销及其偏置		049
6	发动机常用拆装工具及使用		034	15	连杆		051
7	游标卡尺的使用		036	16	曲轴飞轮组		057
8	千分尺的使用		036	17	曲轴曲拐的位置分布		061
9	百分表的使用		037	18	配气机构的功用		072

汽车发动机构造与维修（含任务实施与评价手册）

序号	名称	二维码	页码	序号	名称	二维码	页码
19	配气机构的组成		073	25	正时皮带更换		102
20	配气机构的分类		074	26	电控燃油喷射系统的组成与原理		125
21	气门		085	27	燃油压力调节器		128
22	气门座		088	28	燃油压力检测		129
23	气门弹簧		091	29	冷却系统大小循环		160
24	气门组拆装		092	30	润滑系统		189

前言

为了贯彻落实党的二十大精神及《习近平新时代中国特色社会主义思想进课程教材指南》《职业院校教材管理办法》《关于加强高职高专教育教材建设的若干意见》等文件精神，牢记育人使命，提升教材的铸魂育人功能，同时"创新教材呈现形式，推进教材建设立体化"，特组织来自国家教材研究部门的权威专家、职业院校具有丰富教学和企业实践经验的资深教师以及行业企业专家和技术骨干共同审核、编写了本书。

本书的特色主要体现在以下几个方面：

1. 以落实立德树人为根本任务，将教材对学生的价值塑造、知识传授和能力培养融为一体，以"发展新质生产力，扎实推进高质量发展"为宗旨，注重教材内容选取的实用性、创新性、科学性和先进性，注重学科逻辑与学习逻辑的统一；教材中反映了当前汽车工业发展的新知识、新技术、新工艺和新标准"四新"内容，彰显了我国汽车工业现状及发动机先进技术，使课程思政的育人功能"如盐入水，有味无痕""春风化雨，润物无声"。

2. 本教材为工作手册式教材，以真实生产项目、典型工作任务为载体，以项目引领、任务驱动，提供完整实用的任务工单和评估单，突出体现"以学生为中心""做中学、做中教"等职业教育教学理念和产教融合类型特征，注重理论与实践、案例等相结合。

3. 理论知识图谱化（大版原创思维导图），微课资源场景化（微课在真实操作场景拍摄），加强了知识与技能的可视化，激发学生的学习兴趣，提升学习效能。

4. 注重运用现代信息技术，创新教材呈现形式，以教学需求为出发点，注重教材资源的多样化（包括精品微课、思维导图、动画视频、课件、教案、检测习题及答案、试卷等），便"教"利"学"；以提高教学质量为核心，充分体现教学设计的精细化；配合新颖的版式设计和内容编排，建立纸质教材和数字资源之间的有机链接，形成立体化的教材体系及课程资源库，支持学习者使用移动设备进行学习，满足个性化学习和阅读需求。

5. 教材内容设计上紧扣专业人才培养目标，深度对接行业、企业标准，充分体现"岗课赛证"融通、"校企合作、产教融合、科教融汇"的理念。立足汽车维修企业典型工作岗位常见工作任务，选取近年高职院校职业技能大赛所用车型 Magotan B8L 为主要车型，融合技能竞赛和相关职业技能等级证书考核内容，以项目引导、任务驱动为基本体

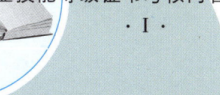

例，聚焦知识目标、技能目标和素养目标的达成，符合职业院校学生的学习特点。

本书可作为高职高专院校、中等职业学校、技师学院、应用技术型本科院校的教学和培训考证用书，也可作为相关行业、企业的岗位培训教材和其他汽车爱好者、读者的自学用书。

本书由中国课程教材研究所政策研究与宣传中心主任李泽林教授任主审；兰州职业技术学院王小娟教授和赵磊任主编，其中王小娟编写项目1、项目2、项目6，并负责整体设计和统稿，赵磊编写项目3、项目4、项目3任务实施单和评估单；甘肃陇运智慧运输有限公司马志雄高级工程师任副主编，编写项目4任务实施单和评估单、项目5任务实施单和评估单；天水工业职业技术学院豆建芳、兰州职业技术学院李开春、上汽大众兰州合众汽车销售服务有限公司服务总监王兴国参与编写，其中豆建芳编写项目5，李开春编写项目2任务实施单和评估单、项目6任务实施单和评估单，王兴国编写项目1任务实施单和评估单。所有编写人员共同承担微课设计录制、配套教学资源库的整理及职业岗位梳理和实践案例的整理等工作。

在编写本书过程中，参考了大量相关专业书籍和Magotan B8L等车型维修手册以及企业培训资料，借鉴了国内外许多网络资源和图片，引用了汽车维修技术网等多家网站的相关资料，得到了许多同行的大力支持，在此谨向著作权人、资料原作者及关心和支持本书编写的同志们表示最真诚的敬意和感谢！

因时间仓促，且水平有限，书中难免出现疏漏和不当之处，敬请同行专家及广大读者批评指正。

编　者

目录

项目 1 汽车及发动机总体认知 ▶ 001

项目描述 / 001

学习任务 1 探究汽车行驶的奥秘 / 002

任务导入 / 002

任务目标 / 002

知识链接 / 002

任务实施 / 009

任务评估 / 009

学习任务 2 发动机总体认知 / 009

任务导入 / 009

任务目标 / 009

知识链接 / 010

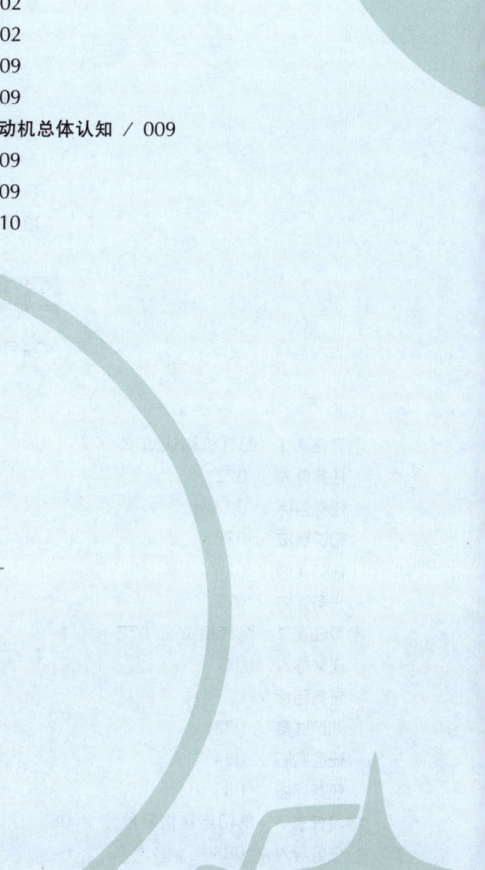

任务实施 / 019

任务评估 / 019

项目小结 / 020

项目检测 / 020

项目 2 曲柄连杆机构结构与检修 ▶ 021

项目描述 / 021

学习任务 1 曲柄连杆机构认知 / 022

任务导入 / 022

任务目标 / 022

知识链接 / 022

任务实施 / 025

任务评估 / 025

学习任务 2 机体组结构及检修 / 026

任务导入 / 026

任务目标 / 026

知识链接 / 026

任务实施 / 038

任务评估 / 038

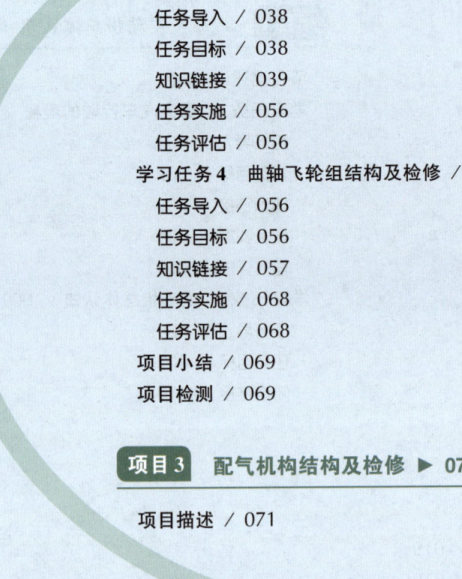

学习任务3 活塞连杆组结构及检修 / 038

任务导入 / 038

任务目标 / 038

知识链接 / 039

任务实施 / 056

任务评估 / 056

学习任务4 曲轴飞轮组结构及检修 / 056

任务导入 / 056

任务目标 / 056

知识链接 / 057

任务实施 / 068

任务评估 / 068

项目小结 / 069

项目检测 / 069

项目3 配气机构结构及检修 ▶ 071

项目描述 / 071

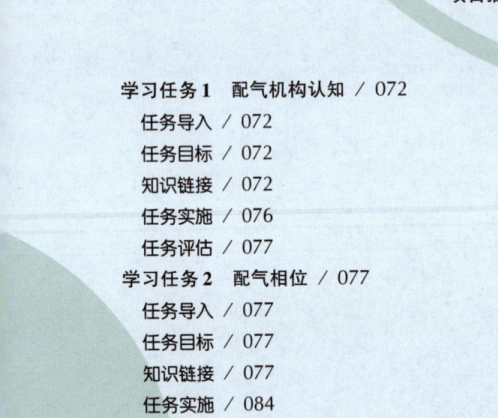

学习任务1 配气机构认知 / 072

任务导入 / 072

任务目标 / 072

知识链接 / 072

任务实施 / 076

任务评估 / 077

学习任务2 配气相位 / 077

任务导入 / 077

任务目标 / 077

知识链接 / 077

任务实施 / 084

任务评估 / 085

学习任务3 气门组结构及检修 / 085

任务导入 / 085

任务目标 / 085

知识链接 / 085

任务实施 / 093

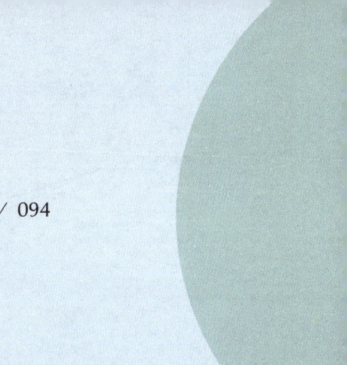

任务评估 / 093

学习任务4 气门传动组结构及检修 / 094

任务导入 / 094

任务目标 / 094

知识链接 / 094

任务实施 / 101

任务评估 / 101

学习任务5 发动机正时机构的拆装与检修 / 102

任务导入 / 102

任务目标 / 102

知识链接 / 102

任务实施 / 114

任务评估 / 114

项目小结 / 115

项目检测 / 115

项目4 燃料系统结构及检修 ▶ 117

项目描述 / 117

学习任务1 发动机燃料系统认知 / 118

任务导入 / 118

任务目标 / 118

知识链接 / 118

任务实施 / 123

任务评估 / 123

学习任务2 汽油机燃料供给系统结构及检修 / 124

任务导入 / 124

任务目标 / 124

知识链接 / 124

任务实施 / 132

任务评估 / 132

学习任务3 柴油机燃料供给系统结构及检修 / 132

任务导入 / 132

任务目标 / 132
知识链接 / 133
任务实施 / 155
任务评估 / 155
项目小结 / 156
项目检测 / 156

项目5 冷却系统结构与检修 ▶ 157

项目描述 / 157

学习任务1 发动机冷却系统认知 / 158

任务导入 / 158
任务目标 / 158
知识链接 / 158
任务实施 / 161
任务评估 / 161

学习任务2 冷却系统结构与检修 / 161

任务导入 / 161
任务目标 / 162
知识链接 / 162
任务实施 / 172
任务评估 / 172

学习任务3 创新型发动机热能管理系统 / 173

任务导入 / 173
任务目标 / 173
知识链接 / 173
任务实施 / 179
任务评估 / 179

学习任务4 冷却系统拆装与维护 / 180

任务导入 / 180
任务目标 / 180
知识链接 / 180
任务实施 / 184
任务评估 / 184

项目小结 / 185
项目检测 / 185

项目6 润滑系统结构与检修 ▶ 187

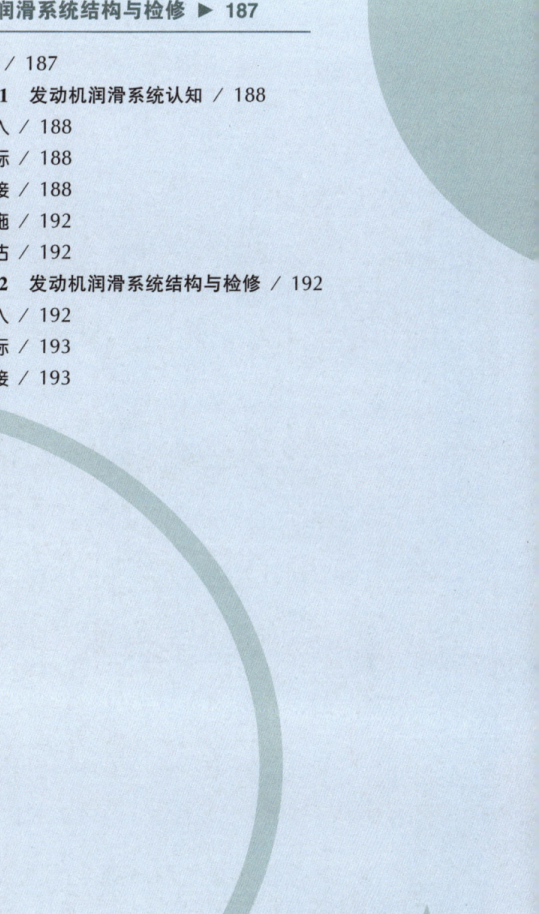

项目描述 / 187

学习任务1 发动机润滑系统认知 / 188

任务导入 / 188

任务目标 / 188

知识链接 / 188

任务实施 / 192

任务评估 / 192

学习任务2 发动机润滑系统结构与检修 / 192

任务导入 / 192

任务目标 / 193

知识链接 / 193

任务实施 / 211

任务评估 / 211

学习任务3 曲轴箱通风 / 212

任务导入 / 212

任务目标 / 212

知识链接 / 212

任务实施 / 217

任务评估 / 217

项目小结 / 218

项目检测 / 218

参考文献 / 219

附录 / 220

项目 1

汽车及发动机总体认知

 项目描述

汽车是由发动机、底盘、车身、电气和电子设备四大部分组成的，其中发动机是汽车的动力源，也被称为汽车的"心脏"。了解汽车的分类，探究汽车行驶的奥秘，熟悉发动机的结构、分类、基本术语及工作原理，探索汽车和发动机的"前世今生"，了解我国汽车工业及发动机技术的新技术、新工艺、新材料和新设备，坚定民族汽车工业腾飞的信心。千工易寻，一技难求。学好技术技能，大有可为、大有作为！

学习任务1 探究汽车行驶的奥秘

任务导入

汽车维修技师张华说：汽车也和人一样，有其身体工作系统。比如发动机是汽车的"心脏"，为汽车提供动力源；底盘是汽车的"四肢"，使汽车能够稳定奔跑；车身是汽车的"骨架"，让汽车"身姿飒爽"；电子和电气设备是汽车的"大脑和神经"，是汽车实现信息交互和复杂操作的关键……你赞同张华的说法吗？你知道汽车是由哪些部分构成，又是如何"跑"起来的吗？

任务目标

知识目标：

1. 了解汽车的总体组成和驱动方式；
2. 掌握汽车的分类；
3. 理解汽车行驶的基本原理。

技能目标：

1. 能够在实车上指认汽车的四大组成部分；
2. 能够准确判断汽车的驱动方式。

素养目标：

1. 激发专业兴趣，具备探索精神和探究欲望；
2. 提升爱国主义情怀，坚定技能报国的热情；
3. 增强对我国汽车工业的自豪感和自信心，理解新质生产力的内涵。

一、汽车的基本组成

无论是传统的燃油汽车还是新能源汽车，无论其外形是"高大彪悍"还是"呆萌可爱"，其结构都是由动力系统、底盘、车身、电气和电子设备四大部分组成的。内燃机汽车的动力系统主要是发动机；电动汽车的动力系统由电机、电控和动力电池组成；插电式混合动力汽车的动力系统由发动机、电机、电控和动力电池等组成。如图1-1~图1-3所示。

项目1 汽车及发动机总体认知

图1-1 燃油汽车的基本组成

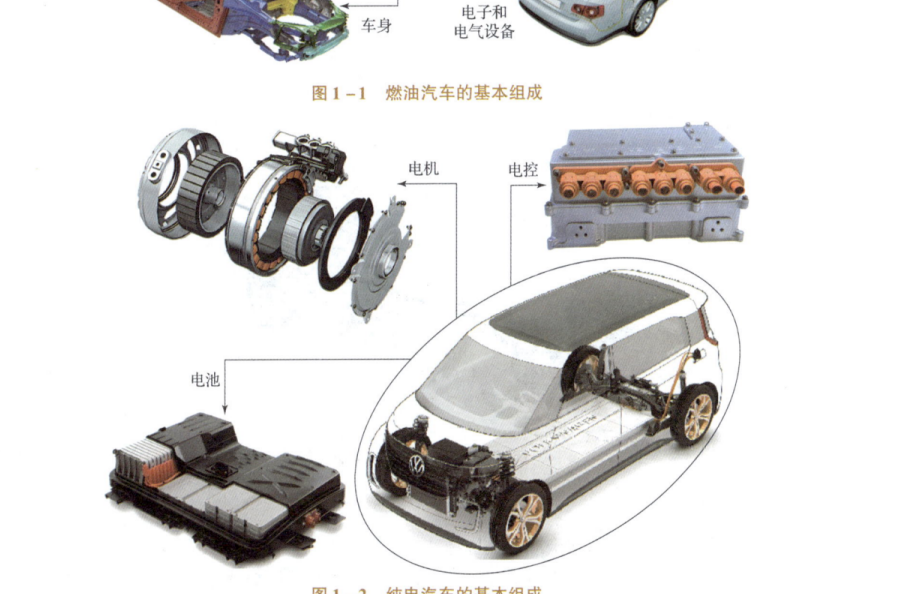

图1-2 纯电汽车的基本组成

下面以传统内燃机汽车为例介绍汽车的基本组成。

1. 发动机

发动机是汽车的动力源，是一台能够将热能转变为机械能的机械装置，是汽车"奔跑"的动力源。

现代汽车应用最广、数量最多的是水冷式四冲程往复活塞式内燃机。常见的车用发动机有汽油发动机和柴油发动机。汽油发动机主要由两大机构（曲柄连杆机构、配气机构）和五大系统（燃料系统、冷却系统、润滑系统、起动系统、点火系统）组成，柴油发动机比汽油发动机少了一个点火系统。

图1-3 混合动力汽车的基本组成

2. 底盘

汽车底盘是整个汽车承力、装配的基础，也是接受发动机动力，使汽车产生运动并保障汽车正常行驶的最重要的组成部分，主要由传动系统、行驶系统、转向系统和制动系统四大部分组成。如图1-4所示。

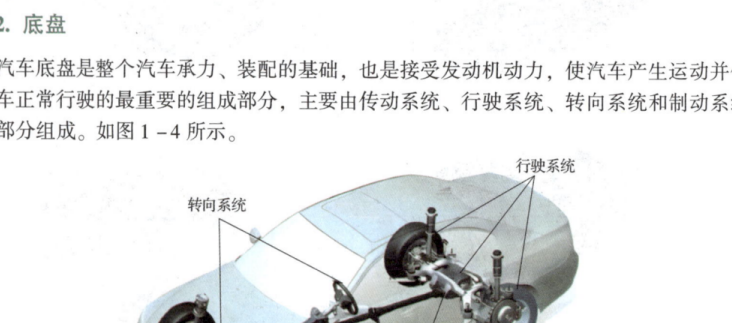

图1-4 汽车底盘的组成

3. 车身

车身用以驾驶员、旅客乘坐或装载货物，有承载式车身和非承载式车身之分。

承载式车身没有车架，车身由底板、骨架、内外蒙皮等组焊成刚性框架结构，发动机、变速箱、悬架系统等都安装在车身上，整个车身构件全部参与承载，主要应用于大部分轿车、城市SUV及部分大客车上。图1-5所示为轿车的承载式车身。

非承载式车身有独立的车架，车身用弹簧或橡胶垫弹性固定在车架上，发动机、变速箱、悬架系统等都安装在车架上，车身不承受主要载荷，只承受所载人员和行李的重量，主要应用于货车、客车、越野汽车及部分高级轿车。图1-6所示为坦克300的非承载式车身。

4. 电子和电气设备

电气设备由电源系统、配电装置和用电设备三大部分组成，又可分为起动系统、点火系统、照明系统、仪表系统、信号系统、辅助电气系统和电子控制系统，其电源包括蓄电池和发电机两种，如图1-7所示。

项目① 汽车及发动机总体认知

图1-5 轿车承载式车身

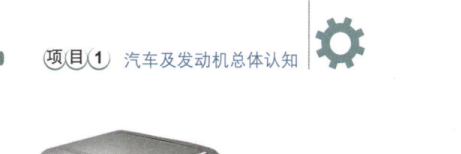

图1-6 坦克300非承载式车身

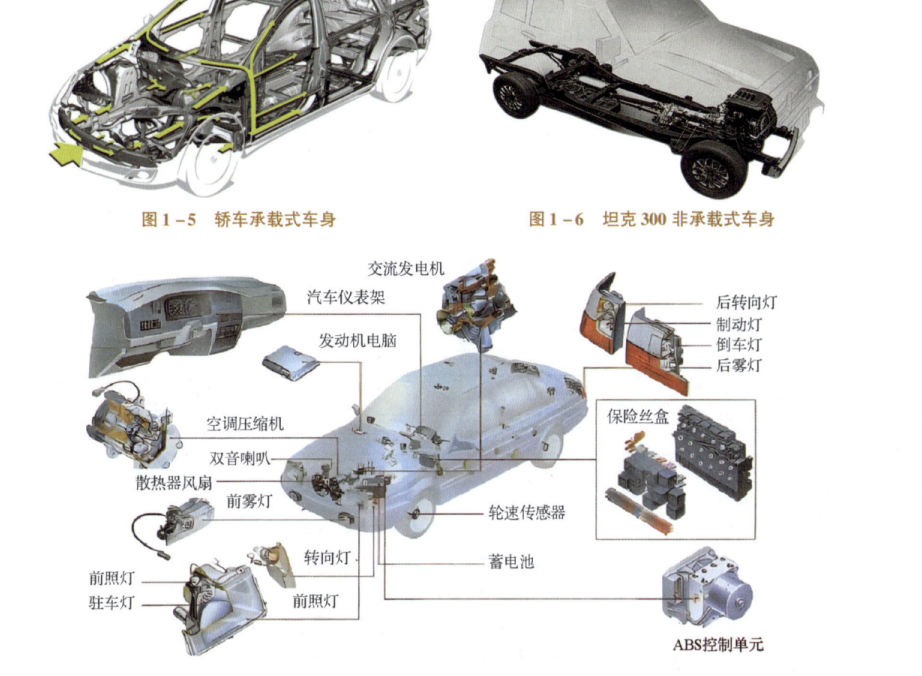

图1-7 汽车电子和电气设备

传统的电子控制装置主要用于提高汽车的安全性、舒适性、经济性和娱乐性，包括发动机控制系统、底盘控制系统和车身电子控制系统。

小贴士

新质生产力促进国产汽车电子电气架构

随着汽车电动化、智能化的发展，对汽车电子电气的架构也提出了新的要求和挑战。在现代智能网联汽车上，整车电子电气产品应用有了很大程度的增加，单车ECU数量激增，整车电子电气架构正在由分布式到域控制再到集中式迈进，车辆实现了智能驾驶、实时监控、地图导航、远程控制、智能安全、车辆共享、空中升级等功能。国产华为、比亚迪等最新车型运用新质生产力，以技术创新为驱动力，不断推陈出新，在整车电子电气架构方面均处于国际领先水平。

二、汽车的分类

目前国家标准中将汽车分为乘用车与商用车两类。

1. 乘用车

乘用车是指车辆座位少于九座（含驾驶员位），以载运乘客及其随身行李为主要目的的车辆。乘用车又分为基本乘用车（轿车）和多用途乘用车以及其他车型（如皮卡）等。

1）基本乘用车（轿车）

轿车性能各异、形态较多，我国轿车进一步划分种类的依据及结果如下：

（1）按发动机排量分类。

我国轿车根据发动机排量不同可以分为微型轿车、普通级轿车、中级轿车、中高级轿车和高级轿车，见表1-1。

表1-1 轿车按发动机排量分类

发动机排量/L	<1	1.0~1.6	1.6~2.5	2.5~4.0	>4.0
车型	微型轿车	普通级轿车	中级轿车	中高级轿车	高级轿车

（2）按轴距分类。

汽车前轴中心到后轴中心的距离称为轴距。轴距是影响乘坐空间的最重要的因素，也是决定轿车操纵稳定性的重要参数。一般而言，轿车级别越高，轴距越长。

德国根据汽车轴距和发动机排量等参数，把汽车分为A、B、C、D四个等级，A级车包括A0级和A00级，各车型分别称为微型车、小型车、紧凑车等，见表1-2。由于德国汽车最先与我国合资并占领一定市场，故我国也多认可该分级法。

表1-2 轿车按轴距分类

轴距/mm	<2 400	2 400~2 550	2 550~2 700	2 700~2 850	2 850~3 000	>3 000
车型	微型车	小型车	紧凑型车	中型车	中大型车	豪华车
德国分类	A00级	A0级	A级	B级	C级	D级
排量/L	<1	1~1.5	1.6~2.0	1.8~2.4	2.4~3.0	>3.0

（3）按车厢数量分类。

普通轿车按车厢数量可以分为三厢式轿车和两厢式轿车。

三厢式有独立的发动机舱、乘员室和行李箱，相比两厢式，其行李箱空间比较大。三厢式轿车中间高、两头低，从侧面看前后对称，造型美观大方，如图1-8所示。

两厢车用仪表板及内部的隔板将车身分为发动机舱和乘员室，行李箱与乘员室做成同一个箱体；车尾部有宽敞的后车门，使用较灵活，将后排座椅放平可以获得比三厢车更大的载物空间；两厢车外形时尚，看上去浑然一体，停车方便，如图1-9所示。

图1-8 三厢式轿车

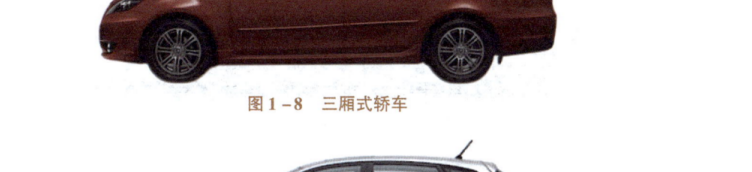

图1-9 两厢式轿车

2）多用途乘用车

常见的多用途乘用车包括 MPV（多用途汽车）和 SUV（运动型多用途汽车）。

（1）MPV。

MPV 是多用途汽车，一般为两厢式的结构，是从旅行车逐渐演变而来的。MPV 集旅行车宽大的乘员空间、轿车的舒适性和厢式货车的载物功能于一体。MPV 一般直接采用轿车的底盘和发动机，因此具有与轿车相近的外形和同样的驾驶感、乘坐舒适感。MPV 拥有一个完整、宽大的乘员空间，座椅可以多种组合，在内部结构上具有很大的灵活性，使车辆既可载人又可载货，这也是 MPV 最具吸引力的地方。MPV 的造型设计很受重视，设计者往往在车身装饰条、前后车灯、轮胎、车门把手等处展现车身的美观和亮点。

（2）SUV。

SUV 是多功能车，既有轿车的舒适性，又有越野车的通过性，因此也被称作城市越野车。这种车驾驶室和行李箱连通在一起，乘坐空间较大，车身底板离地间隙高，驾驶坐姿比较高，接近角和离去角较大，通过性能好。SUV 一般还设有行李架，便于携带自行车等物品。但由于 SUV 体型较大，故高速行驶时风阻较大，此外 SUV 选用的轮胎阻力也大于普通轮胎，因此油耗通常高于普通轿车。

2. 商用车

商用车指车辆座位大于九座（含驾驶员位）的客车或者以载货为主要目的的车辆。

客车可以分为小型客车、城市客车、长途客车和旅游客车等。

货车可以分为普通货车、多用途货车和专用货车等，人们习惯将多用途货车称为皮卡或轿卡，图1-10所示为长城风骏5皮卡汽车。

多用途货车用于载运货物，同时又能运送三个以上乘客，车身离地间隙高，且为了上下车方便，采用了外置门槛。多用途货车常采用四轮驱动来改善车辆的通过性能。相比于轿车，多用途货车有承载性强和通过性好的优点；相比于轻微型卡车，多用途货车有安全性高和驾乘舒适性好的优点。

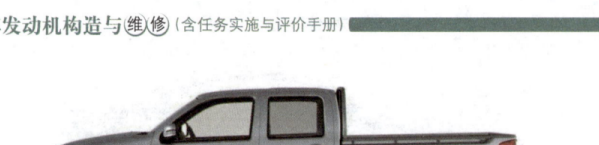

图1-10 长城风骏5皮卡汽车

三、汽车驱动行驶原理

1. 汽车的驱动方式

汽车的驱动方式与汽车底盘的总体布置和发动机的位置有关，通常有发动机前置前轮驱动（FF）、发动机前置后轮驱动（FR）、发动机后置后轮驱动（RR）、发动机中置后轮驱动（MR）和发动机前置全轮驱动（4WD）等，如图1-11所示。

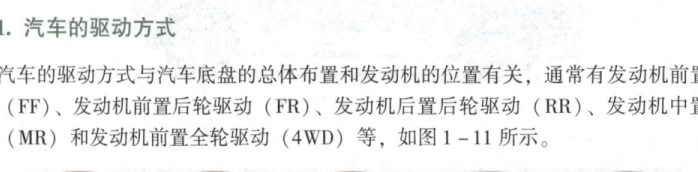

图1-11 发动机前置全轮驱动

(a) FF；(b) FR；(c) RR；(d) MR；(e) 4WD

2. 汽车的行驶原理

汽车要正常起步和行驶，必须给汽车施加一个能够克服各种阻力的外力，即驱动力。驱动力产生的原理如图1-12所示。

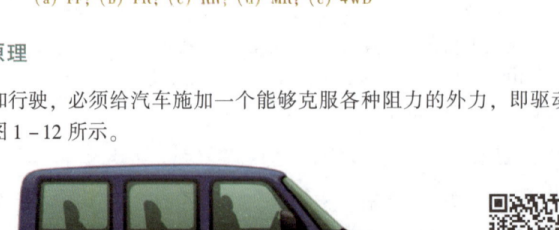

图1-12 汽车行驶的基本原理示意图

项目① 汽车及发动机总体认知

发动机输出的扭矩经过传动系统传递到驱动车轮上，表现为一个促使驱动车轮旋转的驱动力矩 T_t。在驱动力矩 T_t 的作用下，驱动车轮将对地面施加一个与汽车行驶方向相反的圆周力 F_0。根据作用力与反作用力的原理，地面在受到 F_0 的作用后，也将对驱动车轮作用一个与 F_0 大小相等、方向相反的反作用力 F_t，F_t 就是使汽车行驶的驱动力，也叫牵引力。驱动力的大小由驱动力矩 T_t 和车轮半径 r 决定，其关系为

$$F_t = \frac{T_t}{r}$$

在发动机输出扭矩及传动系统传动效率不变的情况下，驱动力的大小主要由驱动车轮的大小来决定。若驱动力过小不足以克服汽车起步时的阻力 $F_{\text{阻}}$，则驱动轮在原地静止不动；但若驱动力过大超过了车轮与路面之间的附着力 F_ϕ，则驱动轮就会在原地打滑，车辆仍静止不动。只有驱动力作用于驱动车轮，再通过车桥、悬架、车架等传递到车身上，驱动力大小满足如下条件：

$$F_{\text{阻}} \leqslant F_t \leqslant F_\phi$$

汽车才能正常起步、行驶，这个条件被称作汽车起步行驶的充分必要条件。

 任务实施

详见《任务实施与评价手册》"任务实施单1.1 探究汽车行驶的奥秘"。

 任务评估

详见《任务实施与评价手册》"任务评估单1.1 探究汽车行驶的奥秘"。

学习任务2 发动机总体认知

 任务导入

发动机是构成汽车的重要组成部分之一，被称为汽车的"心脏"。你知道这个"心脏"的结构和工作原理吗？它是如何为汽车提供动力的呢？现代汽车的发动机都有哪些种类、应用了哪些新技术？一起来解密汽车发动机吧！

 任务目标

知识目标：

1. 了解发动机的分类；
2. 熟悉发动机的基本组成及功用；
3. 掌握发动机的基本术语和工作过程。

技能目标：

1. 能够辨识发动机的两大机构和五大系统；
2. 能够准确判断发动机的工作过程。

素养目标：

1. 激发专业兴趣，具备探索精神和探究欲望；
2. 提升爱国主义情怀，增强对我国汽车工业及发动机技术的自豪感和自信心；
3. 了解国内外发动机所使用的"四新"技术，理解新质生产力的内涵。

知识链接

发动机将燃料燃烧的热能转变为机械能，通过飞轮将动力输出，为汽车提供动力源，是汽车的"心脏"，发动机的性能与车辆的匹配决定着汽车的动力性、经济性、稳定性和环保性。

一、发动机的分类

发动机及其分类

1. 按使用燃料分

按使用燃料的不同，发动机可以分为汽油机（见图1-13）、柴油机（见图1-14）和气体燃料发动机。汽油发动机体积小、质量轻、转速高，是目前小型汽车的主流；柴油发动机在轿车上应用较少，广泛应用于大中型客车和货车上；使用天然气、液化石油气和其他气体燃料的活塞式内燃机称为气体燃料发动机。

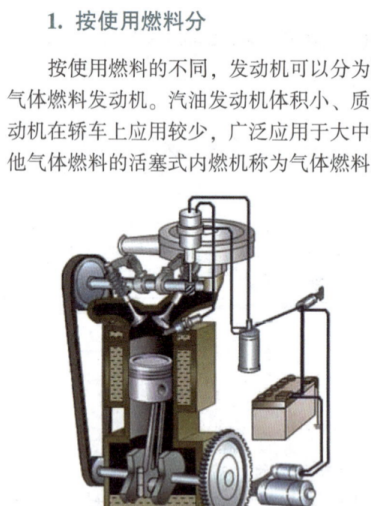

图1-13 汽油机

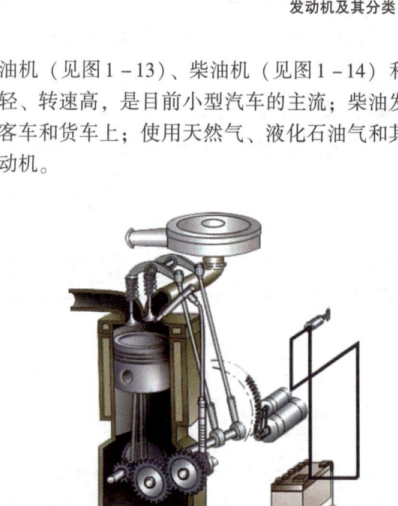

图1-14 柴油机

2. 按着火方式分

按着火方式的不同，发动机可以分为点燃式发动机和压燃式发动机两种，汽油机通常为点燃式，柴油机通常为压燃式，如图1-13和图1-14所示。

3. 按活塞的运动方式分

按活塞的运动方式不同，发动机可以分为往复活塞式发动机和旋转活塞式（转子式）发动机两种，分别如图1-15和图1-16所示。往复活塞式是指活塞在气缸内做往复直线运动，旋转活塞式是指活塞在气缸内做旋转运动。

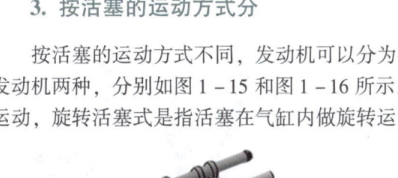

图1-15 往复活塞式发动机

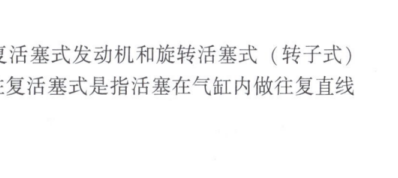

图1-16 旋转活塞式发动机

4. 按冲程数分

按完成一个工作循环所需要的冲程数，发动机可以分为四冲程发动机和二冲程发动机。四冲程发动机是指发动机完成一个工作循环，活塞在气缸内上下运动四次，分别对应进气、压缩、做功和排气四个行程。二冲程发动机是指发动机同样完成进气、压缩、做功和排气一个工作循环，活塞在气缸内上下运动两次，对应地在气缸结构上增设了进、排气孔和扫气孔，其工作过程如图1-17所示。

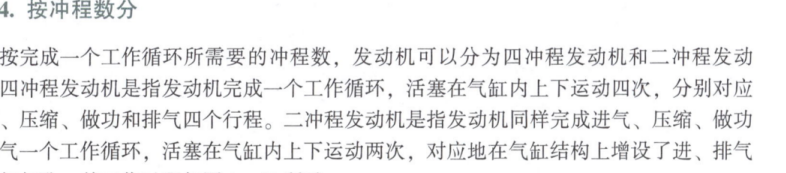

图1-17 二冲程发动机

5. 按汽油喷射位置分

按汽油喷射位置的不同，发动机可以分为进气歧管喷射式发动机和缸内直接喷射式发动机。进气歧管喷射式是指喷油器将汽油喷射在气缸外的进气歧管内，也叫作缸外喷射，如图1-18所示。缸内直接喷射式比进气歧管喷射式先进，喷油器伸入气缸内，直接将汽油喷入气缸，这种喷射方式有利于汽油的雾化，燃烧效率更高，因此能够有效提升发动机动力、降低油耗，如图1-19所示。

图1-18 进气歧管喷射　　　　　图1-19 缸内直接喷射

小贴士

缸内直喷发动机的标识

很多汽车尾部标识有"FSI""TSI""TFSI"等字样，都表示该发动机为缸内直接喷射式发动机。

FSI为燃油分层喷射，F代表燃料，S代表分层，I代表喷射。FSI是大众汽车直喷发动机的标志代码。TSI为双涡轮增压分层喷射发动机，T代表双增压（废气涡轮增压+机械增压）。TSI比FSI更先进，属于大功率、低转速、大转矩的发动机，用于大众系列直喷且带增压的发动机。TFSI是带涡轮增压（T）的FSI发动机，用于奥迪系列车型标志。

6. 按冷却方式分

按冷却方式不同，发动机可以分为水冷式发动机和风冷式发动机，分别如图1-20和图1-21所示。水冷式发动机以冷却液或水为冷却介质，而风冷式发动机以空气为冷却介质。现代汽车多采用水冷式发动机。

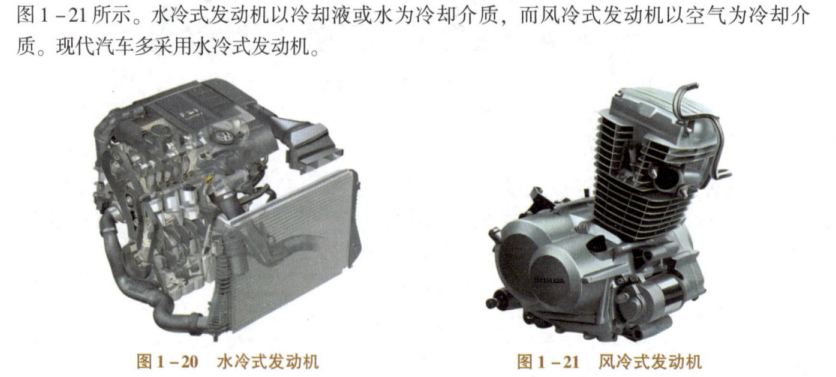

图1-20 水冷式发动机　　　　　图1-21 风冷式发动机

7. 按有无增压装置分

活塞式内燃机还可以按有无增压装置分为增压式发动机和自然吸气式发动机两类。若进气是在接近大气状态下进行的，则为自然吸气式发动机；若利用涡轮或机械增压器将进气压力提高，进气密度增大，则为增压式发动机。现代汽车广泛采用废气涡轮增压器进行增压，其基本结构原理如图1-22所示。

图1-22 废气涡轮增压

8. 按气缸的布局方式分

按照气缸的布局方式不同，发动机可以分为单列式发动机和双列式发动机。单列式发动机的各个气缸排成一列，一般是垂直布置的。为了降低发动机的高度，气缸也可以布局成两列，叫作双列式。若两列之间的夹角$<180°$（一般为$90°$），则称为V型发动机；若两列之间的夹角$=180°$，则称为水平对置式发动机；若将V型发动机两侧的气缸再进行小角度错开，就是W型（双V型）发动机，如图1-23所示。

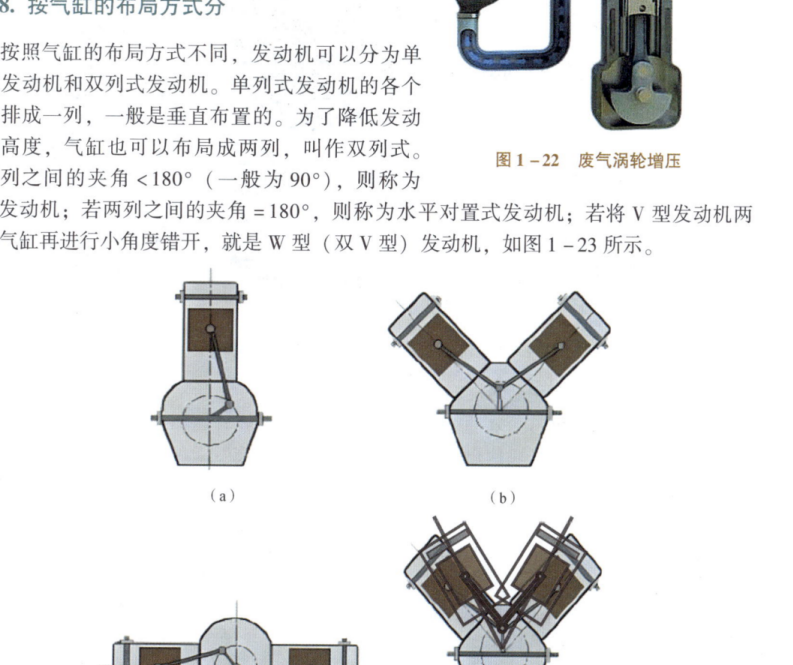

图1-23 气缸的布局方式

(a) 直列式发动机；(b) V型发动机；(c) 水平对置式发动机；(d) W型发动机

二、发动机的基本组成

发动机是一部由许多零部件组成的复杂机器，其结构形式很多，即使是同一类型的发动机，其具体构造也不完全相同。汽油机通常由两大机构（曲柄连杆机构、配气机构）和五大系统（燃料系统、冷却系统、润滑系统、起动系统、点火系统）组成，如图1-24所示；柴油机由两大机构和四大系统（无点火系统）组成。

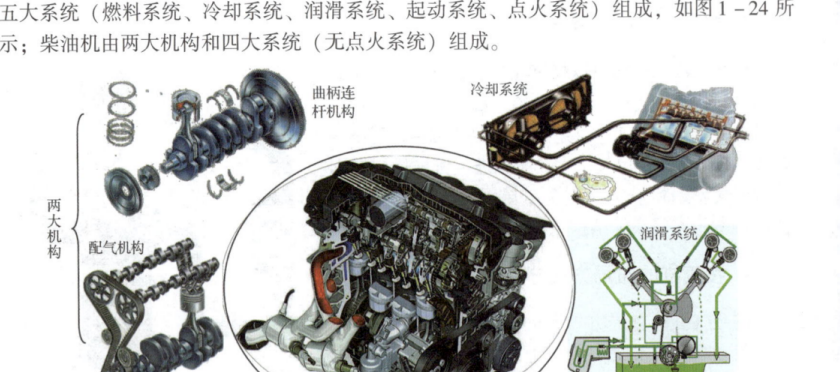

图1-24 汽油发动机两大机构、五大系统

曲柄连杆机构的作用是将燃料燃烧时产生的热能转变为活塞往复运动的机械能，再通过连杆将活塞的往复运动转变为曲轴的旋转运动而对外输出动力。同时，曲柄连杆机构也是发动机的骨架，支撑着发动机全部的零部件，其也是实现热功转化的主要装置。曲柄连杆机构主要由机体组、活塞连杆组和曲轴飞轮组三部分组成。

发动机总体结构

配气机构的作用是按照发动机的工作顺序，使可燃混合气及时充入气缸，并将燃烧产生的废气及时排出气缸。配气机构主要由气门组和气门传动组组成。

燃料供给系统的作用是根据发动机的功率和转速，把汽油和空气混合为成分合适的可燃混合气，然后输入气缸以供燃烧，并让燃烧生成的废气排出发动机。燃料供给系统主要由燃油供给装置、空气供给装置、可燃混合气形成装置和废气排出装置等组成。

冷却系统的作用是利用冷却液冷却发动机高温零件，并通过散热器将热量散发到大气中去，从而保证发动机在最适宜的温度范围内工作。冷却系统主要由水泵、散热器、节温器、风扇和水套等组成。

润滑系统的作用是通过机油泵将润滑油分送至各个摩擦零件的摩擦面，以减小摩擦力，减缓机件磨损，并清洗、冷却和密封摩擦表面，从而延长发动机的使用寿命。润滑系统主要由机油泵、机油滤清器、限压阀、润滑油道、机油冷却器等组成。

点火系统的作用是按照一定的时刻向气缸内提供电火花，以点燃缸内的可燃混合气。点火系统主要由蓄电池、发电机、点火控制模块、点火线圈、火花塞及相关传感器等组成。

起动系统的作用是通过起动机带动飞轮旋转，以获得必要的动能和起动转速，使静止的发动机起动并转入自行运转状态。起动系统主要由起动机及其附属装置等组成。

三、发动机的基本术语

为了更好地理解发动机的工作原理，需对发动机常用术语进行定义。

发动机专用术语

1. 上止点（TDC）

当活塞在气缸里做往复直线运动时，若活塞向上运动到最高位置，即活塞顶部距离曲轴旋转中心最远的极限位置，则称为活塞运动的上止点，如图1－25所示。

2. 下止点（BDC）

当活塞在气缸里做往复直线运动时，若活塞向下运动到最低位置，即活塞顶部距离曲轴旋转中心最近的极限位置，则称为活塞运动的下止点，如图1－25所示。

3. 活塞行程（S）

活塞运动的上、下止点之间的距离称作活塞行程，单位为毫米（mm）。活塞由一个止点运动到另一个止点的过程称为一个行程或冲程，对应曲轴旋转180°，如图1－25所示。

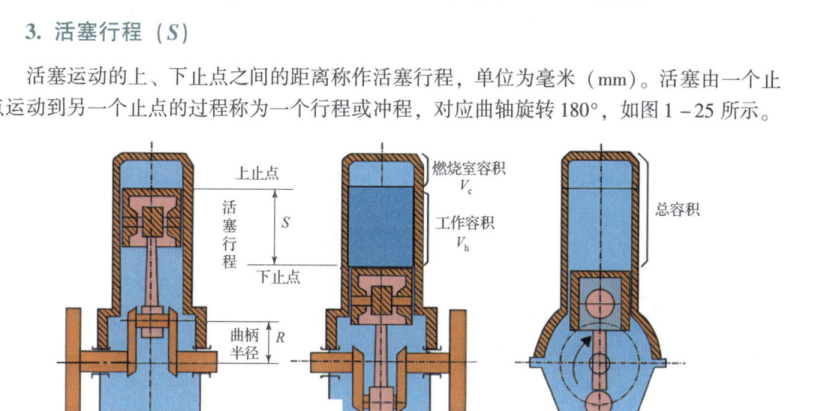

图1－25 发动机基本术语

4. 曲柄半径（R）

与连杆大头相连接的曲柄销的中心线到曲轴回转中心线之间的距离叫曲柄半径，如图1－25所示。曲柄半径单位为毫米（mm），曲轴每转一周，活塞移动两个行程，即：

$$S = 2R$$

5. 气缸工作容积（V_h）

活塞从一个止点移动到另一个止点所扫过的空腔容积为气缸工作容积，又称为单缸排量，如图1－25所示。气缸工作容积单位为升（L），显然有：

$$V_h = \frac{\pi}{4} D^2 S \times 10^{-6} \text{(L)}$$

式中 V_h——气缸工作容积（L）；

D——气缸直径（mm）；

S——活塞行程（mm）。

6. 燃烧室容积（V_c）

当活塞位于上止点时，活塞顶部上方的空腔容积为燃烧室容积，如图1-25所示。燃烧室容积单位为升（L）。

7. 气缸总容积（V_a）

当活塞位于下止点时，活塞顶部上方的空腔容积为气缸总容积，如图1-25所示。气缸总容积单位为升（L），显然有：

$$V_a = V_c + V_h$$

8. 发动机排量（V_L）

发动机所有气缸工作容积之和叫作发动机排量，其单位为升（L）。对于多缸发动机，显然有：

$$V_L = V_h \cdot i$$

式中　i——发动机气缸数目。

发动机排量是一个非常重要的特征参数，轿车就是以发动机排量大小来进行分级的。

小贴士

可变排量发动机

可变排量技术也被称为主动气缸管理，其本质上是切断某些气缸的燃油和空气供给。如保时捷4.0T V8发动机在部分负荷下运转时，电脑停止控制喷油器，实现断油；同时通过电磁阀控制特制的凸轮，让气门保持关闭状态，实现断气，从而将8缸发动机自动调整为4缸模式，让另外4个气缸暂停工作。如果是4缸发动机，其主动气缸管理系统则通常控制2缸或3缸停止工作。

9. 压缩比 ε

气缸总容积与燃烧室容积之比叫作压缩比，用 ε 表示，也可以认为压缩比就是空气或可燃混合气被压缩之前和被压缩之后的体积比：

$$\varepsilon = \frac{V_a}{V_c} = \frac{V_h + V_c}{V_c} = 1 + \frac{V_h}{V_c}$$

压缩比用来衡量空气或可燃混合气被压缩的程度，影响发动机的热效率。空气或可燃混合气被压缩的程度越大，发动机的热效率就越高。一般汽油发动机压缩比为8～12，柴油发动机压缩比为16～22。

四、四冲程发动机的工作过程

汽车发动机普遍采用四冲程，由曲轴转动带动活塞上下往复运动，完成进气、压缩、做功、排气四个冲程。下面以四冲程汽油发动机缸外喷射为例介绍其工作过程。

1. 进气冲程

进气冲程时，活塞在曲轴的带动下由上止点向下止点移动，此时排气门关闭、进气门开启。在活塞向下移动的过程中，气缸容积逐渐增大，缸内形成一定的真空度，在真空吸力的作用下空气和汽油的混合物通过进气门被吸入气缸，并在气缸内进一步混合形成可燃混合气，这一过程称为进气冲程。如图1-26（a）所示。

由于进气过程非常短暂，且进气系统存在阻力，因而进气终了时气缸内的气体压力略小于外界大气压力，为75~93 kPa。进入气缸内的可燃混合气由于进气系统和燃烧室周围高温零件的加热以及与残余废气的混合，缸内温度可升高到100~130 ℃。

2. 压缩冲程

为了使吸入气缸的可燃混合气能迅速燃烧，产生较大的压力，从而使发动机发出较大的功率，必须在燃烧前将可燃混合气压缩，使其体积缩小、密度加大、温度升高。在压缩冲程中，进、排气门全部关闭，活塞在曲轴的带动下由下止点向上止点移动，随着活塞上移，工作容积逐渐缩小，缸内混合气被压缩后压力和温度不断升高。待压缩冲程终了时，缸内压力可达800~1 500 kPa，温度可达450~550 ℃。如图1-26（b）所示。

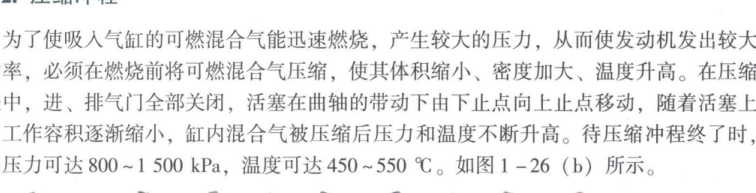

图1-26 四冲程汽油机工作过程（缸外喷射）
（a）进气冲程；（b）压缩冲程；（c）做功冲程；（d）排气冲程

3. 做功冲程

压缩冲程结束时，安装在气缸盖上的火花塞产生电火花，将气缸内的可燃混合气点燃，火焰迅速传遍整个燃烧室，同时放出大量的热能。燃烧气体的体积急剧膨胀，压力和温度迅速升高，在气体压力的作用下，活塞从上止点被迅速迫击至下止点，并通过连杆推动曲轴旋转做功，此行程为做功冲程，如图1-26（c）所示。这时，进、排气门均关闭。在做功冲程中，气缸内的最高压力可达3~5 MPa，最高温度可达1 900~2 500 ℃；做功终了时，气缸内压力下降至0.3~0.5 MPa，温度下降至1 000~1 300 ℃。

4. 排气冲程

可燃混合气燃烧后生成的废气必须从气缸中排出，当做功冲程结束时，在曲轴的带动下，活塞从下止点向上止点移动，此时进气门关闭、排气门开启，气缸内的废气在自身的残余压力和活塞上行的排挤压力作用下，从排气门、排气道排出气缸，至活塞到达上至点时，排气行程结束，如图1-26（d）所示。排气冲程终了时，由于排气系统的阻力作用，缸内压力为105~120 kPa，略高于外界大气压力，其温度为600~800 ℃。

综上所述，发动机每完成一个工作循环，曲轴旋转两圈（720°），进、排气门各打开和关闭一次，活塞上下往复运动四次（四个行程），发动机对外做功一次。

柴油发动机与汽油发动机的基本工作原理相同，不同之处如下：

（1）着火方式不同。汽油机为火花塞跳火点燃可燃混合气，而柴油机为压燃式。

（2）进入气缸的气体不同。汽油机在进气行程进入气缸的是可燃混合气（缸外喷射），而柴油机进入的是纯空气。

（3）工作效率不同。汽油机的热效率通常在25%~40%，柴油机为35%~45%。

小贴士

六冲程发动机

六冲程发动机充分利用了水吸收热量变为水蒸气的物理特性，水蒸气膨胀后推动活塞做功，其是人类充分利用能源的经典案例。

普通的四冲程发动机热效率并不理想，六冲程发动机则利用了部分散发的热能制造蒸汽，从而回收部分本来会损失的能量。其基本原理是：在普通四冲程发动机的"进气－压缩－做功－排气"四个冲程之后，第五个冲程开始的时候，把水喷进炽热的气缸里面，水马上就变成了温度高达800 ℃左右的水蒸气，体积急剧膨胀，同时气缸内的压强急剧增大，推动活塞再次做功，其原理如图1-27所示。这样，每六个冲程中就有两个做功冲程，而消耗的燃油却没有变化。到了第六个冲程，发动机把水蒸气排放到一个冷却器，水蒸气在那里重新变成水。

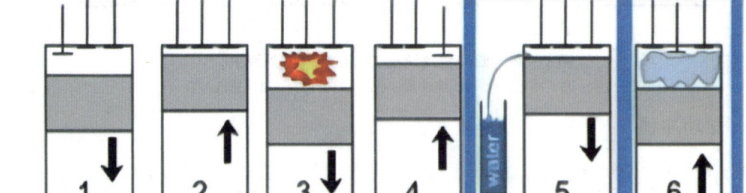

图1-27 六冲程发动机

拓展：国产红旗 H9

红旗H9于2020年1月8日在人民大会堂亮相，8月23日正式发售，是中国一汽红旗自主研发生产的C级豪华旗舰轿车，发动机、底盘、变速器三大件均为自主研发。红旗H9是一款充分糅合了中国古典美与现代工艺的汽车杰作，从外观设计到内饰细节，再到出色的动力性能，都展现出了卓越的品质和非凡的魅力，其不仅提升了红旗品牌的市场竞争力，也为中国汽车工业树立了新的标杆，展示了中国汽车工业的实力和潜力，如图1-28所示。

图1-28 红旗H9

红旗H9车型搭载2.0T、型号为CA4GC20TD及3.0L V6、型号为CA6GV30TD的发动机，其核心创新技术主要如下：

（1）领先的350 bar① 快速响应缸内直喷系统。集成最新一代小脉宽控制模块，实现各缸全工况精确喷射及多次喷射，确保发动机高效清洁燃烧，显著降低冷起动、低转速、大负荷工况下的PN（Particulate Number，汽车尾气排放中固体悬浮颗粒数量）排放。

（2）高效机械增压技术。可以实现升功率67 kW/L、升扭矩133 N·m/L，整机仅0.5 s即达到最大扭矩，动力响应更强劲、迅捷。

（3）超低摩擦节能技术。采用了低弹力活塞环—小接触面积摩擦副运动系统、低刚度气门弹簧—滚轮摇臂配气系统、类金刚石碳膜涂层、二阶可变机油泵等种种创新工艺与前瞻设计，发动机摩擦减小27%，完全达到了国际先进水平。

（4）全MAP（Motor Acceleration Profile）智能热管理技术。智能热管理模块采用水滴型可变截面球阀结构，对多个水流通道进行全MAP智能控制，较传统节温器响应速度提高了50倍，实现了基于目标水温的精确闭环控制。

（5）高压缩比米勒循环技术。通过11.5的超高压缩比实现超高做功效率，同时通过双可变配气正时结合米勒循环进气门型线，以及进气道和进气管路的精细设计，使泵气损失减少32%，最大限度地将热能转化为机械能。

此外，还具有两阶可变排量智能控制机油泵、智能可变气门正时技术、可变滚流燃烧技术、集成式双平衡轴等先进设计，并经过上千小时的台架测试与几十万公里的路试考验，最终铸就了国内领先、国际一流的"智慧中国芯"。

任务实施

详见《任务实施与评价手册》"任务实施单1.2 发动机总体认知"。

任务评估

详见《任务实施与评价手册》"任务评估单1.2 发动机总体认知"。

① 1 bar = 0.1 MPa。

汽车发动机构造与维修（含任务实施与评价手册）

项目小结

见附件1。

项目检测

一、填空题

1. 发动机是由_____机构、_____机构、_____系统、_____系统、_____系统、_____系统和点火系统两大机构、五大系统组成的。

2. 按照发动机着火方式的不同，发动机可以分为_____式和_____式两种，汽油机一般为_____式，柴油机为_____式。

3. 按照进气系统是否采用增压技术，发动机可以分为_____式发动机和_____式发动机。

4. 活塞上、下止点之间的距离叫作_____。

5. 发动机的一个工作循环由_____、_____、_____、_____四个冲程组成。

二、选择

1. 某发动机的活塞行程为82 mm，该发动机曲轴的曲柄半径为（　　）。

A. 40 mm　　B. 41 mm　　C. 164 mm　　D. 82 mm

2. 某V型六缸发动机的气缸工作容积为0.4 L，那么其发动机排量为（　　）。

A. 2.4 L　　B. 2.0 L　　C. 1.6 L　　D. 1.8 L

3. 发动机的压缩比是指（　　）。

A. 气缸总容积与燃烧室容积之间的比值

B. 燃烧室容积与气缸总容积之间的比值

C. 气缸工作容积与燃烧室容积之间的比值

D. 燃烧室容积与气缸工作容积之间的比值

三、简答题

1. 试比较分析四冲程汽油发动机和柴油发动机工作原理的异同。

2. 简述四冲程汽油发动机的工作过程。

项目2

曲柄连杆机构结构与检修

 项目描述

曲柄连杆机构是构成发动机最基础的机构之一，是发动机实现热能与机械能转换的核心部分，负责将活塞的往复运动转化为曲轴的旋转运动，从而输出动力。曲柄连杆机构由曲轴飞轮组、活塞连杆组和机体组组成，其工作状态直接影响着发动机的性能。为了确保其正常工作，我们需要对曲柄连杆机构的运行状态进行定期检查，对活塞等重要零部件进行测量和拆检，从而确保曲柄连杆机构的正常运行，提高发动机的整体性能和安全性。这对于保持汽车的正常运行和延长其使用寿命具有重要意义。

学习任务 1 曲柄连杆机构认知

任务导入

一辆 2016 款 Magotan B8L 汽车，行驶里程 30.2 万 km。车主到店维修，反映该车发动机动力性差、加速缓慢，发动机冷起动时会发出明显的异响，热车后，响声减弱。维修人员对车辆做了基本检查后判断为发动机磨损过度，需要对发动机进行进一步检查，必要时进行大修。你知道发动机的磨损是如何产生的吗？

任务目标

知识目标：

1. 了解曲柄连杆机构的功用；
2. 掌握曲柄连杆机构的组成；
3. 熟悉曲柄连杆机构的工作条件。

技能目标：

1. 能够对照发动机曲柄连杆机构实物完成零部件认知；
2. 能够根据实物描述各主要部件的安装关系及工作原理；
3. 能够分析曲柄连杆机构工作时的受力情况。

素养目标：

1. 提升自主学习和探究的能力，激发专业兴趣；
2. 具备创新意识和工匠精神，提升创新能力。

一、曲柄连杆机构的功用

曲柄连杆机构是往复活塞式发动机将热能转换为机械能的主要机构，发动机工作时，燃料燃烧产生的气体压力直接作用于活塞顶部，推动活塞做往复直线运动，经活塞销、连杆和曲轴，将活塞的往复运动转换为曲轴的旋转运动。因此，曲柄连杆机构的功用是将燃气作用在活塞顶上的压力转变为曲轴转矩，使曲轴产生旋转运动并通过飞轮向外输出转矩。

二、曲柄连杆机构的组成

曲柄连杆机构由机体组、活塞连杆组和曲轴飞轮组三部分组成，如图2-1所示。

机体组主要由气缸盖罩、气缸盖、气缸垫、气缸体、气缸套、上曲轴箱、下曲轴箱（油底壳）等零部件组成。

图2-1 曲柄连杆机构组成

活塞连杆组主要由活塞、活塞环、活塞销和连杆等运动件组成。

曲轴飞轮组主要由曲轴、飞轮和附属机件组成。

小贴士

科技创新与发展引领着汽车工业不断进步。早期汽车发动机的气缸盖和气缸体是铸成一体的，而气缸则用螺栓固定在曲轴箱上，维修很不方便。直到1908年10月福特T型车上市，创造性地将气缸盖设计为可拆卸式结构，将气缸与气缸体集成铸造（整体式气缸），这是自汽车诞生以来发动机结构最重要的创新之一。你知道福特T型车还应用到了哪些开创性的技术和设计吗？创新源自实践，创新也体现于实践，从福特T型车的技术创新中我们学到了什么、想到了什么呢？

三、曲柄连杆机构的工作条件及受力分析

发动机工作时，曲柄连杆机构是在高温、高压、高速和有化学腐蚀的条件下工作的。由于曲柄连杆机构是在高压下做变速运动，因此它所受的力是很复杂的，主要有气体作用

力 P、运动质量的惯性力 P_j、旋转运动件的离心力 P_c 以及相对运动件的接触表面所产生的摩擦力 F 等，如图 2-2 所示。

1. 气体作用力

气体作用力 P 可以分解为侧压力 N_p 和 S_p，S_p 又可分解为 R_p 和 T_p，R_p 使曲轴主轴颈处受压，T_p 为周向产生转矩的力。由于气体作用力在每个工作冲程都存在，但进、排气冲程相对较小，对机件影响不大，所以下面重点分析做功与压缩两冲程气体作用力的规律和特点。

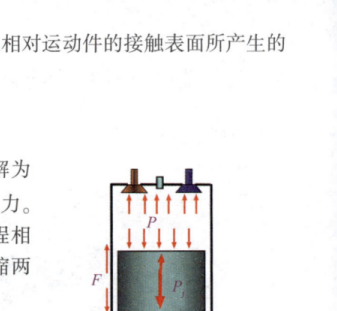

图 2-2 曲柄连杆机构受力

1）做功冲程

在做功冲程中，气体压力推动活塞向下运动，侧压力 N_p 向左，活塞的左侧面压向气缸壁，导致活塞和气缸的左侧磨损相对严重，且较大的侧压力有使机体翻倒的趋势，故机体下部的两侧固定支撑在车架上。由于 S_p 可以分解为 R_p 和 T_p，其分力 R_p 沿曲柄方向使曲轴主轴颈与主轴承间产生压紧力；分力 T_p 垂直于曲柄，其除了使连杆轴颈和连杆轴承之间产生压紧力外，还会对曲轴产生转矩 M，驱动曲轴旋转，如图 2-3（a）所示。

做功冲程中气体压力越大，则发动机动力也就越大。

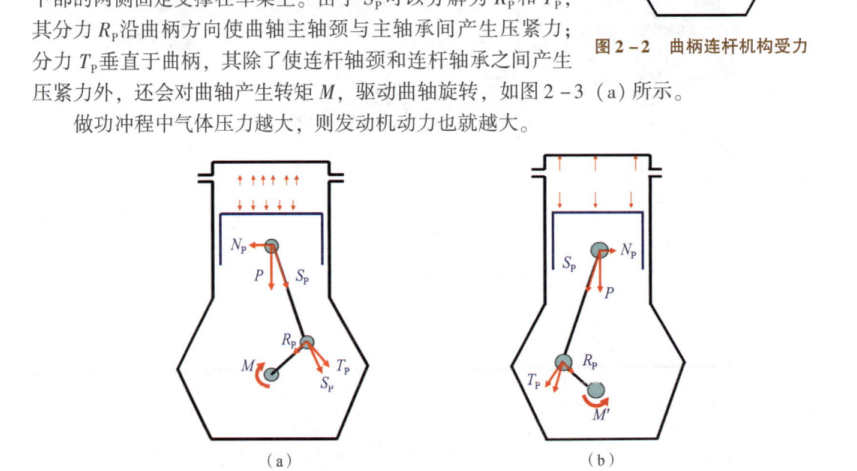

图 2-3 曲柄连杆机构承受气体作用力图
（a）做功冲程时；（b）压缩冲程时

2）压缩冲程

在压缩冲程中，气体压力是阻碍活塞向上运动的阻力。此时，侧压力 N_p 向右，活塞的右侧面压向气缸壁，右侧磨损相对严重。S_p 同样可以分解为 R_p 和 T_p，分力 R_p 的作用同做功冲程中一样；分力 T_p 对曲轴形成一个旋转阻力矩 M'，企图阻止曲轴旋转，如图 2-3（b）所示。

在发动机工作循环的任何冲程中，气体作用力的大小都是随着活塞的位移而变化的，再加上连杆的左右摇摆，作用在活塞销和曲轴轴颈的表面以及二者的支撑面上的压力和作用点不断变化，因而沿气缸方向上各处的磨损是不均匀的；同样，气缸壁沿圆周方向的磨损也是不均匀的。

2. 惯性力

运动质量的惯性力是指活塞组件和连杆小头在气缸中做往复直线运动所产生的惯性力，其大小与机件的质量及加速度成正比，其方向总与加速度的方向相反。

由于活塞运动的速度很高且数值会发生变化，故当活塞从上止点向下止点运动时，速度变化规律是：从零开始，逐渐增大，临近中间达最大值，然后又逐渐减小至零，即前半冲程是加速运动，惯性力向上，后半冲程是减速运动，惯性力向下。在上下止点时活塞运动方向改变，速度为零，加速度最大，惯性力也最大；在冲程中部附近，活塞运动速度最大，加速度为零，惯性力也等于零。

同理，当活塞从下止点向上止点运动时，前半冲程是加速运动，惯性力向下；后半冲程是减速运动，惯性力向上。

惯性力使曲柄连杆机构的各零件和所有轴颈承受周期性的附加载荷，加快轴承磨损；若未被平衡的变化的惯性力传到气缸体，则还会引起发动机振动。

3. 离心力

旋转运动件的离心力是指偏离曲轴轴线的曲柄、曲柄销和连杆大头绕曲轴轴线做圆周运动产生的旋转惯性力，其方向沿曲柄半径向外，大小与曲柄半径、旋转部分的质量和曲轴转速有关。

由于离心力方向背离曲轴中心向外，使连杆大头的轴承和轴颈受到又一附加载荷，增加了它们的变形和磨损，离心力较大时也会引起发动机振动而传到机体外。

4. 摩擦力

摩擦力是指相对运动件的接触表面所产生的力，它是造成配合表面磨损的根源，其大小与正压力和摩擦系数成正比，方向总是与相对运动的方向相反。

上述各种力，作用在曲柄连杆机构的各有关零件上，使它们受到拉伸、压缩、弯曲和扭转等不同形式的载荷，为了保证工作可靠、减少磨损、减轻振动，故在结构上应采取相应的措施。

任务实施

详见《任务实施与评价手册》"任务实施单2.1 曲柄连杆机构认知"。

任务评估

详见《任务实施与评价手册》"任务评估单2.1 曲柄连杆机构认知"。

学习任务2 机体组结构及检修

任务导入

一辆捷达轿车，配置EA211发动机，行驶里程29.8万km。车主反映发动机起动困难、油耗增加，且有明显的振动和噪声。经技术人员初步诊断，发动机油路和电路均正常，因汽车已行驶近30万km，故障可能是由气缸磨损过度而导致的。请在掌握机体组基本结构的基础上完成气缸磨损的测量，并对测量结果进行分析。

任务目标

知识目标：

1. 了解机体组的组成及功用；
2. 掌握气缸体、气缸盖、气缸垫及油底壳的结构和类型；
3. 掌握缸盖螺栓的拆装次序及要求。

技能目标：

1. 能够安全规范地拆装机体组；
2. 能够较熟练地测量气缸体或气缸盖的平面度误差；
3. 能够完成气缸磨损的测量并进行分析判断。

素养目标：

1. 养成按照维修手册规范操作的习惯，强化安全文明操作意识；
2. 具备团队协作、主动沟通交流及查询资料和收集信息的能力；
3. 激发创新意识，弘扬精益求精的工匠精神，树立技能报国的家国情怀。

一、机体组的功用

机体组是发动机曲柄连杆机构的重要组成部分，是发动机的骨架，是曲柄连杆机构、配气机构和发动机各系统主要零部件的装配基体，除了用于安装发动机各系统的主要零件和相关附件外，还要承受各种载荷。

二、机体组的组成

机体组主要由气缸盖罩、气缸盖、气缸垫、气缸体、上曲轴箱、下曲轴箱（油底壳）等不动件组成，如图2-4所示。

项目2 曲柄连杆机构结构与检修

图2-4 机体组

1. 气缸体

1）结构

气缸体通常与上曲轴箱铸为一体，称为气缸体一曲轴箱，简称为机体。机体一般用铝合金（轻型汽车发动机）或灰铸铁（中型或重型汽车发动机）铸成。机体上部的圆柱形空腔称为气缸，下部为支承曲轴的上曲轴箱，其内腔为曲轴运动的空间，在上曲轴箱上制有曲轴的主轴承座孔。为了这些轴承的润滑，在侧壁上钻有主油道，前后壁和中间隔板上钻有分油道。此外，机体内部还铸有加强筋、冷却水套以及润滑油道等。如图2-5所示。

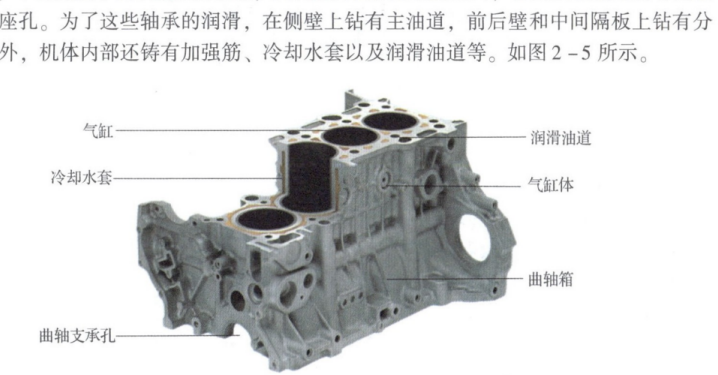

图2-5 气缸体结构

气缸体的上、下平面分别用以安装气缸盖和下曲轴箱，是气缸修理的加工基准。

2）要求

（1）足够的刚度和强度。

（2）耐磨、耐热、耐腐蚀。

（3）结构紧凑、轻巧。

（4）良好的冷却性能。

3）类型

（1）按气缸体的结构形式可以分为一般式、龙门式和隧道式三种，分别如图2-6～图2-8所示。

图2-6 一般式气缸体

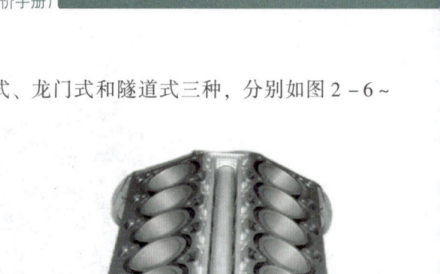

图2-7 龙门式气缸体

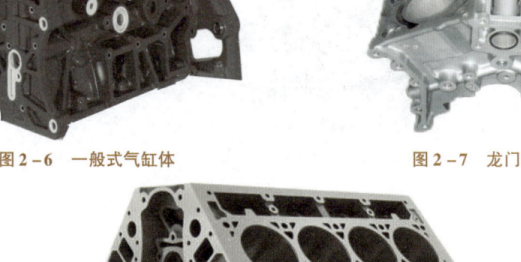

图2-8 隧道式气缸体

一般式气缸体发动机的曲轴轴线与气缸体下平面在同一平面上。其优点是结构简单、紧凑，高度尺寸小，重量轻，便于加工，拆装方便；缺点是强度和刚度较差，曲轴前后端的密封性较差，多用丁中小型发动机。

龙门式气缸体发动机的曲轴轴线高于气缸体下平面。其特点是刚度和强度较好，承受负荷大，密封简单可靠，维修方便，但工艺性较差，加工难度大，多用于大、中型发动机。

隧道式气缸体主轴承孔不分开，其特点是结构紧凑、刚度和强度好，主轴承的同轴度易保证，但加工精度要求高，工艺性较差，曲轴拆装不便，多用于主轴承采用滚动轴承的组合式曲轴。

（2）按气缸的排列方式可以分为直列式（L型）、V型、W型和水平对置式（H型）四种，如图2-9所示。

直列式气缸体多用于六缸以下的发动机，各个气缸排成一列，所有气缸共用一根曲轴和一个缸盖，气缸一般垂直布置。直列式气缸体结构简单，易于制造，从而在一定程度上降低了成本，但长度和高度较大，故有些发动机为了降低高度，有时也把气缸布置成倾斜的。

V型气缸体多用于八缸及以上的大功率发动机，是将气缸排成两列，其气缸中心线的夹角小于$180°$，常见的为$60°$~$90°$。

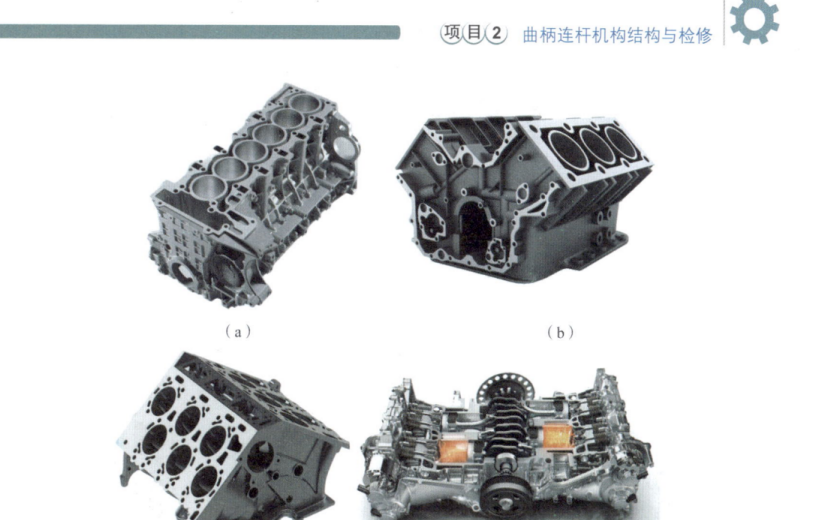

图2-9 气缸排列方式
(a) 直列式（L型）；(b) V型；(c) W型；(d) 水平对置式（H型）

W型气缸体多用于十二缸及以上的高功率发动机，是在V型发动机的基础上改进而来的，所有气缸被分为左右两个气缸组，整体呈V型布置，夹角为72°，单个气缸组内气缸又被分布成两列，夹角为15°。从前面看气缸的整体布置呈双V型，将左右两个V型气缸组放在一起就构成了一个W型。W型气缸很容易实现模块化设计与生产，在W8~W16的紧凑型汽油发动机中得到了广泛的应用。

水平对置式发动机也被称作H型发动机，两列气缸之间的夹角为180°，一根曲轴、两个缸盖，曲轴的每个轴颈上连接两个连杆。这种发动机高度方向尺寸最小，汽车高速行驶稳定性较好，多用在发动机垂直空间很小的车辆上，如赛车、跑车等。

（3）按有无气缸套及气缸套的种类分为无缸套式、干气缸套式和湿气缸套式三种。无缸套式气缸体也就是整体式气缸体，气缸内不镶任何气缸套，在机体上直接加工出气缸。

干式气缸套是指缸套被压入缸体孔中，不直接与冷却水接触，如图2-10（a）所示。其壁厚较薄，一般为1~3 mm，与其承孔装配过盈量一般为0.05~0.10 mm，其剖面如图2-11（a）所示。具体标准值可查阅相关车型维修手册。

湿式气缸套也是缸套被压入缸体，其顶面高出气缸体上平面0.05~0.15 mm，如图2-10（b）所示。与干式气缸套不同的是，湿式气缸套与冷却水直接接触，壁厚较厚，通常为5~9 mm；冷却水接触到缸套的中部，上部和下部设有支撑，其剖面如图2-11（b）所示。

2. 气缸盖

1）功 用

气缸盖的功用是密封气缸上部，与活塞和气缸共同构成燃烧室。

图2-10 气缸套

(a) 干式气缸套；(b) 湿式气缸套

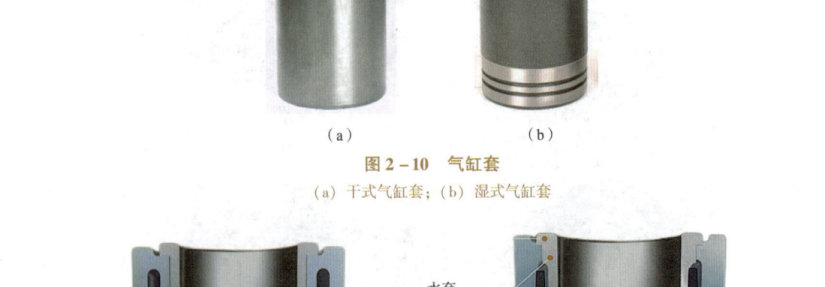

图2-11 气缸套剖面

(a) 干式；(b) 湿式

2）结构

气缸盖安装在气缸体的上部，通常采用铝合金或优质灰铸铁、合金铸铁等材料铸造而成，是汽车上最复杂的零件之一。

气缸盖内部有进、排气门座及气门导管孔和进、排气通道；有燃烧室、火花塞座孔或喷油器座孔；有与气缸体相通的冷却水套；上置凸轮轴式发动机的气缸盖上还有用来安装凸轮轴的轴承座等。气缸盖的结构如图2-12所示。

3）类型

气缸盖有整体式和分体式两种。

（1）整体式气缸盖是指一个完整的气缸盖可以覆盖所有气缸。

（2）分体式气缸盖又可以分为单体式和块状式两种，单体式是指一个气缸盖只覆盖一个气缸，多用于大功率柴油发动机；块状式是指一个气缸盖能覆盖两个或两个以上气缸，少数用于汽油发动机，部分用在柴油发动机上。

4）燃烧室

当活塞运动到上止点时，活塞顶部、气缸及缸盖上相应的凹部空间所构成的空腔为燃烧室，可燃混合气即在此燃烧。

汽油机常见燃烧室的形状主要有半球形、楔形、盆形、多球形和篷形等，如图2-13所示。

项目(2) 曲柄连杆机构结构与检修

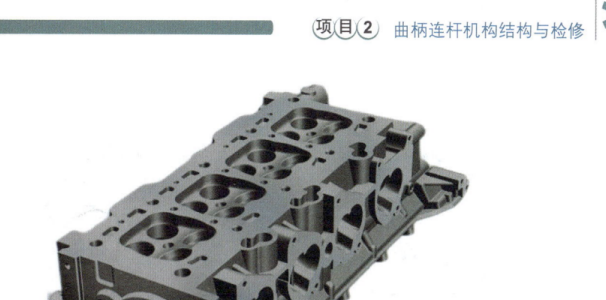

图2-12 气缸盖

图2-13 汽油机燃烧室形状

(a) 半球形；(b) 楔形；(c) 盆形；(d) 多球形；(e) 篷形

5）拆装

气缸盖与气缸体通过缸盖螺栓紧固在一起，在拆卸气缸盖时，注意应从两边向中间，按照对角线或螺旋式顺序，分两到三次旋松并拆下螺栓，如图2-14所示。

安装缸盖螺栓的拧紧顺序与拆卸时相反，从中间向两边分两到三次依次拧紧，需要注意的是，安装时必须保证气缸盖在冷态下进行。

3. 气缸垫

气缸垫装在气缸盖与气缸体之间，其功用是保证二者之间的密封，防止漏气、漏油和漏水。气缸垫外形如图2-15所示。

常见的气缸垫有金属—石棉垫、金属骨架—石棉垫和金属片式气缸垫三种。

（1）金属—石棉垫是在石棉中间夹有金属丝或金属屑，且外覆铜皮或钢皮，在缸口、水孔和油道口周围采用卷边加固，以防被高温燃气烧坏。这种气缸垫有很好的弹性和耐热性，能重复使用，但强度较差。

（2）金属骨架—石棉垫是用编织的钢丝网或冲孔钢片为骨架，外覆石棉及橡胶粘结剂压成垫片，只在缸口、油道口及水孔处用金属包边。这种缸垫弹性更好，但易黏结，只能一次性使用。

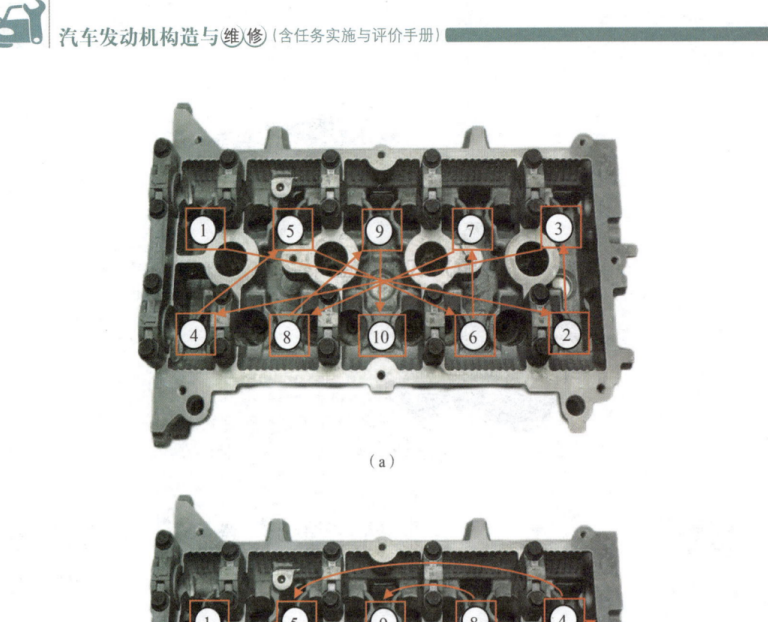

图2-14 气缸盖螺栓拆卸顺序

(a) 气缸盖螺栓对角线拆卸顺序；(b) 气缸盖螺栓螺旋式拆卸顺序

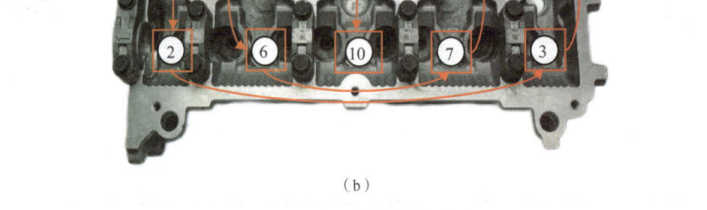

图2-15 气缸垫

(3) 金属片式气缸垫在轿车和赛车上较多采用，它需要在密封的气缸孔、水孔、油道口周围冲压出一定高度的凸纹，利用凸纹的弹性变形实现密封。

4. 油底壳

下曲轴箱也称油底壳，主要用于储存机油并密封曲轴箱，同时也可起到对机油进行散热的作用。图2-16所示为明锐1.8T发动机油底壳。

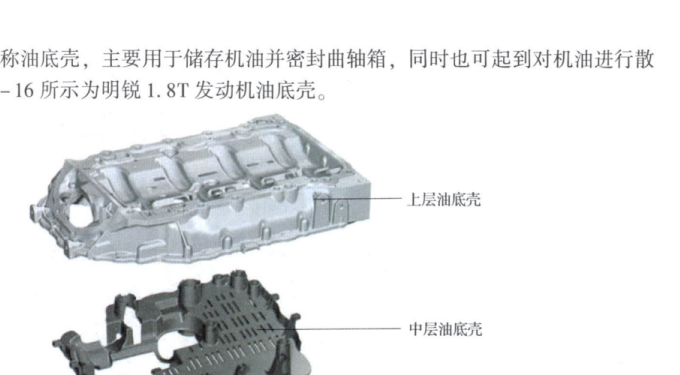

图2-16 明锐1.8T发动机油底壳

油底壳共分为三层：

（1）上层油底壳由铝合金制造，与缸体固定在一起，并由密封胶将四周进行密封。上层油底壳主要用来安装机油泵，同时也可以加强缸体。

（2）中层油底壳由塑料制成，主要是为了防止汽车在颠簸路面上行驶时机油过度晃动。

（3）下层油底壳由钢板冲压而成，它主要用于存放机油。机油的放油螺栓固定在其下部。

小贴士

干式油底壳

传统油底壳也叫作湿式油底壳，但对于追求运动性能和越野性能的车型来说并不理想，当汽车高速过弯或者在极限越野中车身倾斜很大时，离心力或重力会使机油聚集于油底壳的一个局部，导致部分曲扬不能浸入机油，从而影响到润滑。为了解决这一问题，通常把发动机底部的油底壳改成一个独立安装的机油油箱，再利用机油泵的压力强制将机油送到各润滑部位，这就是干式油底壳。

干式油底壳技术可以保证高性能跑车在各个方向急加速时机油均可以保持正常供油，但由于没有较厚的油底壳，故发动机更加扁平，此时可以将发动机安装在更深的地方，以降低车身的重心。图2-17所示为奥迪R8 preformance干式油底壳。

汽车发动机构造与维修（含任务实施与评价手册）

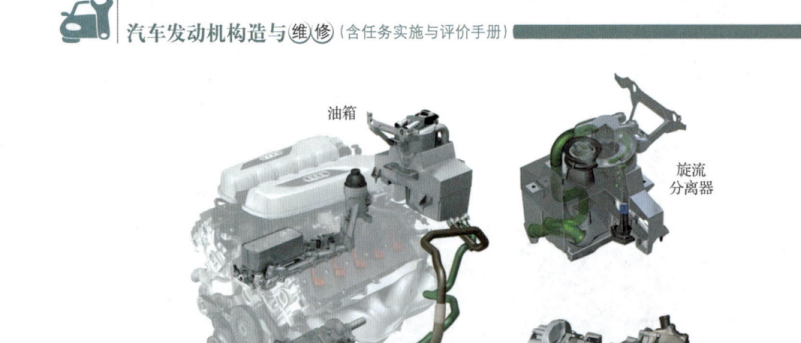

图 2-17 奥迪 R8 preformance 干式油底壳

三、机体组的检修

1. 气缸体、气缸盖变形的检修

若气缸体、气缸盖发生翘曲变形，则气缸盖下平面与气缸体上平面的平面度误差就会增大，其误差通常用刀形样板尺或刀口直尺和厚薄规（塞尺）进行测量，测量位置如图 2-18 所示，测量方法如图 2-19 所示，即沿 $AA-A_1A_1$、$BB-B_1B_1$、$CC-C_1C_1$ 方向用厚薄规在每隔 50 mm 处测平面与样板尺之间的间隙。

发动机常用拆装工具及使用

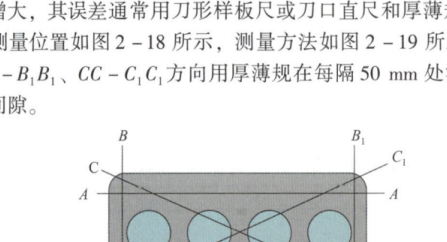

图 2-18 气缸体、气缸盖平面度误差测量位置

不同发动机气缸体上平面和气缸盖下平面的平面度误差规定值可查阅相应车型维修手册，若超过规定值，则应予以修理或更换。

2. 气缸磨损测量

1）气缸磨损规律

气缸沿高度方向正常磨损成上大下小的倒锥形，如图 2-20（a）所示，其中磨损的最大部位位于活塞上止点位置时第一道活塞环对应的气缸壁位置，而该位置以上几乎无磨损而形成明显的"缸肩"。图 2-20（b）所示为气缸异常磨损。

项目2 曲柄连杆机构结构与检修

图2-19 气缸体、气缸盖平面度误差测量

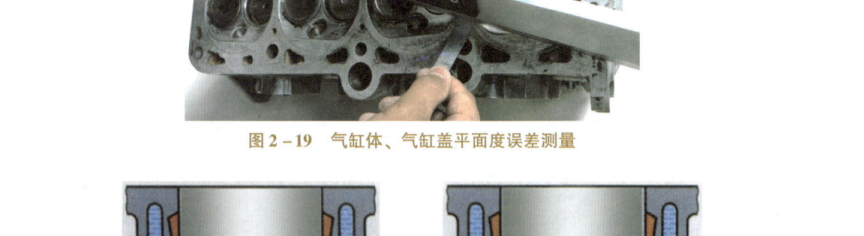

图2-20 气缸高度方向磨损

气缸沿圆周方向会磨损成不规则的椭圆形，其最大磨损部位随气缸结构和使用条件的不同而不同，由于活塞运动侧压力的作用，通常其左右方向磨损最大，如图2-21所示；若曲轴前后窜动量大，则前后方向的磨损将大于左右方向的磨损。

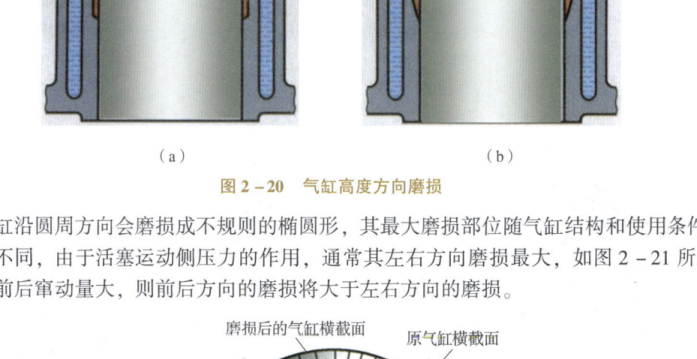

图2-21 气缸圆周方向磨损

2）磨损原因

由于发动机工作时活塞做上下往复运动，在上止点附近时各道环的背压最大，其中又以第一道环为最大，以下逐道减小，加之气缸上部温度高、润滑条件差、进气中的灰尘附着量多，以及废气中的酸性物质引起的腐蚀等，造成了气缸上部磨损较大。而圆周方向的最大磨损主要是由侧向力、曲轴的轴向窜动等造成的。

3）测量部位

气缸磨损测量应选取上、中、下三个测量面，每个面上分别测左右和前后方向数据，如图2-22所示。

上平面位于活塞到达上止点时第一道活塞环略偏下处，距气缸上平面约10 mm；下平面取距气缸下端10 mm左右处；中平面取气缸中部位置。

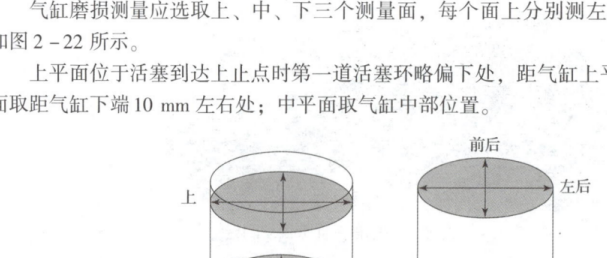

图2-22 气缸磨损测量部位

4）测量方法与步骤

步骤1：用干净抹布擦拭、清洁气缸筒，如图2-23所示。

步骤2：校准游标卡尺，用游标卡尺测量或从维修手册中查阅气缸的标准缸径，如图2-24所示，根据标准缸径加大$0.5 \sim 1$ mm确定校表尺寸。

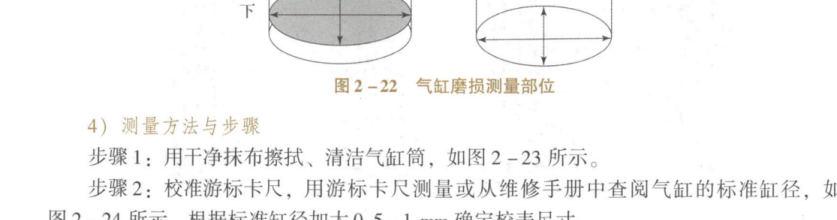

图2-23 清洁气缸筒　　　　图2-24 测量标准缸径

步骤3：将千分尺固定于台虎钳上，校准千分尺，如图2-25所示。

步骤4：安装好量缸表，根据标准缸径选择合适长度的测量接杆，如图2-26所示。

步骤5：将千分尺拧至选定校表尺寸，然后将量缸表的测量端置于千分尺的测量端口，校对量缸表至校表尺寸，如图2-27所示。

步骤6：一手握量缸表的隔热套，另一手托住测量端，在气缸上、中、下三个平面分别测左右方向和前后方向共6个数值，如图2-28所示。

测量时，应沿接杆轴线方向摆动表杆，指针超过原压缩量继续顺时针偏转的刻度值即为测量数值。

项目② 曲柄连杆机构结构与检修

图2-25 校准千分尺

图2-26 安装量缸表

图2-27 校对量缸表

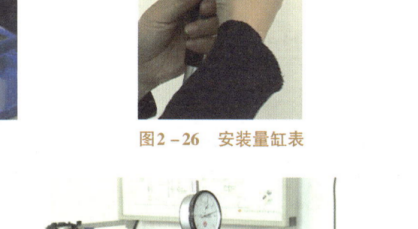

图2-28 测量气缸磨损

步骤7：根据测量值计算圆度误差和圆柱度误差，分析数据，评估气缸磨损程度。

百分表的使用

不同型号和用途的发动机，其气缸圆度误差和圆柱度误差的规定值可查阅相应车型维修手册，若超过规定值，则应予以修理或更换。

气缸磨损测量

3. 气缸裂纹检测

气缸体产生裂纹的主要原因如下：

（1）气缸体内的冷却液结冰冻裂。

（2）气缸体碰撞受力过大。

（3）铸造加工时残余应力过大。

（4）发动机在工作中产生的惯性力、热应力及气缸体承受的交变应力过大。

（5）缸盖螺栓拧紧力矩过大或镶换气缸套时过盈量选择过大或压装工艺不当等。

明显的气缸裂纹可用目测或根据漏水、漏气部位查出，细小的气缸体或气缸盖裂纹可通过水压试验进行检测。进行水压试验时，水压机的压力在 $0.3 \sim 0.4$ MPa 应能保持 5 min，无渗水现象。

气缸体上的裂纹凡涉及漏水、漏油、漏气的，应进行更换；尚未影响到燃烧室、水道、油道的裂纹，可在裂纹末端处钻一小孔，将集中在裂纹末端的应力加以分散，避免裂纹进一步扩大；水套或其他非重要部位的裂纹可用环氧树脂胶粘补。

 小贴士

修补过或者新镶了气缸套的气缸体，均应做水压试验。

 任务实施

详见《任务实施与评价手册》"任务实施单2.2 机体组结构及检修"。

 任务评估

详见《任务实施与评价手册》"任务评估单2.2 机体组结构及检修"。

学习任务3 活塞连杆组结构及检修

 任务导入

一辆上汽大众POLO轿车，配置EA211发动机，行驶里程28.7万km。车主反映发动机大修过后出现排气管冒蓝烟现象。技术人员判断为烧机油，经初步诊断发动机曲轴箱通风和进、排气系统均正常，那么还有什么原因会导致发动机烧机油呢？请以小组为单位，在掌握活塞连杆组基本结构和工作原理的基础上，分析发动机烧机油故障的原因，详细计划检查工作的过程和步骤，完成该故障的分析与诊断。

 任务目标

知识目标：

1. 了解活塞连杆组的功用及组成；
2. 掌握活塞连杆组主要零部件的类型、结构、工作原理及检修内容；
3. 理解活塞环与发动机烧机油的关系机理。

技能目标：

1. 能够正确选配活塞连杆组的主要零部件；
2. 能够按维修手册要求规范拆装和检修活塞连杆组。

素养目标：

1. 了解与活塞连杆组相关的新技术、新工艺、新材料、新设备，牢固树立汽车行业发展的"四新"理念；
2. 激发创新意识，弘扬精益求精的工匠精神。

知识链接

活塞连杆组是发动机的"心脏"，是曲轴连杆机构的重要组成部分，其功用是将可混合气燃烧的压力传给曲轴，使曲轴旋转并输出扭矩。

活塞连杆组主要由活塞、活塞环、活塞销、连杆组等机件组成，图2-29所示为迈腾B8L发动机活塞连杆组的结构组成。

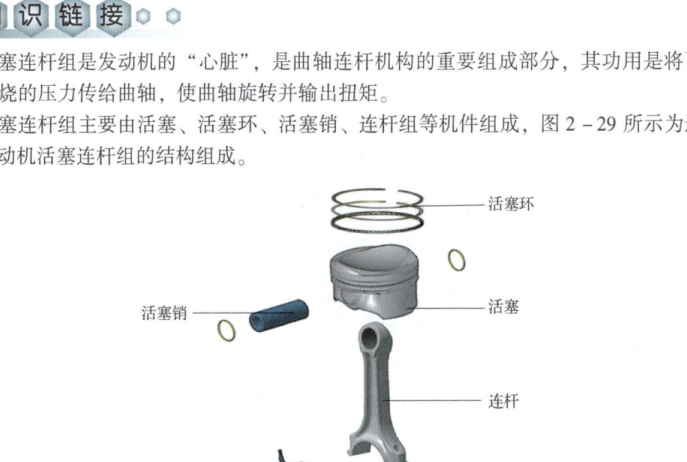

图2-29 迈腾B8L发动机活塞连杆组结构组成

活塞连杆组

一、活塞

1. 功用

活塞的功用是与气缸盖、气缸壁共同构成燃烧室，承受气缸中气体的压力，并将此压力通过活塞销传递给连杆驱使曲轴旋转，同时，活塞还承担着传热和密封的作用。

2. 工作条件及材料

活塞工作时直接与高温、高压的燃气接触，但散热和润滑条件并不好。发动机正常运转时，活塞运动速度很高，会产生很大的惯性力，同时还要承受极高的气体压力，由于气体压力和惯性力周期变化，因此，活塞要承受复杂的拉伸、压缩、弯曲、扭转等强交变应力，故要求活塞刚度、强度高，质量小，导热性好，耐磨、耐高温、热膨胀系数小。目前的活塞一般都采用高强度铝合金制造，但在一些低速柴油机上，活塞仍采用高级铸铁或耐热钢，采用铸造、锻造或模锻加工而成。铝合金活塞具有质量小、导热性好等优点，缺点是膨胀系数较大，高温时其刚度和强度受影响较大，因此，通常在结构设计、机械加工或热处理时需采用各种措施加以弥补。

3. 结构

活塞的结构包括顶部、头部和裙部三部分，如图2-30所示。

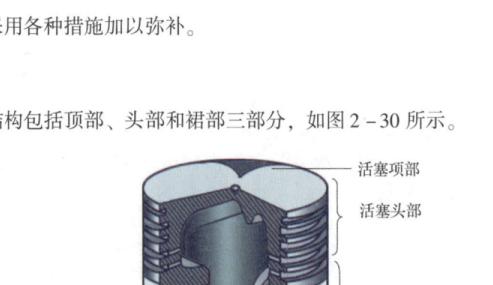

图2-30 活塞结构

1）活塞顶部

活塞顶部主要用来构成燃烧室，并承受缸内气体的压力。根据发动机的类型和要求不同，活塞顶部通常被制成不同的形状。汽油机活塞顶部的形状通常有平顶、凸顶、凹顶和成型顶四种，如图2-31所示。

图2-31 活塞顶部形状

(a) 平顶；(b) 凸顶；(c) 凹顶；(d) 成型顶

活塞顶部一般标有活塞的安装方向（朝前箭头等）、生产日期、厂家标志、活塞直径、装配间隙等标识，如图2-32所示。在安装和选配活塞时要注意不得选错或装反。

2）活塞头部

活塞头部是指活塞顶部以下，最下边一道活塞环槽以上的部分，主要用来安装活塞环，与活塞环一起实现气缸的密封；承受气体压力，并通过活塞销传递给连杆；将活塞顶部所吸收的热量通过活塞环传导到气缸壁上。

活塞及其检修

活塞头部一般有3～4道环槽，环槽的形状与活塞环的断面形状相适应，一般为矩形或梯形，靠顶部的2～3道安装气环，最下面1～2道安装油环。油环环槽的槽底圆周上加工有若干贯通的泄油槽或泄油孔，油环从缸壁上刮下多余的润滑油经此处流回油底壳。两环槽之间的部分称为环岸。

3）活塞裙部

活塞裙部是指活塞环槽以下的部分，其作用是为活塞往复运动导向和承受侧压力。因此，裙部既要有一定的长度，又要有足够的面积，以保证可靠的导向，并防止活塞对气缸壁的单位面积压力过大而造成油膜破坏，加大磨损。

图2-32 活塞顶部标识

4. 活塞变形及抗变形措施

活塞工作时会不仅会受热膨胀，而且还要承受气体压力和侧压力，因此会产生一定的热变形和机械变形，如图2-33所示。

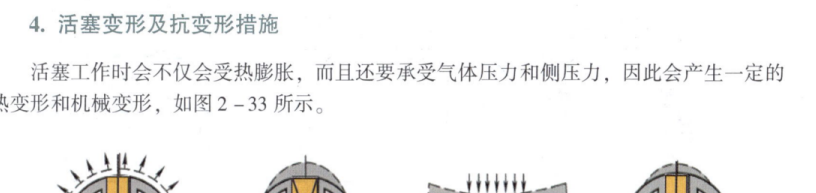

图2-33 活塞热变形和机械变形

（a）销座热膨胀；（b）挤压变形；（c）弯曲变形；（d）裙部变形

为了尽量减小活塞变形，在设计和冷态加工时对活塞结构采取了以下措施：

（1）活塞高度方向上设计成上小下大的形状。

由于活塞头部材料较多，顶部和头部温度较高，因此，活塞在高度方向上的膨胀量自上而下呈由大而小的规律。为了使活塞在工作状态下接近一个圆柱形，有的活塞将直径制成上小下大的阶梯形或截锥形，如图2-34所示。

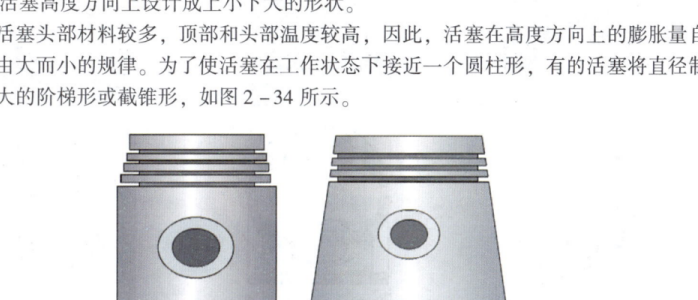

图2-34 活塞高度方向的形状

（a）阶梯形活塞；（b）锥形活塞

（2）活塞裙部横截面制成椭圆形，长轴垂直于销座孔轴线方向。

由于活塞销座孔部位金属较厚，故受热后膨胀量也较大，活塞在受热后其裙部周向会发生近似于椭圆形的变化，椭圆长轴沿着销座孔轴线的方向。因此，为了使活塞受热变形后截面成为一个标准的圆形，活塞的横截面被设计成一个椭圆形，其长轴垂直于销座孔轴线的方向。

（3）销座处凹陷 $0.5 \sim 1.0$ mm。

（4）裙部侧推力面开绝热一膨胀槽。

有的活塞在裙部的侧推力面开有横槽和竖槽，如图 2-35 所示。其中横槽为绝热槽，通常开在头部最下面一道油环槽中或裙部上边沿，作用是切断来自活塞头部的热量向裙部传输，减少活塞裙部的热膨胀；竖槽叫膨胀槽，其作用是当活塞裙部受热膨胀时，膨胀量填补膨胀槽，使活塞裙部具有一定的"弹性"，从而使冷态下的装配间隙尽量小一些。

图 2-35 活塞裙部的绝热一膨胀槽

（5）采用双金属活塞。

为了减小裙部的热膨胀量，有些活塞在裙部或销座内嵌铸入钢片，以牵制活塞裙部的热膨胀变形量。常见的金属活塞类型有恒范钢片式、自动调节式和筒形钢片式等几种，如图 2-36 所示。

图 2-36 双金属活塞

（a）恒范钢片式；（b）自动调节式；（c）筒形钢片式

5. 活塞的冷却

在高强化发动机特别是柴油发动机中，为了减轻活塞顶部和头部的热负荷而采用机油冷却活塞。活塞的冷却方式主要有以下三种：

1）自由喷射冷却法

从连杆小头上的喷油孔或从安装在机体上的喷油器向活塞顶内壁喷射机油，如图2-37（a）所示。

2）振荡冷却法

从连杆小头上的喷油孔将机油喷入活塞内壁的环形油槽中，由于活塞的运动而使机油在槽中产生振荡而冷却活塞，如图2-37（b）所示。

3）强制冷却法

在活塞头部铸出冷却油道或油管，使机油在其中强制流动而冷却活塞，如图2-37（c）所示。强制冷却法在增压发动机中应用广泛。

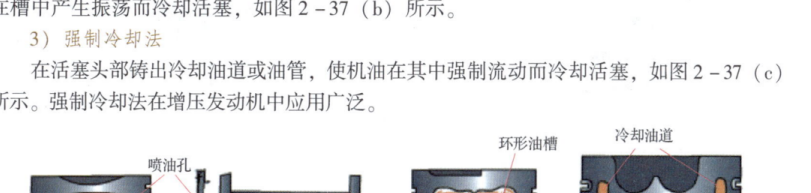

图2-37 活塞的冷却

（a）自由喷射冷却法；（b）振荡冷却法；（c）强制冷却法

6. 活塞的选配

在发动机大修或更换气缸体或气缸套时，应根据气缸的标准尺寸或修理尺寸同时更换活塞，选配注意事项如下：

（1）修理尺寸：各缸应选用同一修理尺寸级别的活塞。

（2）质量要求：同一组活塞中各活塞的质量应基本一致。中、低速发动机活塞之间的质量误差应$\leqslant 8$ g，高速发动机应$\leqslant 5$ g。

（3）材质要求：同一台发动机上应选用同一厂牌、同一组的活塞，以保证活塞材料、性能、质量、尺寸等一致，同组活塞直径差应$\leqslant 0.02 \sim 0.025$ mm。

（4）活塞裙部圆度和圆柱度的要求：应符合维修手册的规定的要求。汽油机活塞裙部锥形的圆柱度因设计而异，一般为$0.005 \sim 0.030$ mm；活塞径向截面形状多为椭圆形，其圆度值视其车型或结构而异。

7. 活塞的清理与检测

1）积炭的清理

活塞顶部的积炭可以先用煤油浸软后，再用软金属刮刀轻轻刮除。活塞环槽积炭采用专用工具清理示意图如图2-38所示。

2）活塞测量

对于活塞的非正常损耗，主要进行外观检验；对于正常损耗，主要进行活塞环槽磨损检验和活塞裙部磨损的检验，如图2-39所示。

图2-38 活塞环槽积炭清理

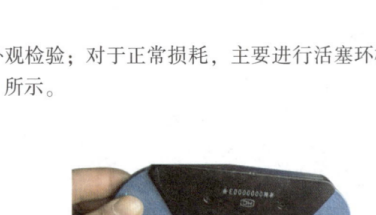

图2-39 活塞裙部直径测量

二、活塞环

1. 种类及功用

活塞环按其功用不同可以分为气环和油环两类，如图2-40所示。

气环的主要功用是密封和导热；辅助功用是将气缸壁上多余的机油刮回油底壳。一般发动机每个活塞上装有2~3道气环。

油环的主要功用是刮油和布油，当活塞上行时，在气缸壁上分布一层均匀的油膜，减少活塞、活塞环与气缸壁的摩擦阻力；当活塞下行时，将气缸壁上多余的机油刮回到油底壳，防止机油窜入气缸燃烧。油环的辅助功用是导热。

图2-40 活塞环的种类

油环有整体式油环和组合式油环两种，如图2-41所示。

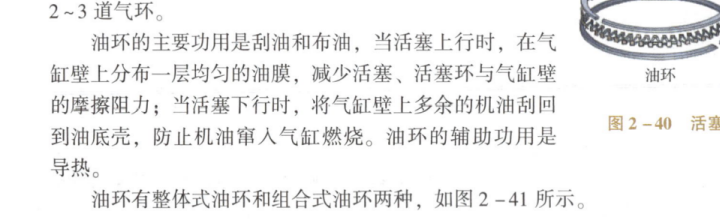

图2-41 油环种类
(a) 整体式油环；(b) 组合式油环

活塞环拆装及三隙测量

整体式油环其外圆面的中间切有一道凹槽，在凹槽底部加工出很多穿通的排油小孔或缝隙。组合油环由上、下刮片和产生径向、轴向弹力的衬簧组成。这种环刮片很薄，刮油作用强，质量小，回油通道大，在高速发动机上得到了广泛应用。

2. 工作条件、要求及材料

活塞环是在高温、高压、高速、大磨损、强交变应力的条件下工作的，其运动和受力情况非常复杂，因此，要求活塞要有很好的耐磨性、耐热性、导热性，具有较高的强度、韧性和弹性。为了满足上述要求，活塞环常采用优质灰铸铁、球墨铸铁、合金铸铁等，并对其表面进行多孔性镀铬、镀锡、镀钼、磷化、喷丸、喷铜等处理，以改善活塞环的磨合性。

小贴士

新型活塞环材料

传统活塞环常采用优质灰铸铁、球墨铸铁、合金铸铁等材料，目前，欧洲一些国家正在研制、实测一种新型的硅金属强化铜合金活塞环，其适用对象为小型增压发动机。这种热传导合金活塞环效能最高可达普通铁基活塞环的4倍，不仅活塞温度可以比以往最多降低25℃，活塞顶部温度也能最多降低30℃，既增强了活塞的抗疲劳能力，也提升了燃烧效能，同自然吸气式发动机相比，能够应对更加高温高压的作业环境，提升小型发动机的动力性能。

——选编自SAE《汽车工程》杂志

3. 活塞环的间隙及测量

当发动机工作时，活塞及活塞环都会发生膨胀，活塞环在气缸内应留有一定的间隙。

（1）端隙 Δ_1：将活塞环装入气缸后环开口处的间隙，一般为0.25~0.50 mm。测量时先将活塞环压装入气缸，用活塞头部顶至约上止点位置，然后用塞尺进行测量，如图2-42所示。

图2-42 活塞环端隙

（2）侧隙 Δ_2：又称边隙，是环高方向上与环槽之间的间隙，如图 2-43 所示。因第一道环温度高，故一般为 0.04～0.10 mm，而其他气环一般为 0.03～0.07 mm。油环一般侧隙较小，为 0.025～0.07 mm。测量时将活塞环放入活塞环槽，靠向某一环岸，用塞尺测量活塞环端面与另一环岸之间的间隙，如图 2-44 所示。

（3）背隙 Δ_3：活塞环装入气缸后，活塞环背面与环槽底部的间隙，如图 2-43 所示。因活塞环安装后背隙不便直接测量，所以通常用游标卡尺分别测得活塞环的宽度和环槽的深度，将二者相差的数值近似认为是活塞环的背隙，一般为 0.5～1 mm。

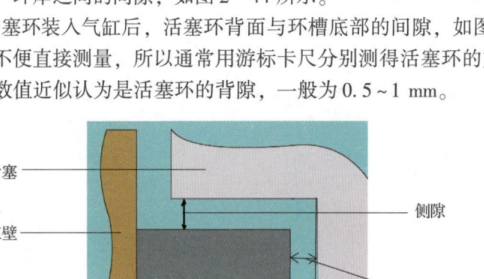

图 2-43 活塞环侧隙和背隙

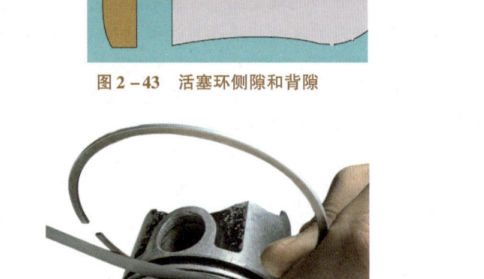

图 2-44 活塞环侧隙的测量

4. 气环的密封原理

活塞环在自由状态下不是圆环形，其外形尺寸比气缸内径大，因此它随活塞一起装入气缸后便产生弹力而紧贴在气缸壁上，形成第一密封面，使燃气不能通过活塞环与气缸接触面的间隙，如图 2-45（a）所示。活塞环在燃气压力作用下压紧，在环槽的下端面上形成第二密封面，如图 2-45（b）所示，于是燃气扰流到环的背面并发生膨胀，其压力降低，同时燃气压力对环背的作用力使环更紧地贴在气缸壁上，形成对第一密封面的第二次密封，如图 2-45（c）所示。

燃气从第一气环的切口漏到第二道气环的上平面时，压力已有所降低，再把这道气环压贴在第二环槽的下端面上，于是，燃气又扰流到这个环的背面，再发生膨胀，其压力又进一步降低。如此下去，从最后一道气环漏出来的燃气，其压力和流速已大大减小，因而漏气量也就很少了。为了减少气体泄漏，将活塞环装入气缸时，各道环的开口

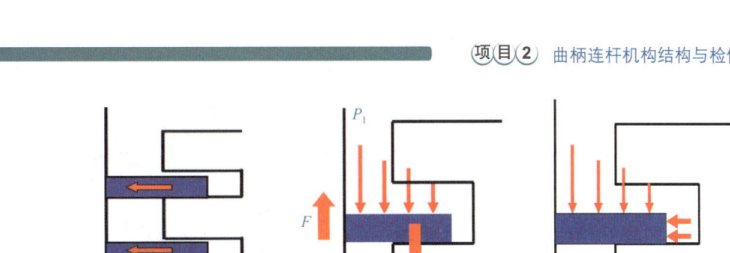

图2-45 气环的密封

（a）第一密封面；（b）第二密封面；（c）第一密封面的第二次密封

应相互错开。

通常每款车型的维修手册上都有各环口的位置要求，一般若有三道环，则各道环开口应沿圆周呈120°夹角。若有第四道环，则第一、二道互错180°，第二、三道互错90°，第三、四道互错180°，形成迷宫式的路线，以增大漏气阻力，减少漏气量。

5. 活塞环的断面形状

矩形断面的活塞环安装后，由于其侧隙与背隙的存在，故在发动机工作时通常会产生"泵油"作用，如图2-46所示。

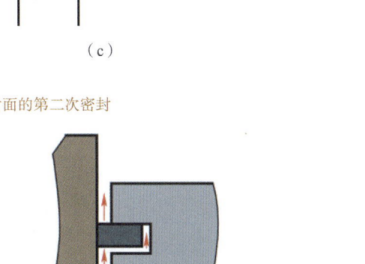

图2-46 活塞环的"泵油"现象

为了加强密封，改善磨合和润滑条件，减少活塞环的"泵油"现象，应合理选择材料及加工工艺，在结构上采用不同的断面形状。除了矩形环之外，常见的还有锥面环、扭曲环、梯形环和桶面环等，活塞环的断面形状如图2-47所示。

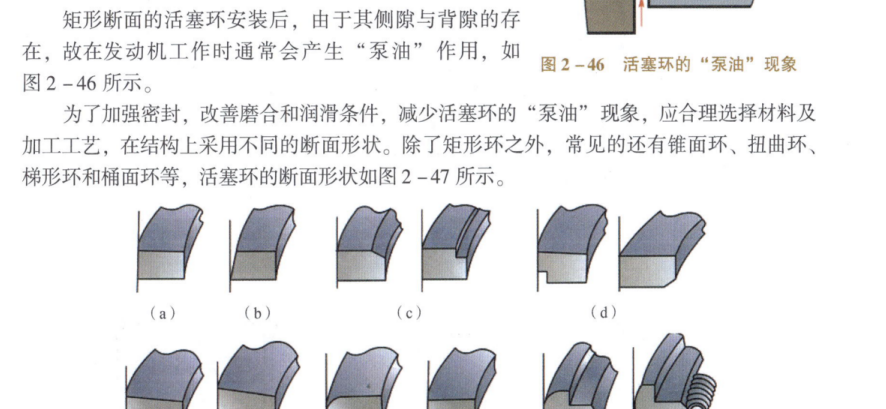

图2-47 气环的断面形状

（a）矩形环；（b）锥面环；（c）上侧面内切正扭曲环；（d）下侧面外切正扭曲环；（e）梯形环；（f）楔形环；（g）桶面环；（h）开槽环；（i）顶岸环

矩形环通常用于第一道环槽，扭曲环常装于第二道环槽，扭曲环又分为正扭曲环和反扭曲环。安装时，必须注意环的断面形状和方向，扭曲环应将内切槽向上、外切槽向下，即"内上外下"，不得装反；锥面环或其他有方向标记的环也都应按方向安装，不得装反，否则会造成"烧机油"故障。此外，活塞环弹力不足或失效都将导致"烧机油"故障。

6. 活塞环的拆装与检修

1）拆装

将活塞环从活塞环槽中拆下或安装时，需用专用工具（活塞环拆装钳）将活塞环端口处撑开，使整个活塞环扩张后从环槽中取出或装入环槽，如图2-48所示。不可用手强行掰出或压入，以防活塞环断裂或变形。

2）检修

活塞环的检修除了对"三隙"进行测量（参照前述）外，还包括活塞环弹力和漏光度的检测。

图2-48 活塞环拆装

检测活塞环弹力时可将活塞环立于活塞环弹力检测仪上进行检测，如图2-49（a）所示，也可以按图2-49（b）所示的简易检验法进行检测，弹力相同的活塞环在加压后测得 Δ_1 和 Δ_2 的值应相等，若 $\Delta_2 < \Delta_1$，则表示旧环弹力减弱。

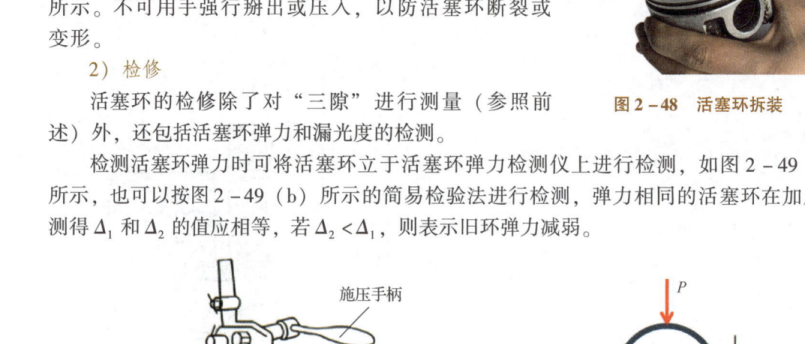

图2-49 活塞环弹力检查

（a）用弹力检测仪检测；（b）简易法检测

检测活塞环漏光度时可将活塞环置入气缸内，用活塞顶部推平，在气缸下放置一个发亮的灯泡或手电筒，在活塞上放一直径略小于气缸内径且能盖住活塞环内圆的盖板，从气缸上部观察漏光处及其对应的圆心角，如图2-50所示。

一般要求活塞环局部漏光每处 $\leqslant 25°$；最大漏光缝隙 $\leqslant 0.03\ mm$；每道环的漏光部位不超过2个，每道环的总漏光度不大于 $45°$；在活塞环开口处 $30°$ 范围内不允许有漏光现象。

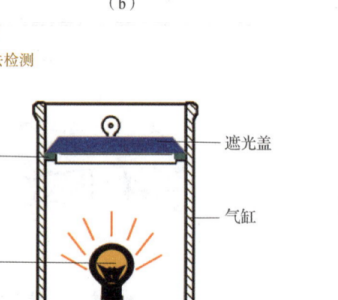

图2-50 活塞环漏光度检查

三、活塞销

活塞销及其偏置

1. 功用

活塞销的功用是连接活塞和连杆小头，并把活塞承受的气体压力传递给连杆。

活塞销工作时要在高温下承受很大的周期冲击载荷，并且做低速摆转运动，润滑条件差，油膜不易建立，故要求活塞销要有足够的刚度、强度、表面硬度以及良好的耐磨性和耐冲击性，质量要尽可能小，所以活塞销一般用低碳钢或低碳合金钢经表面渗碳或氰化处理，再精磨、抛光而制成。活塞销的内孔形状有圆柱形、两段截锥形及两段截锥形与一段圆柱组合等，如图2－51所示。

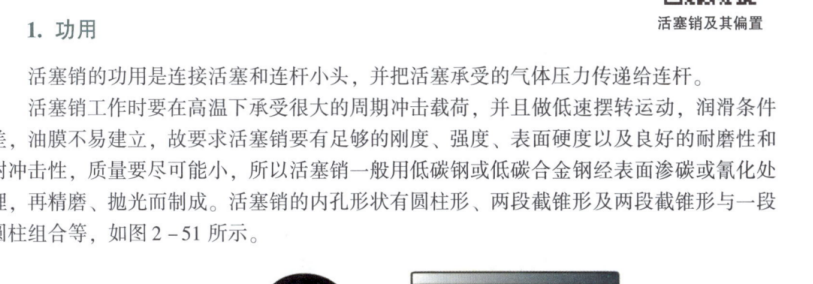

图2－51 活塞销及其内孔

2. 种类

活塞销与活塞座孔和连杆小头的连接方式有全浮式和半浮式两种，如图2－52所示。

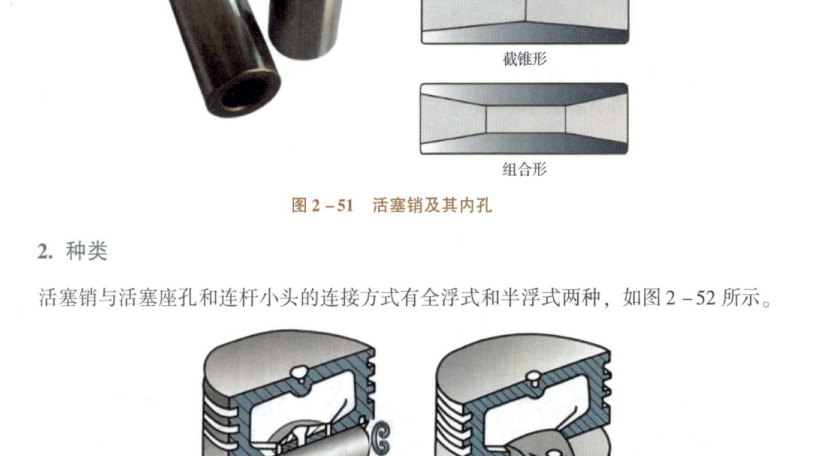

图2－52 活塞销的连接方式
（a）全浮式；（b）半浮式

1）全浮式

全浮式是指在发动机正常工作时，活塞销与销座孔、活塞销与连杆小头之间都有间隙，可以相互自由转动，因而相对增大了接触面积，减小了磨损且磨损均匀，在目前发动机上得到了广泛的使用。

由于活塞材料通常为铝合金，而活塞销材料为低碳钢或低碳合金钢，故当发动机正常工作时，铝活塞销座的热膨胀量要大于钢活塞销的膨胀量。为了保证工作时有正常的间隙，在冷态时活塞销与销座孔为过渡配合。装置时应先将铝活塞在温度为70～90 ℃的机油中加热，然后将活塞销压入。为了防止转动时活塞销从销座孔中滑出，在其两端必须装用卡环将其固定在销座孔内。

2）半浮式

半浮式是指销与座孔或销与连杆小头两处，一处固定，一处浮动，其中大多数采用销与连杆小头固定的方式。其固定方式一种是活塞销与连杆小头的承孔过盈装配；另一种是活塞销中部与连杆小头用紧固螺栓连接。半浮式连接不需要卡环，也不需要连杆衬套。

3. 选配

活塞销选配的原则是：同一台发动机应选用同一厂牌、同一修理尺寸的成组活塞销；活塞销表面应无任何锈蚀和斑点；质量差不超过10 g。

采用半浮式连接的活塞销时，将活塞放置在销座孔处于垂直方向的位置，常温下活塞销应能靠自重缓缓通过销座孔；采用全浮式连接的活塞销，在活塞加热到70℃及以上时，应能用手掌心将涂有润滑油的活塞销推入销座孔，其应能在座孔内转动且无间隙感。

4. 活塞销座偏置

假设活塞销轴线位于活塞中心线平面内，则当活塞越过上止点改变运动方向时，由于侧压力瞬时换向，使活塞与缸壁的接触面突然由一侧平移到另一侧，如图2-53（a）所示，活塞便会直接敲击气缸壁，又称"活塞敲缸"。为了减轻活塞换向时对气缸壁的敲击，将活塞销座轴线向做功行程中受侧压力较大的一面（左）偏移1～2 mm，如图2-53（b）所示。因销座偏置，故当活塞接近上止点时，作用在活塞销座轴线右侧的气体压力大于左

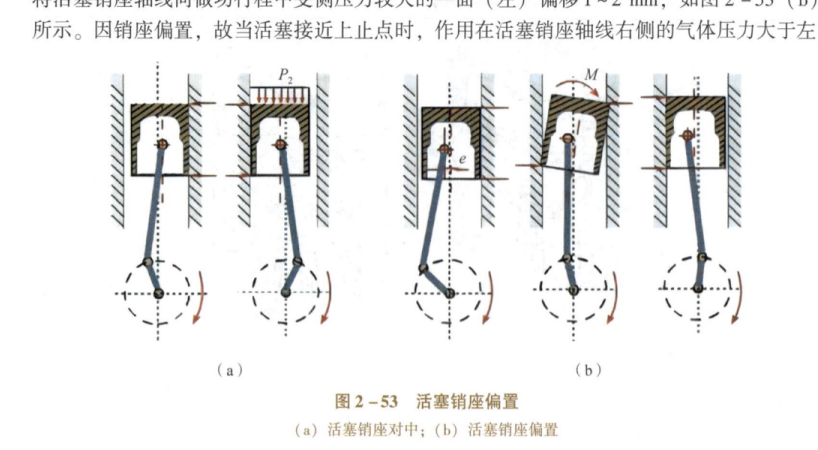

图2-53 活塞销座偏置

（a）活塞销座对中；（b）活塞销座偏置

侧，使活塞倾斜，裙部下端提前换向；而活塞在越过上止点，侧压力反向时，活塞才以左下端接触处为支点，顶部向左转（非平移），相对平稳地完成换向。

四、连杆组件

1. 功用

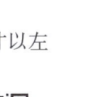

连杆组件的功用是连接活塞与曲轴，将活塞承受的力传给曲轴，使活塞的往复直线运动变为曲轴的旋转运动，进而对外输出转矩。

连杆组件包括连杆、连杆盖（也称连杆轴承盖）、连杆轴瓦（也称连杆轴承）、衬套（半浮式没有）、连杆螺栓等，如图2-54所示。

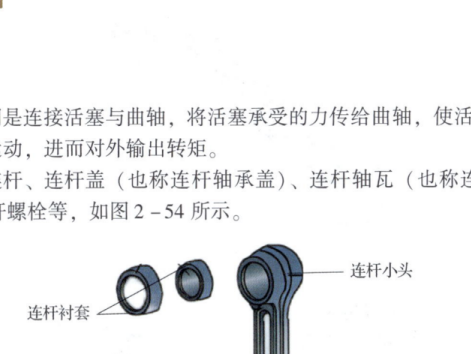

图2-54 连杆组件

2. 连杆的结构

连杆由小头、杆身和大头（包括连杆盖）三部分组成，如图2-55所示。

1）连杆杆身

为了节省材料且能够获得最大的刚度和强度，连杆杆身通常设计成"工"字形断面，在连杆杆身上还有朝前的安装标记，如图2-55所示，有的杆身内还钻有纵向的润滑油道。

2）连杆小头

连杆小头与活塞销相连接。全浮式的连杆小头孔内一般压入减磨的青铜衬套或铁基粉末冶金衬套；顶部开有润滑油槽或油孔，用于收集飞溅油雾，润滑活塞销。半浮式用螺栓将活塞销夹紧在连杆小头孔内，活塞销只可在活塞销孔内转动，不可在连杆小头内转动，如图2-56所示。

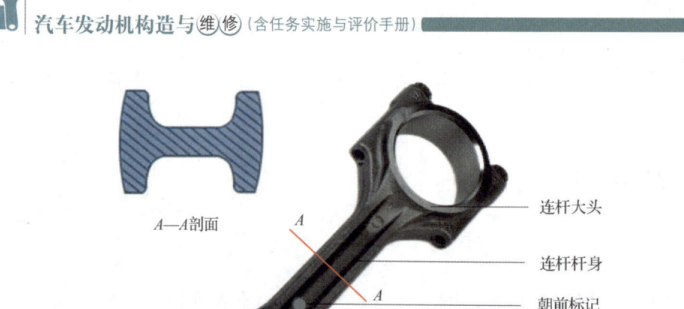

图2-55 连杆结构及其"工"字形断面

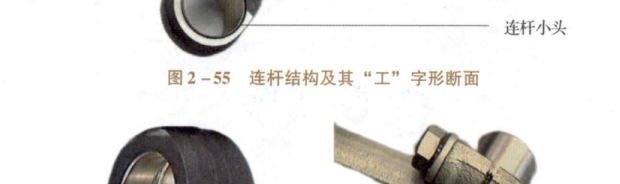

图2-56 连杆小头

3）连杆大头

连杆大头安装于曲轴的连杆轴颈上，在连杆大头和连杆轴颈之间装有连杆轴瓦，又称"小瓦"。连杆轴瓦的功用是保护连杆轴颈及连杆大头孔。现代发动机所用的连杆轴瓦是由钢背和减磨层组成的分开式薄壁轴瓦，轴瓦的内表面上涂有$0.3 \sim 0.7$ mm厚的减磨合金层，具有保持油膜、减少摩擦阻力和易于磨合的作用，主要有巴氏合金、铜铅合金、高锡铝合金等；轴瓦的内表面开有油槽，用以储油和作垃圾槽；轴瓦背面制有定位凸肩，以防止轴瓦转动，如图2-57所示。

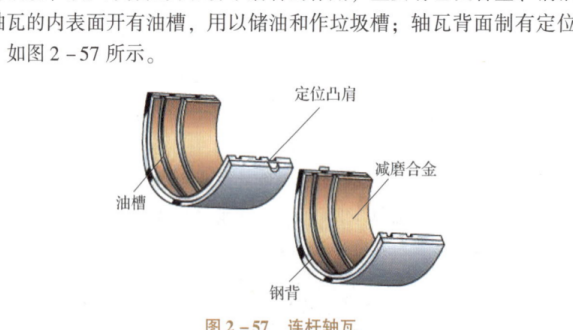

图2-57 连杆轴瓦

连杆大头通常为分开式的，以便于拆装活塞连杆组，被分开的部分叫连杆盖，两者之间用连杆螺栓连接，如图2-58所示。连杆与连杆盖之间有配对标记，拆装时应注意对齐。

连杆大头通常有平切口（见图2-58）和斜切口（见图2-59）两种。斜切口的定位形式有连杆螺栓定位、锯齿定位、套筒或圆销定位和止口定位四种，如图2-60所示。除了与平切口一样的螺栓定位外，其余三种定位形式如下。

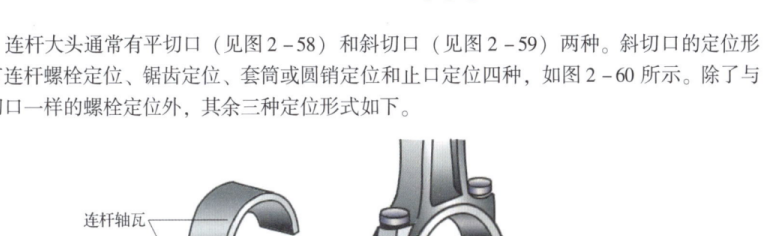

图2-58 连杆大头

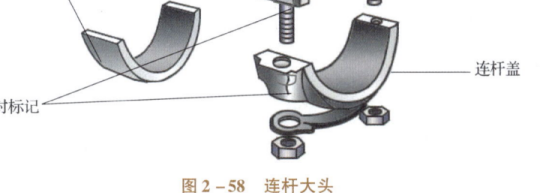

图2-59 斜切口连杆

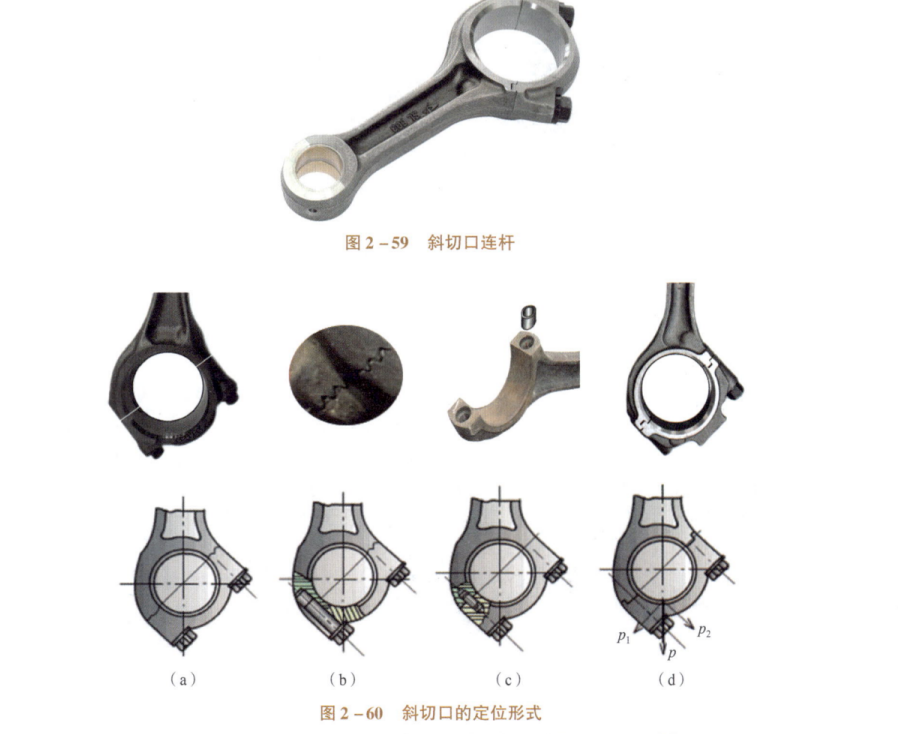

图2-60 斜切口的定位形式

（a）连杆螺栓定位；（b）锯齿定位；（c）套筒或圆销定位；（d）止口定位

(1) 锯齿定位。

定位可靠（锯齿接触面大，贴合紧密），结构紧凑，但齿距公差要求高，否则会因个别齿脱空影响连杆组件的刚度，也会造成连杆大头孔失圆。

(2) 套筒或圆销定位。

定位精度较高，工艺要求高（若孔距不准确，则可能因过定位而造成大头孔严重失圆）。

(3) 止口定位。

工艺简单，但定位不可靠，工作时连杆大头所承受的径向力容易在止口部位集中，从而造成连杆盖径向脱离。

3. 连杆的检修

1) 裂纹

连杆在工作中受到交变载荷作用，可能会出现裂纹，严重时会导致断裂。连杆裂纹一般用磁力探伤检查。连杆出现任何形式的裂纹均应更换。

2) 变形

连杆承受强交变应力可能导致连杆发生弯曲或扭曲变形，如图 2-61 所示。

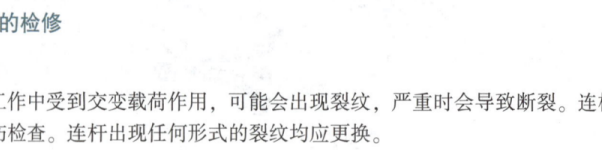

图 2-61 连杆变形

连杆弯曲和扭曲变形均可用连杆校准器和测隙规检查，如图 2-62 所示。若变曲度最大偏差 >0.05 mm/100 mm 或扭曲度最大偏差 >0.15 mm/100 mm，均应更换连杆。

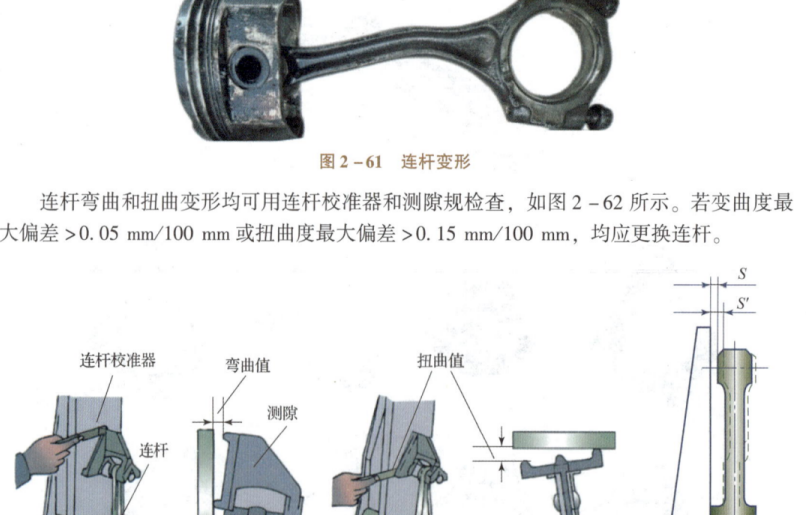

图 2-62 连杆弯曲和扭曲变形的检查

(a) 连杆弯曲的检查；(b) 连杆扭曲的检查；(c) 连杆双重弯曲的检查

当连杆弯曲、扭曲变形同时存在时，应先校正扭曲后校正弯曲，如图2-63所示。校正连杆时，应记下连杆向哪边弯曲或扭曲以及弯扭的数值，避免反复及过度校正。

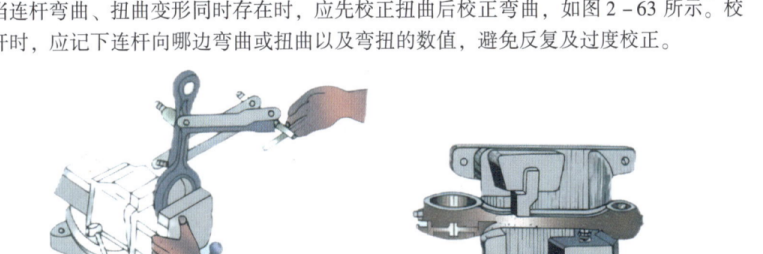

图2-63 连杆弯曲和扭曲变形的校正
(a) 连杆弯曲的校正；(b) 连杆扭曲的校正

小贴士

连杆撑断加工新工艺

连杆在工作中会承受复杂的交变载荷，故要求有很高的强度。近年来，在连杆加工中采用了撑断新工艺，主要采用裂解槽加工方式，即先用拉刀割槽，用一拉刀在连杆大头孔的部分面上加工一个V形凹槽，然后用激光割槽，通过调节激光的脉冲频率与脉冲强度来控制裂解槽的深度和宽度，从而避免因拉刀磨损造成的V形槽深浅不一的问题。加工时，用一个撑开装置对连杆大头孔施加一个撑开的力，这样应力就会集中在V形凹槽处，将连杆体和连杆盖撑断。由于是在凹槽处的应力集中，故使断裂沿着V形槽准确断裂，断裂面的特性可使连杆体和连杆盖在装配时处于最佳吻合状态。

五、活塞连杆组的拆装

以直列四缸发动机为例，将活塞连杆组从缸内拆出时，应先拆1、4缸，再拆2、3缸，安装时应先装复2、3缸，再装复1、4缸，具体方法及步骤如下：

1. 拆卸

（1）摇转曲轴，使1、4缸活塞位于下止点位置，用扳手拧下1、4缸对应活塞连杆组的连杆轴承固定螺母，取下连杆盖和轴瓦。取下时应注意检查活塞连杆和连杆轴承盖的安装记号。

（2）用锤子木柄由里向外推出活塞连杆组，取出后将已拆下的连杆盖、轴承和连杆螺栓等按原位装复，以防错乱。

（3）用活塞环拆装钳拆卸活塞环，拆卸时应注意各道环的位置及安装方向。

（4）将曲轴摇转180°，按同样的方法拆下2、3缸的活塞连杆组。

2. 装复

（1）将活塞环装入活塞环槽，涂上机油并互相错开开口位置。

（2）检查活塞顶部的朝前标记和连杆杆身上的标记是否一致。

（3）摇转曲轴，使2、3缸活塞位于下止点位置。

（4）在气缸壁上涂抹机油，先将2、3缸活塞连杆组由气缸体上部或侧位装入气缸，安装时应使活塞顶部的记号朝向发动机前方，气缸号标记应与气缸相对应。

（5）用活塞环收紧器包住活塞环，使活塞环压缩进入环槽内，再次收紧。

（6）用锤子木柄将活塞连杆组推入气缸内，使连杆大头落于连杆轴颈上。

（7）在连杆轴颈上涂抹机油，按标记扣合连杆轴瓦及连杆盖，根据维修手册要求的力矩拧紧连杆螺栓。

（8）将曲轴摇转180°，按同样的方法装复1、4缸活塞连杆组。

任务实施

详见《任务实施与评价手册》"任务实施单2.3　活塞连杆组结构及检修"。

任务评估

详见《任务实施与评价手册》"任务评估单2.3　活塞连杆组结构及检修"。

学习任务4　曲轴飞轮组结构及检修

任务导入

一辆2018款大众宝来1.5L手动舒适款三厢轿车，行程里程21.5万km，发动机型号EA211。车主反映，发动机突然加速时会发出沉重而有力的"镗、镗、镗"的金属敲击声，机体随之明显发生振动，响声随发动机转速和负荷的增大而增强。经维修人员初步检查，产生响声的部位在缸体下部曲轴箱内，单缸断火和温度变化时响声均无明显变化，相邻两缸同时断火时响声会明显减弱，机油压力明显降低，初步诊断为曲轴主轴承异响。请在深入了解曲轴飞轮组结构及工作原理的基础上，辅助维修人员进一步诊断并排除该故障。

任务目标

知识目标：

1. 了解曲轴飞轮组的功用及组成；

2. 掌握曲轴和飞轮的基本结构和检修内容；
3. 熟悉曲轴的支承型式；
4. 理解曲轴曲拐的分布原理。

技能目标：

1. 能够对照实物指认曲轴飞轮组的主要零部件；
2. 能够规范完成曲轴和飞轮的拆装；
3. 能够查阅维修手册完成曲轴和飞轮的基本检修。

素养目标：

1. 强化8S管理理念，养成安全整洁、求实规范的工作习惯和职业素养；
2. 牢固树立严谨细致、规范维修的理念，弘扬精益求精的工匠精神。

知识链接

一、曲轴飞轮组的功用

曲轴飞轮组的功用是把活塞的往复运动转变为曲轴的旋转运动，为汽车的行驶和其他需要动力的机构输出扭矩。同时还可储存能量，用以克服非做功行程的阻力，使发动机运转平稳。

二、曲轴飞轮组的组成

曲轴飞轮组由曲轴、飞轮、扭转减震器、曲轴主轴承、曲轴皮带轮和正时链轮（或齿轮）等组成，如图2-64所示。

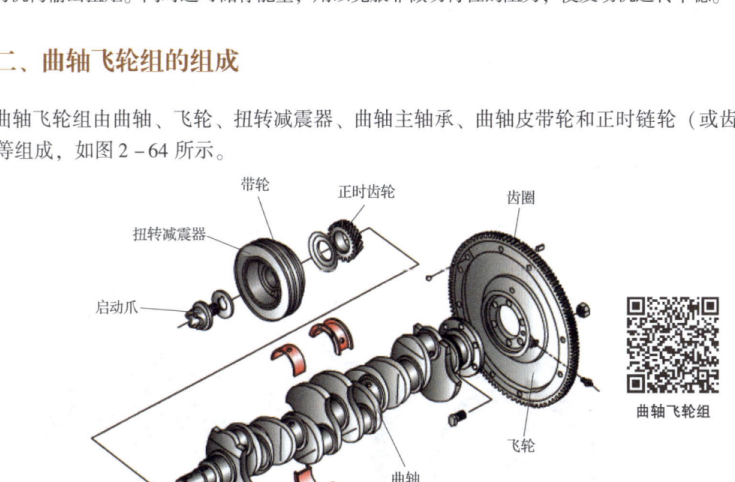

图2-64 曲轴飞轮组

1. 曲轴

1）功用

曲轴是发动机中最重要的机件之一，其功用是承受活塞连杆组传来的气体压力并转变为曲轴的转矩对外输出；承受气体压力、惯性力及旋转力矩的作用；承受交变负荷的冲击作用，并做高速旋转。另外，曲轴还可用来驱动发动机的配气机构及其他辅助装置（如发电机、水泵、动力转向泵、平衡轴机构等）。

2）工作条件及材料

曲轴工作时，要承受周期性变化的气体压力、往复的惯性力和离心力，以及它们高速运转下的转矩和弯矩，易发生弯曲和扭转变形，因此，曲轴应有足够的强度和刚度，良好的耐磨性和良好的平衡。因此，曲轴的材料大多采用优质中碳钢（如4号钢）或中合金碳钢（如$45Mn2$、$40Cr$等），也有的曲轴采用球墨铸铁锻制而成，轴颈表面经高频淬火或氮化处理。

3）曲轴的结构

曲轴的基本结构包括前端轴、主轴颈、连杆轴颈、曲柄、平衡重、后端凸缘等，如图2－65所示。

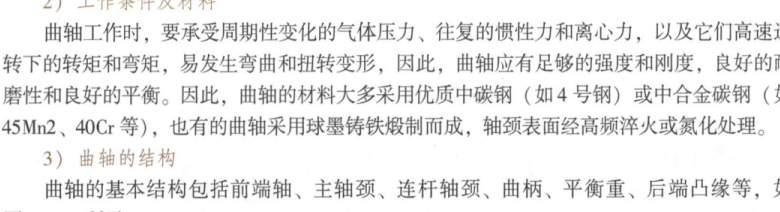

图2－65 曲轴的结构

曲轴的前后端轴都设有防漏装置：油封（见图2－66）、挡油盘、回油螺纹等。安装油封时，需要在其防尘唇位置涂抹机油，平整装入，不能有倾斜的现象。建议使用油封专用工具，压力适中地均匀装入。

曲轴的主轴颈主要用于支承曲轴，连杆轴颈主要用于连接连杆，而将主轴颈和连杆轴颈连接起来的部分叫作曲柄。每一段连杆轴颈和它两边的曲柄合起来叫作一个曲拐，如图2－67所示。

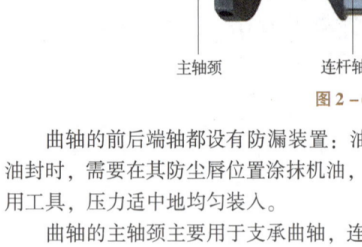

图2－66 曲轴油封

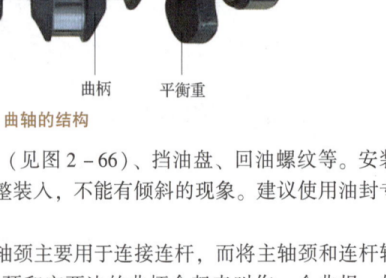

图2－67 曲拐

大部分曲拐为整体式的，也有些发动机上采用了组合式曲拐，包括全套合式曲拐和半套合式曲拐，如图2－68所示。采用组合式曲拐的发动机，一般连杆大头为整体式，主轴承为滚动轴承，相应曲轴箱为隧道式。

项目② 曲柄连杆机构结构与检修

图2-68 组合式曲拐

(a) 全套合式曲拐；(b) 半套合式曲拐

平衡重主要用来平衡连杆大头、连杆轴颈和曲柄等产生的离心力及其力矩，有时还可用于平衡部分往复惯性力，使发动机运转平稳，如图2-69所示。

图2-69 平衡重

部分轿车发动机装有平衡轴系统，其功用是平衡曲柄连杆机构所产生的惯性力，以减轻发动机的振动，让发动机工作更加平稳、顺畅。

小贴士

为了消除发动机工作时的振动，在发动机设计中采用了很多方法，如采用轻质活塞降低惯性、提高曲轴的刚度、采用$60°$夹角的V型气缸体及增加平衡轴等。如图2-69所示，平衡轴就是一个装有偏心重块并随曲轴同步旋转的轴，其利用偏心重块所产生的反向振动力，使发动机获得良好的平衡效果，以降低发动机振动。平衡轴可分为单平衡轴和双平衡轴两种。在单缸和小排量发动机中多用单平衡轴，可平衡发动机的一阶振动；大排量发动机多用双平衡轴，其中一根平衡轴转速与发动机转速相同，用以消除发动机的一阶振动，另一根平衡轴转速是发动机转速的2倍，可以消除发动机的二阶振动，从而达到更加理想的减振效果。图2-70、图2-71所示分别为大众EA888发动机双平衡轴的安装位置和结构。

汽车发动机构造与维修（含任务实施与评价手册）

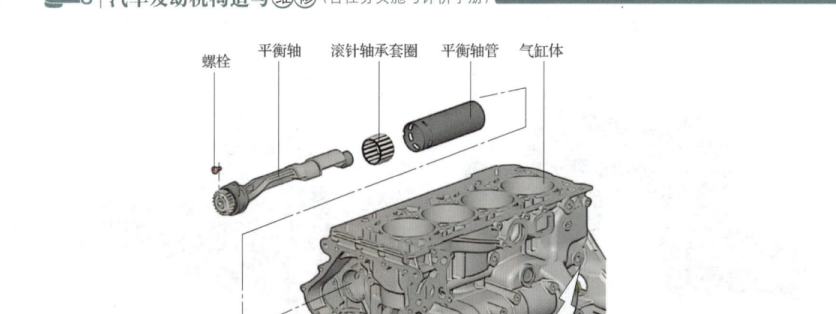

图2-70 大众EA888发动机双平衡轴安装位置

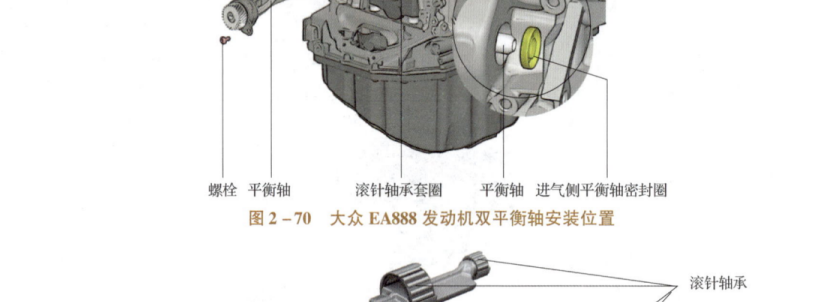

图2-71 大众EA888发动机双平衡轴结构

在曲轴的主轴颈和连杆轴颈上还加工有相通的润滑油孔。

4）曲轴的支承形式

根据主轴颈和连杆轴颈数目的不同，曲轴的支承形式有全支承和非全支承两种。

全支承曲轴的主轴颈数比连杆轴颈数多一个，即每一段连杆轴颈的两边各有一段主轴颈，如四缸发动机全支承曲轴就有五段主轴颈。全支承曲轴刚度好，负荷小，曲轴长，结构复杂，柴油机和大部分汽油机多采用这种形式。

非全支承曲轴的主轴颈数与连杆轴颈数相等或少于连杆轴颈数，如图2-72所示。非全支承曲轴最大的特点是曲轴的总长度尺寸较小，但轴颈承载的负荷较大。

图 2-72 非全支承曲轴

5）曲拐位置的分布

曲轴曲拐的数目取决于发动机气缸数目和排列方式。直列式发动机曲拐数等于气缸数；V型发动机曲拐数等于气缸数的一半。

曲拐的布置取决于气缸数、气缸排列形式和发动机工作顺序。气缸数和气缸排列形式确定之后，曲拐布置取决于发动机工作顺序。

曲轴曲拐的位置分布

选择发动机工作顺序时，应注意以下几点：

（1）接连做功的两个气缸相距尽可能远，以减轻主轴承载荷和避免在进气行程中发生抢气现象。

（2）各缸点火的间隔时间应相同。点火间隔时间若以曲轴转角计，则称为点火间隔角。在发动机完成一个工作循环的曲轴转角内，每个气缸都应点火做功一次。若气缸数为 i，则其点火间隔角应为 $720°/i$，即曲轴每转 $720°/i$ 时，就有一个气缸点火做功，以保证发动机运转平稳。

（3）V型发动机左右两列气缸应交替发火。

以直列四缸发动机为例，其曲拐的布置和发动机工作顺序如下：

直列四缸四冲程发动机曲拐对称布置在同一平面内，如图 2-73 所示，做功间隔角为 $720°/4=180°$，各缸的工作顺序一般为 1-3-4-2 或 1-2-4-3 两种，工作循环见表 2-1、表 2-2。

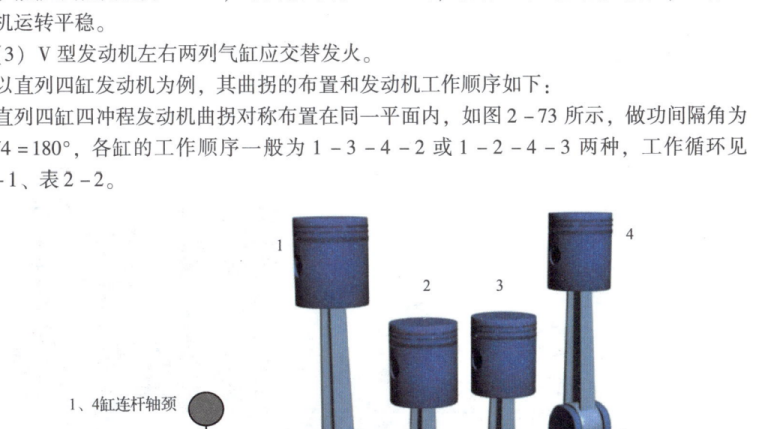

图 2-73 直列四缸发动机曲拐布置

表2-1 直列四缸发动机工作循环表（工作顺序：1-3-4-2）

曲轴转角/(°)	第1缸	第2缸	第3缸	第4缸
0~180	做功	排气	压缩	进气
180~360	排气	进气	做功	压缩
360~540	进气	压缩	排气	做功
540~720	压缩	做功	进气	排气

表2-2 直列四缸发动机工作循环表（工作顺序：1-2-4-3）

曲轴转角/(°)	第1缸	第2缸	第3缸	第4缸
0~180	做功	压缩	排气	进气
180~360	排气	做功	进气	压缩
360~540	进气	排气	压缩	做功
540~720	压缩	进气	做功	排气

直列六缸四冲程发动机曲拐均匀布置在互成120°的三个平面内，如图2-74所示，做功间隔角为$720°/6=120°$，各缸的工作顺序一般为1-5-3-6-2-4或1-4-2-6-3-5两种，工作循环见表2-3。

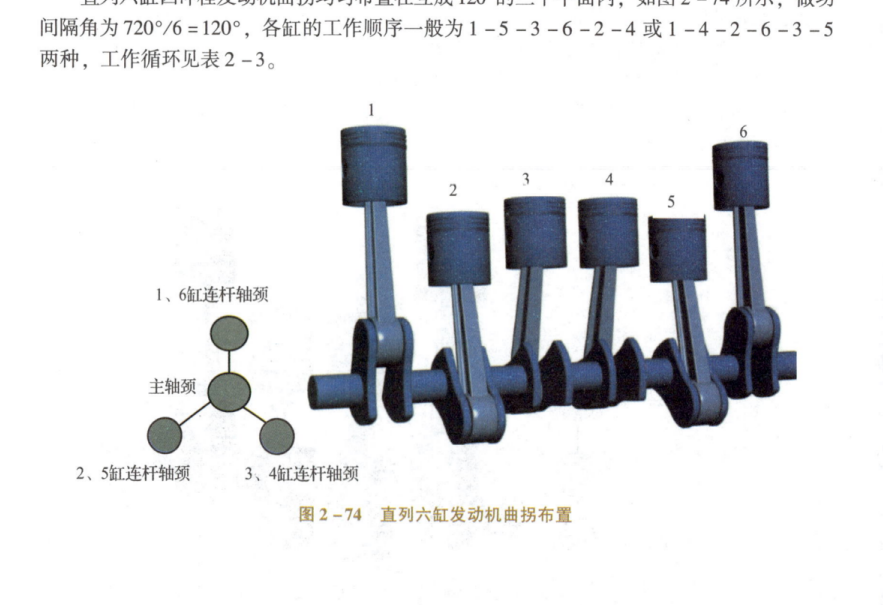

图2-74 直列六缸发动机曲拐布置

项目2 曲柄连杆机构结构与检修

表2-3 直列六缸发动机工作循环表（工作顺序：1-5-3-6-2-4）

曲轴转角/(°)		第1缸	第2缸	第3缸	第4缸	第5缸	第6缸
0~180	0~60		排气	进气	做功		
	60~120	做功				压缩	进气
	120~180			压缩	排气		
180~360	180~240		进气			做功	
	240~300	排气					压缩
	300~360			做功	进气		
360~540	360~420		压缩			排气	
	420~480	进气					做功
	480~540			排气	压缩		
540~720	540~600		做功			进气	
	600~660	压缩					排气
	660~720		排气	进气	做功		压缩

6）曲轴主轴承

曲轴主轴承又称大瓦，装于主轴承座孔中，将曲轴支承在发动机的机体上，用于限制曲轴的径向跳动。

主轴承的结构与连杆轴承相同，分为上、下两片，在自由状态下不是半圆形，当被压装入轴承盖内时要有一定的过盈量，能均匀地紧贴在孔壁上，能够很好地承受载荷且具有较好的导热性。主轴承上加工有定位凸肩，安装时嵌入定位槽中，防止轴承转动或前后移动。为了向连杆轴承输送润滑油，在主轴承上都开有周向油槽和通油孔。有些发动机将曲轴主轴承与分开式止动垫片制成一体，即止推轴承，如图2-75所示。

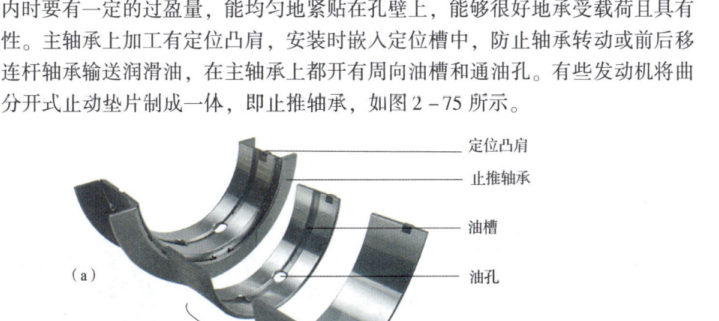

图2-75 曲轴主轴承
（a）整体式；（b）分离式

止推轴承也叫止推片，它是一种滑动轴承，主要用来限制曲轴的轴向窜动，通常有分离式和整体式两种，图2-75（a）所示为整体式止推轴承，图2-75（b）和图2-76所示为分离式止推轴承。

图2-76 分离式止推轴承

7）曲轴扭转减震器

目前，轿车发动机使用的扭转减震器都不单独设置惯性盘，而是利用曲轴的传动带轮兼作惯性盘，即将扭转减震器隐藏于传动带轮内部，如图2-77所示。带轮通过内层的橡胶与固定盘粘接在一起，曲轴产生扭转振动时，固定盘随曲轴一起振动，因带动转动惯量较大，夹在带轮与固定盘之间的橡胶层发生变形，从而消耗曲轴扭转振动的能量，减轻了曲轴的扭转振动。

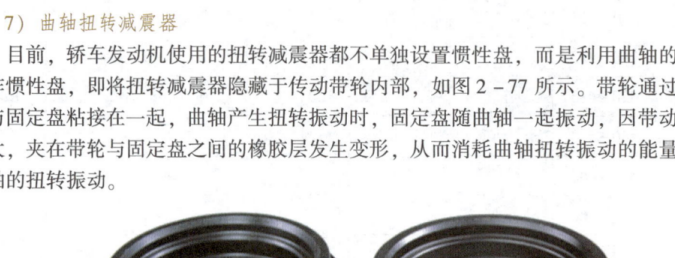

图2-77 曲轴扭转减震器

2. 飞轮

1）功用与材料

飞轮的主要功用是通过储存和释放能量来提高发动机运转的均匀性，改善发动机克服短时超载的能力，与此同时，又将发动机的动力传递给离合器。

飞轮多采用灰铸铁或强度较高的球墨铸铁或铸钢制造。

2）结构

飞轮是一个转动惯量很大的圆盘，为了保证有足够的转动惯量且飞轮质量尽可能小，飞轮的大部分质量都集中在轮缘上，轮缘通常宽而厚。在飞轮外缘还压有一个齿圈，当发动机起动时，起动机齿轮与之啮合，带动曲轴旋转，如图2-78所示。飞轮上通常刻有正时标记。

3）类型

飞轮一般有单片式飞轮和双质量飞轮两种，如图2-79所示。

单片式飞轮即传统的普通飞轮。双质量飞轮（Double

图2-78 飞轮

Mass Flywheel，DMF）的吸振效果非常好，可以成倍衰减发动机传到变速箱的振动，但由于其质量比较大，故扭矩超限承载能力是其最显著的缺陷。一般DMF的设计承扭能力是发动机最大扭矩的1.2~1.5倍。

图2-79 双质量飞轮

飞轮与曲轴装配后应进行动平衡试验，否则，在旋转时因质量不平衡而产生的离心力将引起发动机的振动并加速主轴承的磨损。进行动平衡后的曲轴与飞轮的位置不能随意改变。为了避免错装而引平衡被破坏，飞轮与曲轴之间应有严格的相对位置，并用定位销或不对称布置的螺栓予以保证。

3. 曲轴飞轮组的拆装

曲轴轴承盖上的紧固螺栓、螺母必须按规定力矩、规定顺序分次拧紧，螺栓、螺母、垫片等应齐全。拆卸曲轴轴承盖时，应按从两边到中间的顺序分几次均匀松开曲轴轴承盖螺栓，如图2-80所示，安装时按与拆卸相反的顺序进行。

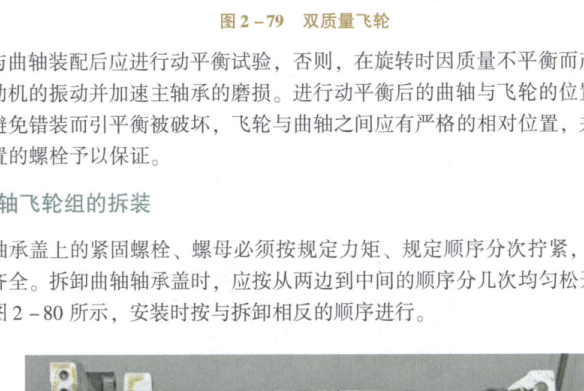

图2-80 拆卸曲轴轴承盖顺序

拆装曲轴飞轮组时应注意：

（1）拆卸曲轴轴承盖时，若无标记，则应在曲轴轴承盖上打上标记。

（2）拆卸下来的主轴承盖和下止推垫片应按正确的顺序摆放，下轴承和主轴承盖应放在一起，上轴承上的止推垫片与气缸体应放在一起。

（3）装配曲轴飞轮组之前，应对曲轴、曲轴轴承、飞轮等部件进行彻底清洗，并用压缩空气吹干，应保证曲轴、曲轴轴承上有孔，且油道孔保持畅通。

（4）安装时应注意曲轴轴承、曲轴轴承盖等处的装配记号，确保安装正确，此外，还应先按照发动机的装配要求安装好其他部件。

（5）对于轴颈与轴承等配合表面，装配前要在螺栓的螺纹等部位涂抹机油。

4. 曲轴飞轮组的检修

曲轴飞轮的损伤形式主要有磨损、变形、裂纹甚至断裂等，其中裂纹可采用磁力探伤法或浸油敲击法进行检查。其余主要检测项目如下：

1）曲轴磨损的测量

先检视轴颈有无磨痕和损伤，再用千分尺分别测量每段主轴颈和连杆轴颈的直径，计算出每段轴颈的圆度误差和圆柱度误差。对曲轴短轴颈的磨损以检验圆度误差为主，对长轴颈则必须检验圆度和圆柱度误差，测量轴颈圆度和圆柱度部位如图2-81所示。

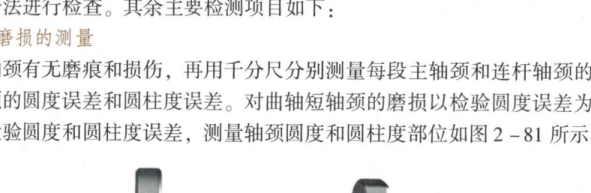

图2-81 曲轴轴颈部位

曲轴的主轴颈和连杆轴颈磨损后，其圆度、圆柱度误差应≤ 0.025 mm，否则应进行校正或更换。

2）曲轴轴承径向间隙的测量

轴承径向间隙可以用专用塑料线规或差值法进行检测。

（1）塑料线规检验法。

先把线规纵向放入轴颈与轴承之间，如图2-82所示；再按原厂规定的拧紧力矩紧固轴承盖，在拧紧过程中应注意防止曲轴转动；然后拆下轴承盖，取出已被压扁的塑料线规，与附带的不同宽度色标的量规或第一道主轴承侧面上不同宽度的刻线相对比，与塑料规压展宽度相等的刻线所标示的值，即为轴承的间隙值，如图2-83所示。

（2）差值法。

清洁轴承和轴颈后，将轴承装入承孔内，按规定扭矩固定，然后用内径百分表测量轴承孔径尺寸；用外径千分尺测量相应轴径尺寸，将孔径减去轴径的差即为装配间隙。

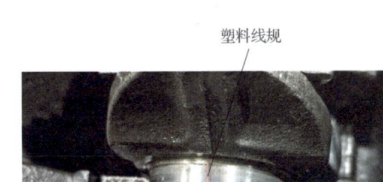

图2-82 放置塑料线规

图2-83 比对色标

3）曲轴轴向间隙的测量

检验曲轴轴向间隙时，把百分表的测杆触头抵在曲轴前端或其他与曲轴轴线垂直的平面上，前后撬动曲轴、百分表指针来回偏转的总量即为曲轴的轴向间隙，如图2-84所示；也可以按图2-85所示，用撬棒将曲轴撬向后端，用厚薄规在止推轴承止推端面与轴颈定位肩之间进行测量。

图2-84 用百分表测量曲轴的轴向间隙

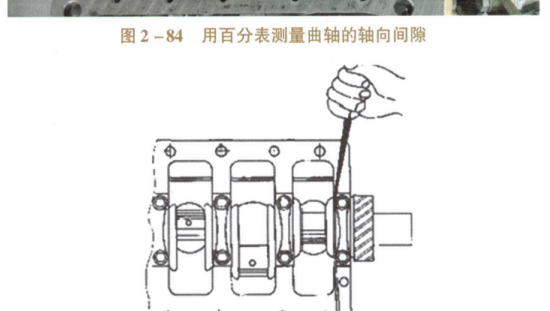

图2-85 用厚薄规测量曲轴的轴向间隙

曲轴轴向间隙一般为0.05~0.20 mm，使用极限为0.35 mm，调整时可更换不同厚度的止推垫片或止推轴承。

4）曲轴弯曲度测量

曲轴的弯曲变形应以两端主轴颈的公共轴线为基准，检查最中间主轴颈的径向圆跳动误差。具体检测方法是：用V形铁将曲轴两端水平支承在测量平台上，将百分表触头垂直抵压到最中间一段主轴颈上，如图2-86所示，缓慢转动曲轴一圈，百分表指针所指示的最大和最小读数差值的一半即为曲轴中间轴颈的圆跳动误差值。

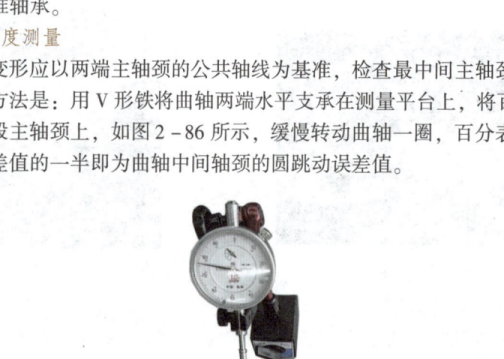

图2-86 曲轴弯曲度测量

小贴士

检测曲轴飞轮组时要认真仔细，全程遵守8S管理理念，养成安全整洁、求实规范的工作习惯和职业素养。"失之毫厘，谬以千里"，曲轴修理过程中的小误差可能造成发动机运转过程中的大损伤，因此，在维修过程中一定要严谨细致，培养精益求精的工匠精神。

任务实施

详见《任务实施与评价手册》"任务实施单2.4 曲轴飞轮组结构及检修"。

任务评估

详见《任务实施与评价手册》"任务评估单2.4 曲轴飞轮组结构及检修"

项目小结

见附件2。

项目检测

一、填空题

1. 曲柄连杆机构是由_____组、_____组和_____组三部分组成的。

2. 气缸体按结构形式不同，可以分为_____式、_____式和_____式三种；按气缸的排列方式可以分为_____、_____、_____和水平对置式（H型）四种。

3. _____是指缸套被压入缸体孔中，不直接与冷却水接触，壁厚较薄的是_____式气缸套；与冷却水直接接触，壁厚较厚的是_____式气缸套。

4. 汽油机活塞顶部的形状通常有_____顶、_____顶、_____顶和成型顶四种。

5. 气环的主要功用是_____和_____，辅助功用是_____；油环的主要功用是_____和_____，辅助功用是_____。

6. 活塞销与活塞座孔和连杆小头的连接方式有_____和_____两种。在发动机正常工作时，活塞销与销座孔、活塞销与连杆小头之间都有间隙，可以相互自由转动的是_____。

7. 飞轮的主要功用是通过_____和_____能量来提高发动机运转的均匀性，改善发动机克服短时超载的能力，与此同时，又将发动机的动力传递给离合器。

8. 活塞环的"三隙"是指_____、_____、_____。

二、选择题

1. 下列关于活塞环的说法不正确的是（　　）。

A. 扭曲环有安装方向的要求，正扭曲环安装时应"内上外下"

B. 锥面环或其他有方向标记的环也都应按方向安装，不得装反

C. 矩形存在较明显的"泵油"现象，故常安装于第一道活塞环槽中

D. 活塞环安装于环槽中后，其开口端应对齐

2. 下列不属于活塞连杆组部件的是（　　）。

A. 活塞　　　B. 活塞环　　　C. 活塞销　　　D. 曲轴

3. 为了尽量减小活塞变形，在设计和冷态加工时对活塞采取了一些结构措施，下列说法错误的是（　　）。

A. 活塞采用高碳合金钢材料，以减少其热变形

B. 活塞裙部横截面制成椭圆形，长轴垂直于销座孔轴线方向

C. 在活塞的裙部侧推力面上开绝热一膨胀槽或者采用双金属活塞

D. 活塞高度方向上设计成上小下大的形状

4. 直列六缸四冲程发动机曲拐均匀布置在互成_____的_____个平面内，做功间隔角为_____。（　　）

A. $120°$，三，$120°$　　　　B. $120°$，三，$60°$

C. $120°$，二，$120°$　　　　D. $120°$，六，$60°$

5. 连杆杆身通常设计成（　　）形断面。

A. 筒形　　　　B. "工"字　　　　C. 框　　　　D. 三角

6. 根据主轴颈和连杆轴颈数目的不同，曲轴的支承形式有（　　）两种。

A. 一般式和龙门式　　　　　　B. 全浮式和半浮式

C. 全支承式和非全支承式　　　D. 平口式和斜口式

项目 3

配气机构结构及检修

 项目描述

配气机构是发动机的重要组成部分，用于完成发动机各气缸的进气和排气。由于配气机构在高温、高压下工作并承受冲击载荷的作用，故其零部件磨损、烧蚀、变形或配气正时不正确都会直接影响发动机的技术性能，造成发动机起动困难、动力不足。

学习任务1 配气机构认知

任务导入

一辆迈腾轿车，发动机怠速时上部有"嗒嗒"的异响，冷车响声严重，发动机转速升高，响声变得杂乱。请大家根据故障现象思考故障发生的可能原因是什么。

任务目标

知识目标：

1. 了解配气机构的功用、类型和布置形式；
2. 掌握配气机构的组成。

技能目标：

1. 能够在实车上指认配气机构重要部件总成的位置；
2. 能够在实车或台架上认识气门组零件的组成部件；
3. 能够区分和认识不同类型的配气机构。

素养目标：

1. 养成终身学习的良好习惯；
2. 坚持学用结合，做到学以致用。

知识链接

配气机构的功用

一、配气机构的功用

配气机构的功用是按照发动机每一气缸所进行的工作循环和发火次序的要求，定时开启与关闭进气门和排气门，使新鲜的混合气或者新鲜的空气及时进入气缸，燃烧后的废气及时地从气缸排出，完成发动机工作循环。

拓展

在进气终了时，进入气缸的新鲜混合气或者空气越多，则发动机可能发出的功率就越大。通常我们用充气系数 η 来表示新鲜混合气或者空气进入气缸的多少。

所谓充气系数 η 是指发动机每一工作循环中，实际进入气缸的充气量与标准状态下充满气缸工作容积的理论充气量的比值。充气系数 η 越高，表明进入气缸内的新鲜空气或可燃混合气的数量越多，可燃混合气燃烧时所放出的热量越大，相应的发动机发出的功率也越大；反之，发动机发出的功率减小。影响发动机充气系数 η 的因素很多，对于一定工作容积的发动机而言，充气系数 η 与进气终了时气缸内的压力和温度有关。进气终了气缸内压力越高，温度越低，则一定容积的气体质量越大，充气系数就越高，反之则低。由于进气系统结构形状对气流的阻力，造成进气终了时气缸内气体压力低于标准状态下的压力，以及排气行程中残留在燃烧室的高温废气经燃烧室、活塞顶、气门等高温零件对进入气缸内的新鲜气体加热，使进气终了时气体的温度升高，减少了充气量，两种情况决定了实际充入气缸的新鲜气体的质量总是小于在标准状态下充满气缸工作容积的新鲜气体的质量。也就是说，充气系数 η 总是小于1，一般为0.8~0.9。

为提高充气系数，配气机构设计制造时，一是要求其结构有利于减小进气和排气的阻力，而且进、排气门的开启时刻和持续开启时间比较适当，使进气过程和排气过程都尽可能充分；二是尽可能降低进气终了时气缸内的温度。

二、配气机构的组成

现代汽车发动机基本采用顶置气门式配气机构，主要由两大部分组成——气门组和气门传动组，如图3-1所示。气门组包括气门、气门导管、气门弹簧、气门弹簧座、锁片等，其作用是密封进、排气道；气门传动组则由摇臂、摇臂轴、推杆、挺柱、凸轮轴和正时齿轮等组成，其作用是使进、排气门按配气相位规定的时刻和开度，定时地开启与关闭进、排气门。

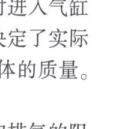

配气机构的组成

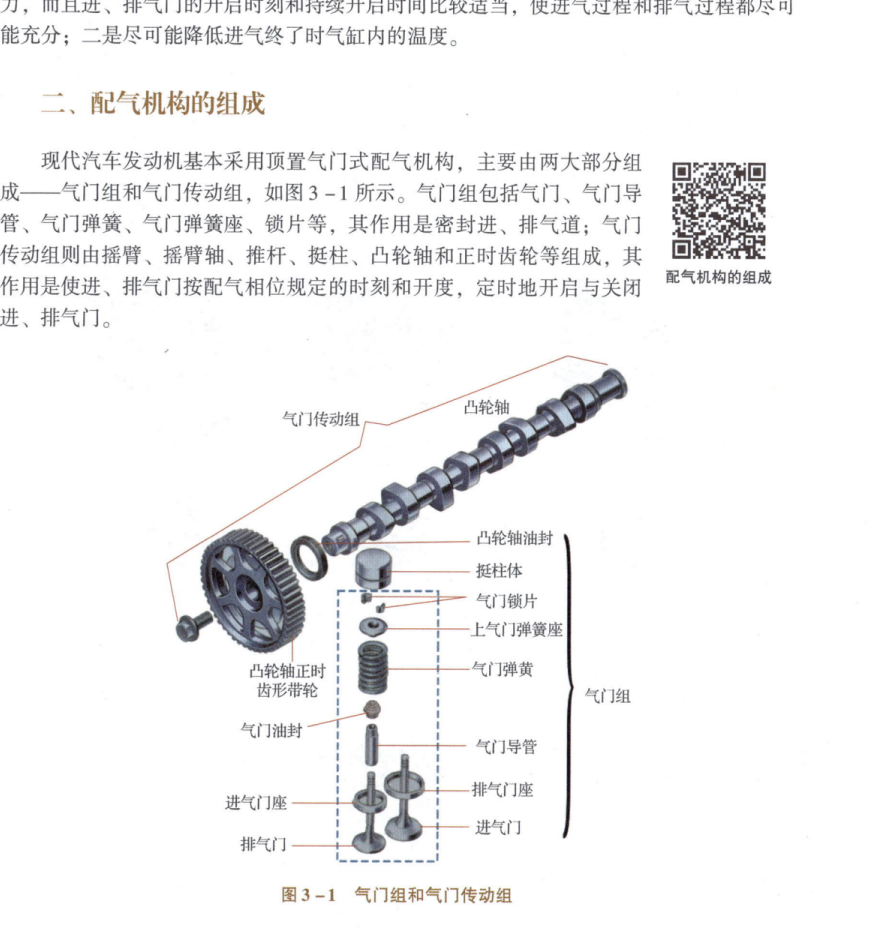

图3-1 气门组和气门传动组

三、配气机构的布置形式

配气机构的布置形式根据气门组和气门传动组的布置不同分类如下。

1. 按气门布置位置分类

按气门布置位置分类，可分为顶置气门式配气机构和侧置气门式配气机构两种。侧置气门式目前已被淘汰，现代汽车基本采用顶置气门式配气机构，如图3-1所示。

配气机构分类

2. 按每缸气门数分类

按每缸气门数目分类，可分为2气门式配气机构、3气门式配气机构、4气门式配气机构和5气门式配气机构等。

传统汽车发动机采用每缸2气门结构，即一个进气门和一个排气门的结构。为了进一步改善气缸的充气性能，在结构与性能允许的条件下，应尽量增大进气门的直径，但由于气缸尺寸的限制，气门的直径不宜太大。为此，现代汽车发动机采用每缸3~5个气门的多气门结构，使发动机进、排气通道的断面面积大大增加，提高了充气系数，改善了发动机性能。采用多气门配气机构时，往往气门的驱动采用双凸轮轴驱动。如图3-2所示。

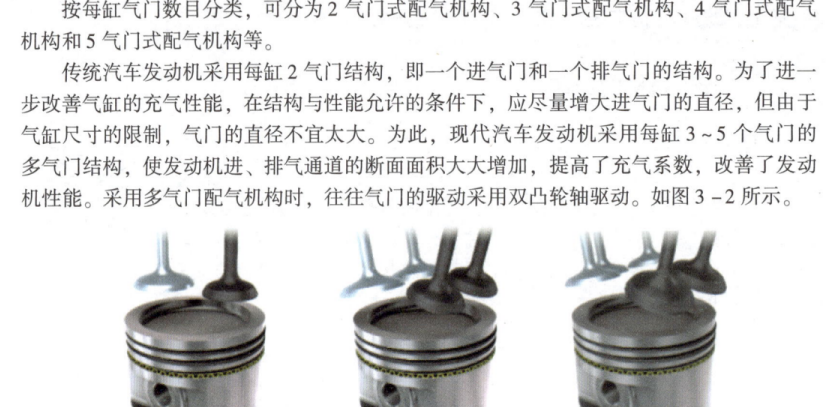

图3-2 每缸气门数
(a) 2气门式；(b) 4气门式；(c) 5气门式

3. 按凸轮轴安装位置不同分类

按凸轮轴安装位置的不同分类，可分为凸轮轴下置式配气机构（凸轮轴位于曲轴箱的下部）、凸轮轴中置式配气机构（凸轮轴位于气缸体的中部）和凸轮轴置顶置式配气机构（凸轮轴布置在气缸盖上部），如图3-3所示。

凸轮轴顶置式配气机构又分为单顶置式（见图3-4）和双顶置式（见图3-5）两种。

图3-3 凸轮轴式配气机构

(a) 凸轮轴下置式；(b) 凸轮轴中置式；(c) 凸轮轴上置式

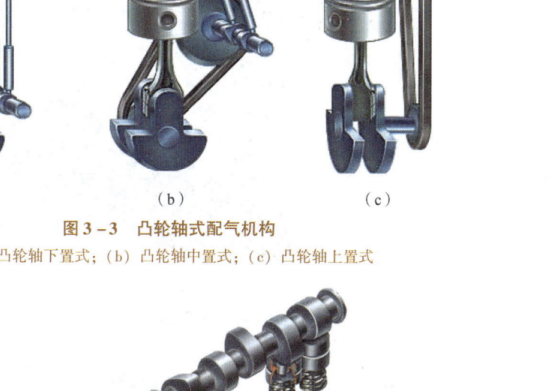

图3-4 凸轮轴单顶置式配气机构

凸轮轴直接驱动气门是顶置式凸轮轴的一种形式，如图3-4所示。这种配气机构的特点是进、排气门分别由各自的凸轮轴驱动，有利于增加气门数目、提高进排气效率，往复运动质量小、惯性小，有利于提高转速，对凸轮轴和气门设计的要求也低，因此特别适用于现代高速发动机。

4. 按配气机构的传动方式不同分类

凸轮轴的传动方式主要有齿轮传动式、链条传动式、齿形皮带传动式等，如图3-6所示。

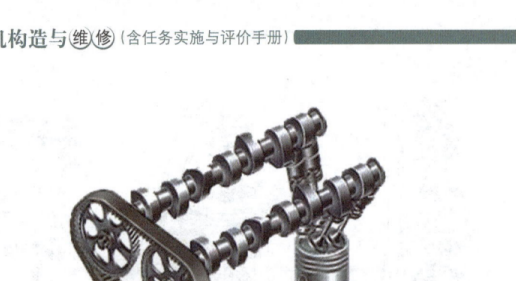

图3-5 凸轮轴双顶置式配气机构

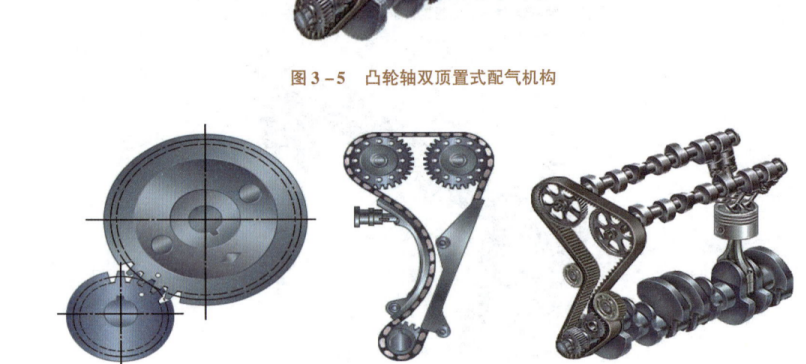

图3-6 凸轮轴的传动方式

(a) 齿轮传动；(b) 链条传动；(c) 齿带传动

发动机工作时，曲轴通过正时齿轮（链条或齿形皮带）驱动凸轮轴旋转。当凸轮轴转到凸轮部分而顶起挺柱或气门（直推式）时，通过推杆和调整螺钉使摇臂绕摇臂轴摆动，压缩气门弹簧，使气门逐步开启，到凸轮顶部时开到最大。随后随着凸轮轴旋转，气门逐渐关小，到基圆部分滑过挺柱，气门便在气门弹簧力的作用下而落座，即气门关闭。

往复四冲程发动机每完成一个工作循环，曲轴旋转两周，凸轮轴只旋转一周，各缸的进、排气门各开启一次，故曲轴与凸轮轴的传动比应为 $2:1$。

任务实施

详见《任务实施与评价手册》"任务实施单3.1 配气机构认知"。

任务评估

详见《任务实施与评价手册》"任务评估单3.1 配气机构认知"。

学习任务2 配气相位

任务导入

一辆208款迈腾2.0 TSI智享豪华型轿车，配置EA888发动机，行驶里程29.3万km。车主反映起动发动机困难，且起动后发动机动力不足。请根据上述信息，在深入学习发动机配气机构的结构、原理与检修的基础上完成该故障的分析与诊断。

任务目标

知识目标：

1. 熟悉配气相位及其对发动机的影响；
2. 掌握可变配气相位的结构；
3. 理解可变配气相位的工作原理。

技能目标：

1. 能够在实车或台架上检查和调整配气正时；
2. 能够按操作规范拆装可变配气相位各零部件。
3. 掌握配气相位的调整方法。

素养目标：

1. 遵守安全规范，强化安全操作意识；
2. 具备团队合作精神和吃苦精神。

一、配气相位的概念

通常将表示进、排气门从开启到关闭所经历的曲轴转角，称为配气相位（Valve Timing），其常用相对于上、下止点曲拐位置的曲轴转角的环形图来表示，这种图形称为配气相位图。发动机气门实际开闭时刻不是恰好在上、下止点，而是提前开、迟后关一定的曲轴转角。因此，现代发动机都采取延长进、排气时间的方法，以改善进、排气状况，从而提高发动机的动力性。

二、配气相位图

为了使发动机进气充分、排气彻底，进气门应在上止点前打开、下止点后关闭，而排气门应在下止点前打开、上止点后关闭。用曲轴转角表示进、排气门实际开闭时刻和持续时间，即称为配气相位，也称为配气定时。通常将进、排气门的实际开闭时刻和持续时间用曲轴转角的环形图来表示，这种图形称为配气相位图，如图3-7所示。

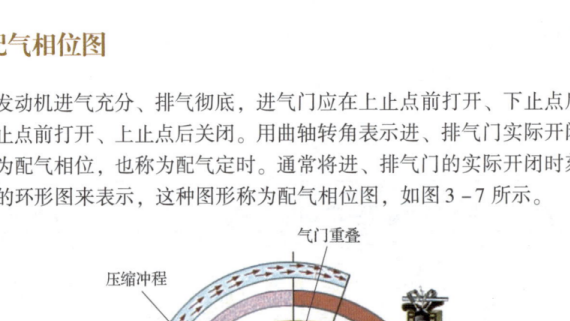

图3-7 配气相位图

1. 进气提前角 α

进气提前角 α，指发动机排气冲程接近终了、活塞到达上止点之前（进气冲程开始之前），进气门开始开启到活塞上移到上止点所对应的曲轴转角。其目的是保证进气冲程开始时进气门有足够大的开度，以减小进气阻力，使新鲜气体能足量地充入气缸，提高充气系数。进气提前角 α 一般为 $0°\sim40°$，如果该角度过小，则进气量少，发动机充气系数小，影响发动机的性能；过大又会造成废气倒流进入进气管，同样会影响充气系数的提高。

2. 进气迟后角 β

进气迟后角 β，是指活塞从进气冲程下止点后到进气门关闭所对应的曲轴转角。其目的是利用气流惯性和进气压力效应多进气。若进气迟后角 β 过小，则不能充分利用惯性效应多进气，降低了充气量；过大则造成新鲜气体被排出。β 一般为 $40°\sim60°$。进气门实际开启持续的曲轴转角为 $\alpha + 180° + \beta$。

3. 排气提前角 γ

排气提前角 γ，是指做功冲程接近终了，活塞到达下止点之前，从排气门开始开启到做功冲程下止点所对应的曲轴转角。其目的是利用做功冲程末气缸内的残余气体压力，尽可能多地排出气缸内的废气。此时排气门开度进一步加大，进一步减小排气阻力，增大排气量，使排气冲程所消耗的发动机功率减小，并使废气快速地排出，可以防止发动机过热。γ 一般为45°~55°。

4. 排气迟后角 δ

排气迟后角 δ，是指排气冲程接近终了，从排气行程上止点到排气门关闭所对应的曲轴转角。其目的是利用排气时排气流的惯性效应和压力差把废气排放得更干净，以便在进气冲程多进气。δ 一般为10°~30°。排气门开启持续时间内的曲轴转角，即排气持续角度为 γ + 180° + δ。

三、气门叠开

由于进气门在进气冲程上止点前开启，而排气门在排气冲程上止点后关闭，这就出现了在同一时间内同一个气缸进、排气门同时开启的现象，这种现象称为气门叠开。进、排气门同时开启所对应的曲轴转角称为气门重叠角。合理的气门重叠角不但不会有废气倒流入进气歧管和新鲜气体随同废气一起排出的可能性，相反，可利用进气流的惯性排除残余废气，增加新鲜充量。一般气门重叠角为20°~80°。

理论上，四冲程发动机的进气门是在活塞处于上止点时开启、下止点时关闭，而排气门则是当活塞处于下止点时开启、上止点时关闭。进气持续时间和排气持续时间各占180°曲轴转角。但实际上由于发动机转速很高，活塞每一冲程有0.003~0.006 s的时间，在这样短的时间内换气，势必会造成进气不足和排气不净，从而使发动机功率下降。为了增加进气量，发动机气门实际开闭时刻不是恰好在上、下止点，而是进、排气门均提前开、迟后关一定的曲轴转角，来延长进、排气时间，以改善进、排气状况，从而改善发动机的性能。合理的配气相位是根据发动机的结构形式、转速等因素通过反复试验而确定的，结构不同，配气相位也不同。目前，大多数发动机的配气相位是不能改变的，它是按照发动机的性能要求，通过试验来确定某一转速下较合适的配气相位的，但在其他速度下，就不是最理想的配气相位，而使发动机不能发挥最佳效能。

四、气门间隙

1. 概念

为保证气门关闭严密，通常发动机在冷态装配时，在气门杆尾端与气门驱动零件（摇臂、挺柱或凸轮）之间留有适当的间隙，这一间隙称为气门间隙。

发动机工作时，气门因温度升高而膨胀。如果气门及其传动件之间，在冷态时无间隙或间隙过小，则在热态下，气门及其传动件的受热膨胀势必会引起气门关闭不严，造成发动机在压缩和做功冲程时漏气，从而使功率下降。为了消除这种现象，在发动机冷态时应预留合适大小的气门间隙。气门间隙的大小由发动机制造厂根据试验确定，一般在冷态时，进气门间隙为0.25~0.30 mm，排气门间隙为0.30~0.35 mm。气门间隙过大，将影响气门的开启量，同时在气门开启时会产生较大的冲击响声。为了能对气门间隙进行调整，在摇臂（或挺柱）上装有调整螺钉及其锁紧螺母。

2. 气门间隙的调整

气门间隙的调整方法有逐缸法和二次法。现代中、高级轿车由于装用液力挺柱，故不预留气门间隙，这里不再详细讲述气门间隙的调整方法。

拓展：可变配气相位控制机构——VVT-i系统

一、VVT-i控制系统的结构组成

丰田轿车采用的是智能可变气门正时控制系统（Variable Valve Timing-intelligent），简称VVT-i。其基本原理是利用发动机的机油压力，推动凸轮轴与凸轮正时链轮之间相对角度关系的变化，从而实现气门正时的改变，使发动机性能在全部工况范围内都达到最优，并大大改善发动机油耗及排放。

智能可变气门正时系统的结构组成如图3-8所示，它由传感器、VVT-i控制器和凸轮轴正时机油控制阀三部分组成，其中传感器包括曲轴位置传感器、凸轮轴位置传感器和VVT传感器三种。

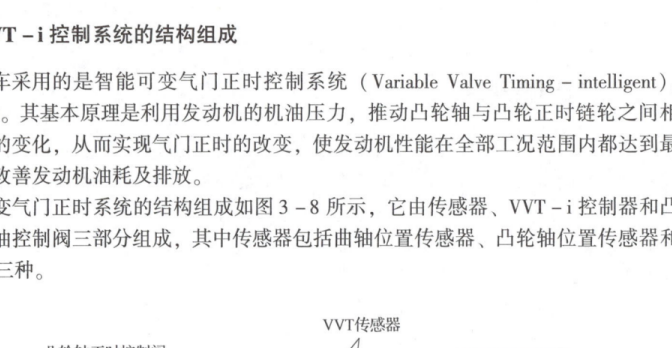

图3-8 VVT-i控制系统结构组成

1. VVT-i控制系统的控制器

VVT-i控制器由固定在进气凸轮轴上的叶片、与从动正时链轮一体的壳体以及锁销组成，其结构如图3-9所示。

控制器有气门正时提前室和气门正时滞后室两个液压室，通过凸轮轴正时机油控制阀的控制，它可在进气凸轮轴上的提前或滞后油路中传送机油压力，使控制器叶片沿圆周方向旋转，连续改变进气门正时，以获得最佳的配气相位，如图3-10所示。

2. VVT-i控制系统的凸轮轴正时机油控制阀

凸轮轴正时机油控制阀由用来转换机油通道的滑阀、用来控制移动滑阀的线圈、柱塞

项目③ 配气机构结构及检修

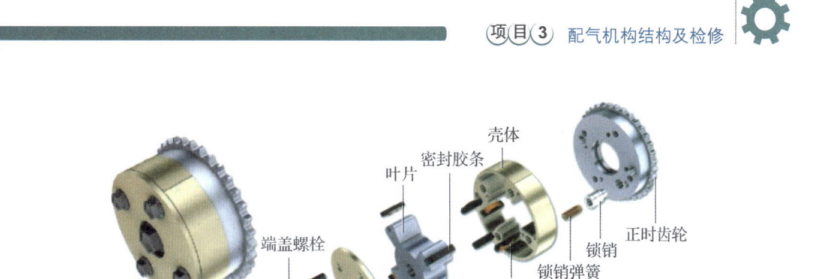

图3-9 VVT-i控制器的结构

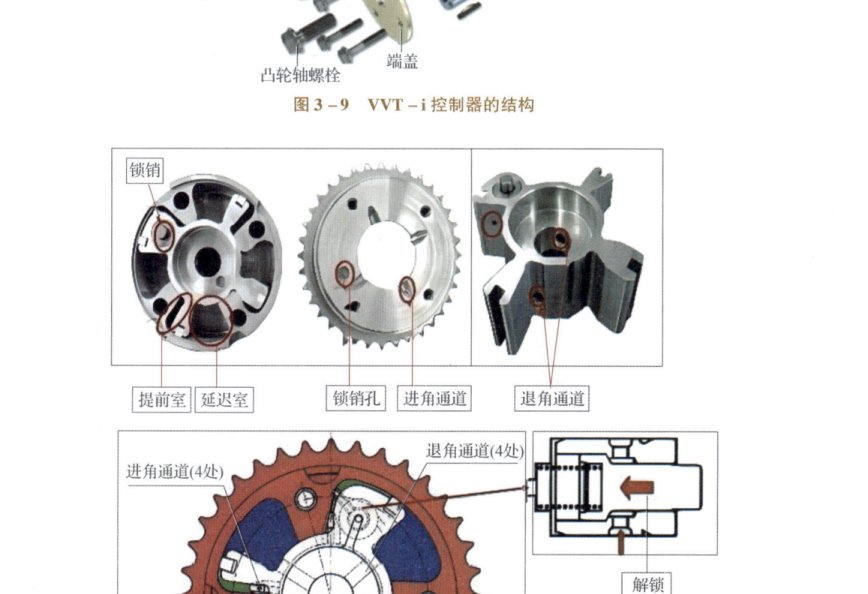

图3-10 VVT-i控制器

及回位弹簧组成，其结构如图3-11所示。工作时，发动机ECU接收各传感器传来的信号，经分析、计算后发出控制指令给凸轮轴正时机油控制阀，凸轮轴正时机油控制阀以此控制滑阀的位置进而控制机油液压，使VVT-i控制器处于提前、滞后或保持位置。VVT系统的OCV阀为比例阀，即阀芯的移动位置与发动机ECU向OCV阀线圈提供的PWM占空比大小是成正比的。当占空比逐渐加大时，线圈电磁力也逐渐加大，铁芯总成在螺线管中移动，并克服弹簧力推动阀芯前移；当占空比信号逐渐减小时，电磁力也逐渐减小，阀芯在弹簧力的作用下逐渐回位。阀芯在移动过程中，与阀套配合实现油路的切换，从而控制机油进出OCV阀的方向和流量，进而控制流入/流出相位器油腔的机油流量，其结构如图3-11所示。

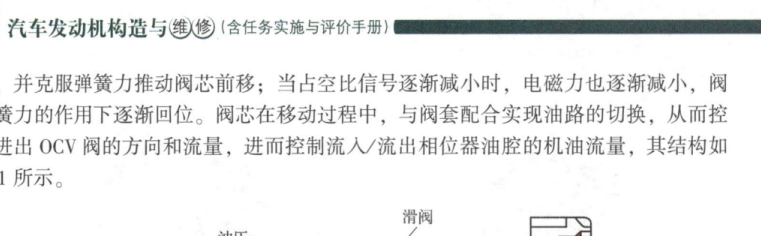

图3-11 凸轮轴正时机油控制阀

当发动机停机时，凸轮轴正时机油控制阀多处在滞后状态，以确保发动机的起动性能。

二、VVT-i控制系统控制过程

发动机ECU根据发动机转速、进气量、节气门位置和水温计，查找MAP图所对应的气门正时角，即目标位置，同时，发动机ECU根据曲轴位置传感器和凸轮位置传感器传来的反馈信号，计算得出凸轮轴的实际位置。ECU将目标位置和实际位置进行比较，并根据ECU的控制策略，向机油控制阀（OCV）发出动作信号，改变控制阀中阀芯的位置，从而改变油路中机油流向和流量大小，并把提前、滞后、保持不变等信号以油压方式反馈至VVT相位器空腔内，来实现相位器内部定子和外部转子之间的相对转动，调节凸轮轴的正时角度，从而调整进气（排气）的量和气门开闭时间。

此外，发动机ECU根据来自凸轮轴位置传感器和曲轴位置传感器的信号检测实际的气门正时，从而尽可能地进行反馈控制，以获得预定的气门正时，其控制原理如图3-12所示。

1）VVT的初始位置

输入OCV的PWM信号占空比通常为0%，阀芯没有移动；相位器右侧油腔油压大于左侧油腔油压，叶片左侧紧靠在定子台肩上，转子与定子之间没有发生相对转动，且凸轮轴相对于曲轴正时没有调节。通常进气VVT基准位置为进气配气相位滞后位置，即进气门滞后打开和关闭，如图3-13所示。

2）VVT的工作位置

输入OCV的PWM信号占空比逐渐加大，阀芯移动到最远的位置，相位器中左侧油腔压力逐渐加大，解锁后，当左侧油腔中压力大于右侧油腔压力，并克服凸轮轴摩擦转矩以及相位器内部摩擦转矩等时，转子相对定子有顺时针转动，凸轮轴向正时提前方向调节，即进气门将提前打开和关闭，如图3-14所示。

项目③ 配气机构结构及检修

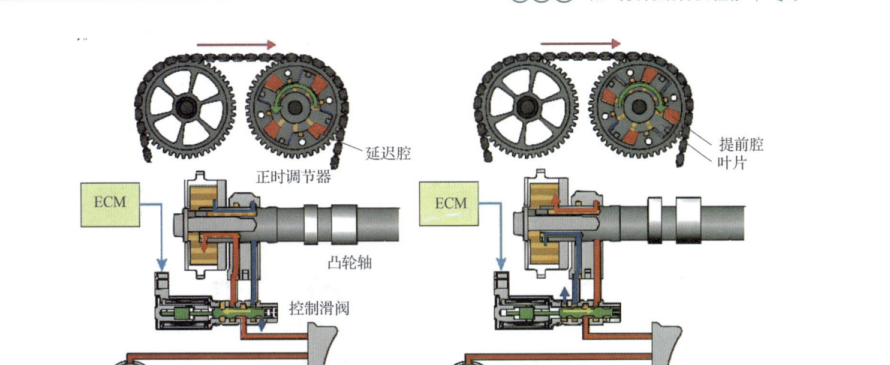

图3-12 VVT-i系统控制原理
(a) 进气凸轮轴延迟；(b) 进气凸轮轴提前

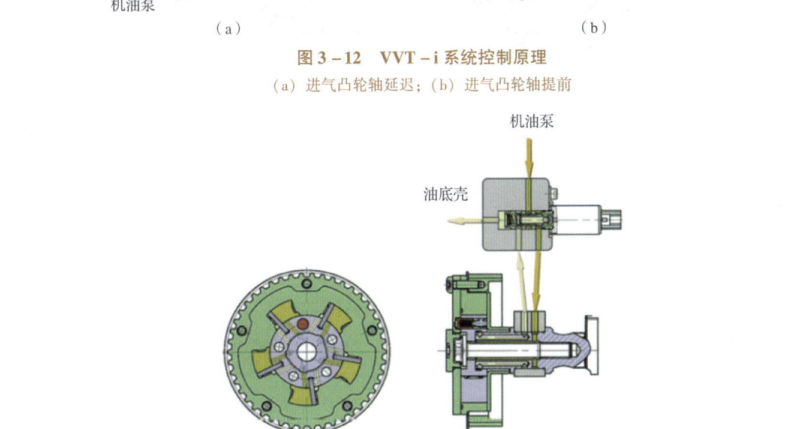

图3-13 VVT的初始位置

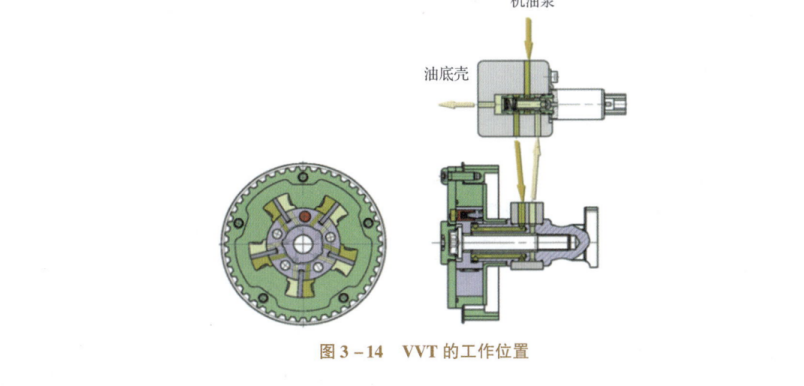

图3-14 VVT的工作位置

(3) VVT 的稳定位置

稳定位置是指转子相对定子顺时针转动一定角度后，输入 OCV 的 PWM 信号占空比在 50% 左右，相位器左右两侧油腔同时供油，转子和定子保持在该相对位置，即通常 VVT 介入调节后，大部分时间工作在某一角度的动态稳定位置，如图 3-15 所示。

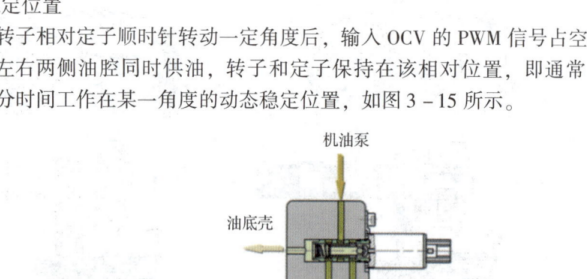

图 3-15 VVT 的稳定位置

三、VVT 系统产品演化与升级主要经历的几代产品

从初期的液压式螺旋花键相位器到目前中国国内大规模使用的液压叶片式和星型转子相位器，都采用插入式 OCV。OCV 一般装在发动机凸轮轴罩盖或发动机气缸盖上，距离相位器较远，因而 VVT 系统响应速度一般。目前国外欧美汽车市场也有相应车型，但是该技术应用份额逐渐降低。

目前欧美、日本正开始大规模使用中置式液压 VVT 系统，相对于传统的 VVT 系统，其响应速度更高。因为中置式 OCV 安装在相位器的转子内部，OCV 距离相位器内部油腔近，工作时油道中的油压损失小。目前，中国国内汽车市场也正在掀起中置式 VVT 系统的热潮，只不过大部分项目尚处于研发阶段。中置式 VVT 供应商主要集中于国外几家，本土供应商尚处于刚刚起步阶段，无研发中置式电磁铁和电磁阀的能力。

> **小贴士**
>
> 在采用集中控制系统的发动机上，其配气相位可以随发动机转速、负荷变化而自动调整，也称其为可变配气相位。可变配气相位能够使发动机在任何转速下均获得最佳的气门开启和关闭角度，提高发动机的性能。可变配气相位的调整装置通常装在凸轮轴正时齿轮与凸轮轴之间。

任务实施

详见《任务实施与评价手册》"任务实施单 3.2 配气相位"。

任务评估

详见《任务实施与评价手册》"任务评估单 3.2 配气相位"。

学习任务 3 气门组结构及检修

任务导入

气门工作时长期受高温、有害气体腐蚀及冲击载荷的作用，且工作环境恶劣，故会出现故障。气门组出现故障会影响气缸的密封性，导致发动机功率下降，严重时会使发动机报废。气门组检修项目主要包括气门组各零件的检测、气门的研磨以及气门密封性的检查。

任务目标

知识目标：

1. 了解气门组零件的功用、结构及工作原理；
2. 掌握气门组各部件的构造与维修基本知识。

技能目标：

1. 能够熟练进行气门组零件的拆装；
2. 能够在实车上认识气门组零件的组成部件；
3. 能够正确进行气门组零件的故障分析及检查。

素养目标：

1. 养成规范、安全、科学、严谨、精益求精的职业素养；
2. 坚持知行合一，做到学以致用。

气门组的主要部件包括气门、气门座、气门弹簧、气门导管、油封、气门弹簧座及锁片等，如图 3-16 所示。

一、气门

气门

1. 结构

气门的功用是封闭进、排气通道。按其功能分为进气门和排气门，其构造基本相同，

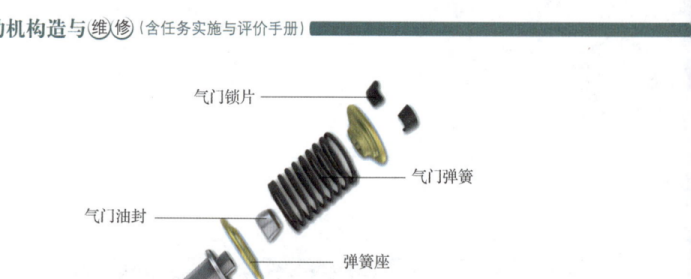

图3-16 气门组结构

主要由气门头部、气门杆和气门尾部三部分组成，如图3-17所示。其中气门头部包含密封锥面，气门尾部包含锁片环槽。头部与气门座配合，封闭气缸的进、排气通道，如图3-18所示。杆部则主要是利用气门导管为气门的运动起导向作用，便于头部准确落座。

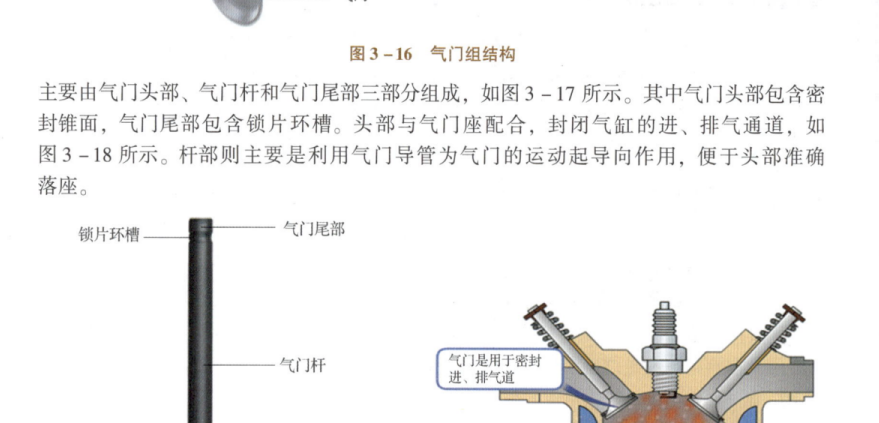

图3-17 气门的结构　　　　图3-18 气门封闭进、排气通道

2. 类型

气门按气门头部的结构形式分为平顶、凹顶和凸顶三种类型，如图3-19所示。

气门头部与气门座接触的工作面是一个密封锥面，通常这一锥面与气门顶平面的夹角称为气门锥角，一般做成30°或45°，如图3-20所示。其厚度一般为1~3 mm，多数发动机进气门的头部直径比排气门的大。

气门杆尾部形状决定于气门弹簧座的固定方式。常用的结构是用剖分或两半的锥形锁片来固定气门弹簧座，如图3-21所示，这时，气门杆的端部可切出环槽来安装锁片。有些发动机的气门弹簧座用锁销来固定，气门杆尾端有一个用来安装锁销的径向孔。

项目③ 配气机构结构及检修

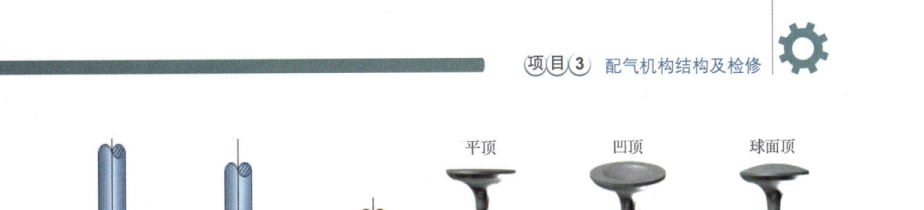

图3-19 气门头部的结构

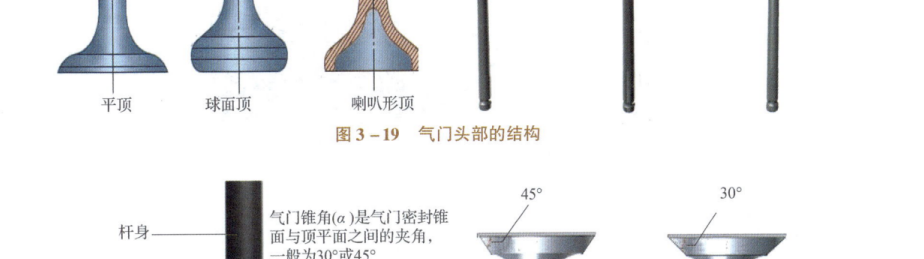

图3-20 气门锥角

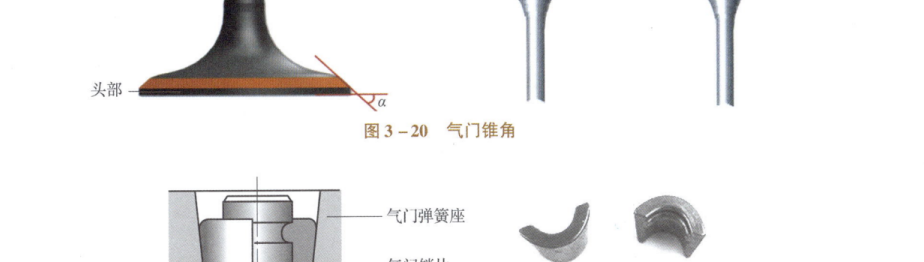

图3-21 锁片式气门弹簧座的固定方式

3. 检修

气门检验出现下列情况时，应对气门进行更换，不予修理。

（1）测量气门杆的直径，共需要测量上、中、下各两处位置，如图3-22所示；如测量值不在规定范围内，则应检查气门杆与气门导管的配合间隙是否过大，如间隙过大，则应更换气门和气门导管。

（2）气门头圆柱面的厚度小于1.0 mm，如图3-23所示，因为气门头圆柱部分厚度过小会增加燃烧室容积，影响发动机工作的平稳性，同时使气门头的强度降低。

（3）气门尾端的磨损大于0.5 mm。

（4）气门杆的直线度误差大于0.05 mm。

图3-22 测量气门杆的直径

图3-23 气门头圆柱面

二、气门座与座圈

1. 结构

气门座

气缸盖的进、排气道与气门锥面相贴合的部分称为气门座，它与气门头部共同对气缸起密封作用，并接受气门传来的热量。气门座可在气缸盖上直接镗出，加工有与气门头部锥角相适应的锥面。由于气门座在高温条件下工作，磨损严重，故用耐热合金钢的材料单独制作，然后镶嵌到气缸盖上，即气门座圈，以提高使用寿命和便于维修更换，如图3-24所示。采用铝合金气缸盖的发动机，由于铝合金材质软，故均用镶嵌式进、排气门座圈。

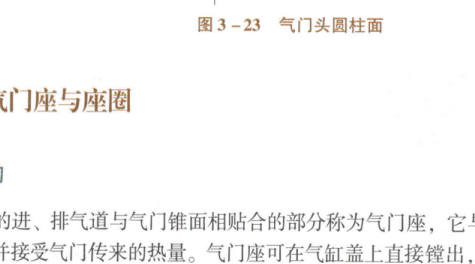

图3-24 气门座圈

2. 检修

气门座的磨损主要是磨料磨损和由于冲击载荷造成的硬化层脱落，以及由于高温燃气所导致的腐蚀和烧蚀。气门座的磨损使得密封带变宽，气门与气门座关闭不严，气缸密封性降低。气门和气门座经过铰削研磨后，通常要进行气门的密封性检验，常用的方法如下：

1）渗油法检查

将气缸盖倒放在垫有木块的工作台面上，并装上对应气缸的气门和火花塞，然后向燃烧室注入煤油或汽油，从进气口和排气口处观察 5 min 内气门与气门座圈接触处应无渗漏现象，否则需要研磨气门。

2）拍击法

将气门与相配气门座轻轻敲击几次并查看接触带，如有明亮的连续光环，即为合格，否则需要研磨气门。

3）划线法

将气门及气门座清洗干净，在气门锥面上用铅笔沿径向均匀地划上若干条线，每条线相隔 4 mm。然后与相配气门座接触，略压紧并转动气门 $45°\sim90°$，取出气门，观察铅笔线条，如铅笔线条均被切断，则表示密封良好，如图 3-25 所示，否则应重新研磨。

图 3-25 划线法检查密封性

4）红丹油印痕实验法

在气门工作面上涂抹一层红丹油，然后用橡皮捻子吸住气门，在气门座上旋转 1/4 圈后再将气门提起，若红丹布满气门座工作面一周而无间断，又十分整齐，即表示密封良好。

三、气门导管

1. 结构

气门导管一般用优质合金钢单独制造，内外圆柱面经精加工后，通过过盈配合压装在气缸盖上。为防止气门导管松落，通常用卡环进行定位。气门导管主要起导向和导热的作用，其结构如图 3-26 所示。为防止过多的润滑油进入燃烧室而增加润滑油的消耗，一般高速发动机气门导管上均安装有气门油封。

2. 检修

气门导管磨损检修常见方法有以下两种：

（1）测量气门导管的内径和气门杆的直径，二者相减即为其实际间隙，然后从维修手册查得气门杆与气门导管的标准间隙，实际间隙与标准间隙的差值即为气门导管的磨损量。

图3-26 气门导管

（2）将气门提起至气缸盖平面15～20 mm的高度，把百分表架固定于气缸盖上，百分表杆顶触在气门顶部边缘处，来回推动气门，百分表指针差值即为气门与导管的配合间隙，根据配合间隙可计算出气门导管的磨损量，如图3-27所示。

图3-27 气门导管磨损检修

当气门导管与气缸盖承孔过盈量过小，或气门导管磨损严重时，会使气门杆与气门导管的配合间隙超过限度，应予以更换。

四、气门弹簧

1. 功用及要求

气门弹簧的主要功用如下：

（1）保证气门自动回位关闭而密封；

（2）保证气门与气门座的座合压力；

（3）吸收气门在开启和关闭过程中传动零件所产生的惯性力，以防止各种传动件彼此分离而破坏配气机构正常工作。

为保证上述功用，要求气门弹簧应具有合适的弹力和足够的强度及抗疲劳能力，因此，气门弹簧一般选用优质冷拔弹簧钢丝制成，钢丝表面经抛光或喷丸处理。

2. 类型

现代汽车发动机多采用圆柱螺旋弹簧，如图3-28（a）所示，其一端支承在气缸盖上，另一端则压靠在气门杆尾部的弹簧座上，弹簧座用锁片或者锁销固定在气门杆的末端。

圆柱螺旋弹簧有等螺距和不等螺距之分，同一个气门上可以装用单个气门弹簧，也可装用双气门弹簧。

为防止气门弹簧共振，通常采取的措施是提高气门弹簧的自身刚度、采用不等螺距的圆柱弹簧［见图3-28（c）］、在等螺距弹簧内圈加一个过盈配合的阻尼摩擦片、采用双气门弹簧［见图3-28（b）］等。高速发动机通常在一个气门上同时安装两根直径不同、旋向相反的内外弹簧，这样能提高气门弹簧的工作可靠性，即可以防止共振，而且当一根弹簧折断时，另一根还可维持工作。当装用两根气门弹簧时，为防止折断的弹簧圈卡入另一个弹簧圈内，弹簧圈的螺旋方向应相反。此外，双气门弹簧还能使气门弹簧的高度减小，可降低发动机的高度。

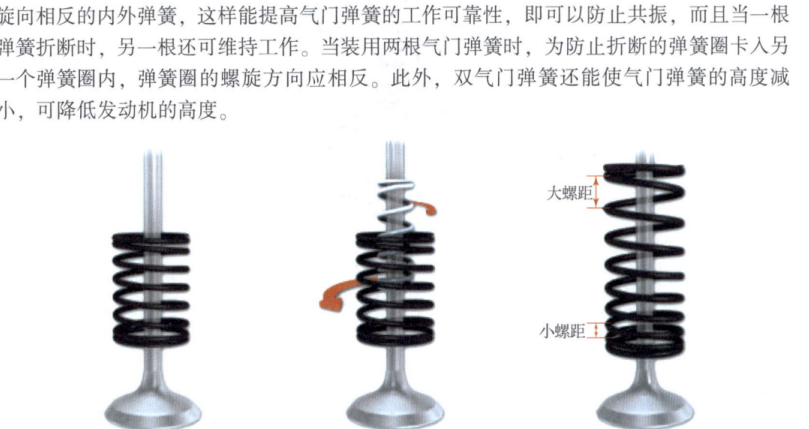

图3-28 气门弹簧
（a）圆柱螺旋弹簧；（b）双弹簧；（c）变螺距弹簧

3. 检修

气门弹簧

1）气门弹簧自由长度检测

使用游标卡尺测量弹簧的自由长度，如图3-29（a）所示，查阅车辆维修手册，如果不符合标准，则更换气门弹簧。

2）气门弹簧垂直度检测

沿气门弹簧侧放置直角尺并旋转气门弹簧，如图3-29（b）所示，测量气门弹簧顶面和直角尺之间的最大间隙，查阅车辆维修手册，如果超出极限，则更换气门弹簧。

3）气门弹簧弹力检测

把气门弹簧座安装至指定的弹簧高度，如图3-29（c）所示，检查气门弹簧压力，查阅车辆维修手册，如果安装负载或气门打开时的负载超出标准，则更换气门弹簧。

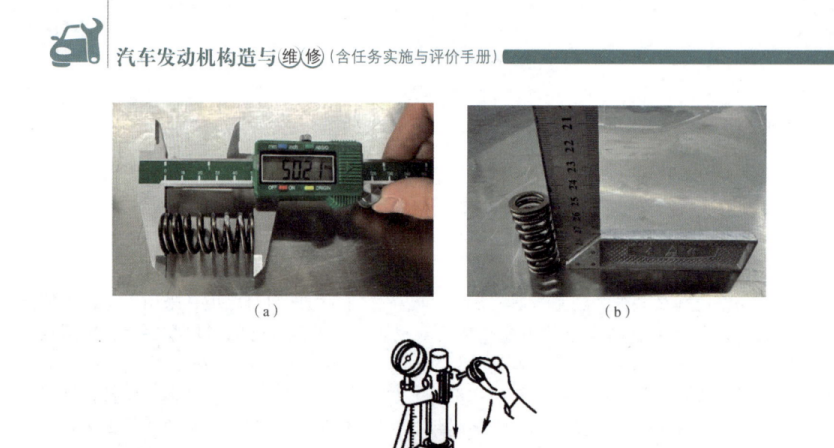

图3-29 气门弹簧检修

(a) 气门弹簧自由长度检测；(b) 气门弹簧垂直度检测；(c) 气门弹簧弹力检测

小贴士

气门弹簧自由长度变短、弹力减弱、簧身歪斜，严重时可能出现弹簧折断等情况，无须维修，直接更换。

五、气门锁片与气门弹簧座

气门组拆装

为了将气门和气门弹簧可靠连接，防止气门脱落掉入气缸，一般采用锁片固定。

锁片固定方式的气门杆上有环形槽，外圆为锥形。通常内孔有环形凸台的锁片分成两半，气门组装配到气缸盖上后，锁片内孔环形凸台卡在气门杆上的环槽内，而在气门弹簧的作用下，锁片外圆锥面与气门弹簧座锥形内孔配合，将气门弹簧座与气门固定，如图3-30所示。

六、气门油封

气门杆和气门导管之间有一定间隙，配气机构工作时飞溅的润滑油就会顺着间隙流到气门杆和气门导管之间，从而进入气缸，导致发动机机油消耗增加，因此要在气门导管上安装气门油封，以控制机油的泄漏，如图3-31所示。气门油封通常是一种骨架式耐高温橡胶油封。

项目③ 配气机构结构及检修

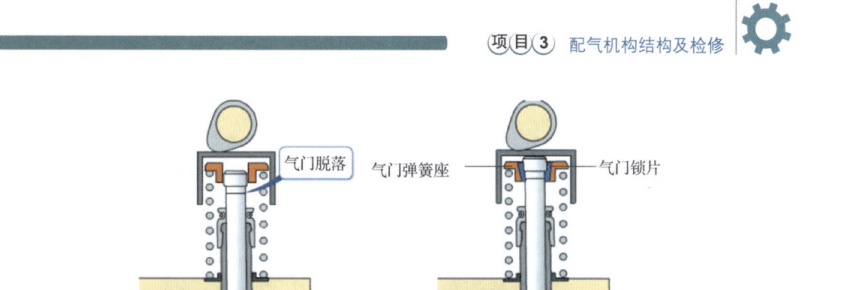

图3-30 气门弹簧座与锁片

(a) 无气门锁片；(b) 有气门锁片

图3-31 气门油封

小贴士

由于气门油封工作环境恶劣，故随着车辆行驶里程的增加，气门油封也会老化、磨损泄露，导致车辆加速乏力或烧机油。

任务实施

详见《任务实施与评价手册》"任务实施单3.3 气门组结构及检修"。

任务评估

详见《任务实施与评价手册》"任务评估单3.3 气门组结构及检修"。

学习任务4 气门传动组结构及检修

任务导入

气门传动组出现故障时会影响气门的正常开启，导致进气效率下降。气门传动组检查项目主要包括凸轮轴检测、液力挺柱检测及配气正时检查与调整。由于气门驱动形式和凸轮轴位置不同，气门传动组的零件组成差别很大，维修时要根据厂家维修手册来进行拆装与检修。

任务目标

知识目标：

1. 了解气门传动组零件的功用、结构及工作原理；
2. 掌握凸轮轴和气门推杆的故障分析及检查的相关知识。

技能目标：

1. 在实车上认识气门传动组零件的组成部件；
2. 能规范地拆装气门传动组各零件；
3. 能规范地检查与测量气门传动组各零件。

素养目标：

1. 能够在工作过程中与小组其他成员合作、交流，养成团队合作意识，锻炼沟通能力；
2. 养成8S的工作习惯；
3. 养成服从管理、规范作业、精益求精的良好工作习惯。

知识链接

气门传动组的功用是驱动进、排气门，并能根据配气相位规定的时刻和开度开闭。一般气门传动组部件主要包括凸轮轴、正时齿轮、挺柱、推杆、摇臂和摇臂轴等，如图3－32所示。

一、凸轮轴

1. 结构

凸轮轴的结构如图3－33所示，其主要由各缸进、排气凸轮及凸轮轴轴颈等组成。有些下置式凸轮轴的汽油机，其凸轮轴上还具有用以驱动机油泵及分电器的螺旋齿轮和用以驱动汽油泵的偏心轮。

项目③ 配气机构结构及检修

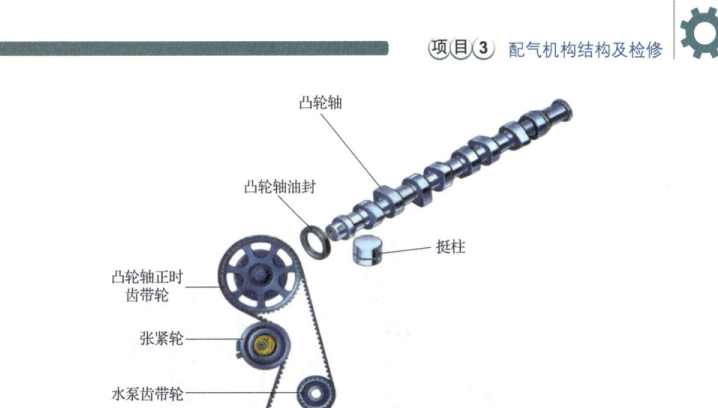

图3-32 气门传动组

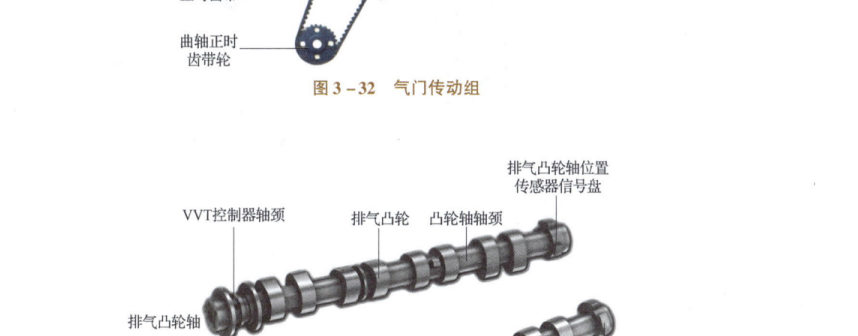

图3-33 四缸四冲程汽油机凸轮轴

凸轮轴上加工有进、排气凸轮，用来驱动和控制各缸进、排气门的开启和关闭，并按发动机的工作顺序、配气相位及时开闭进、排气门，其中凸轮的轮廓决定了气门的升程和气门开闭的持续时间以及运动规律。有的发动机凸轮轴采用全支承，以减小其变形，但是支承数多，加工工艺较复杂，所以一般发动机的凸轮轴是每隔两个气缸设置一个轴颈。为了安装方便，凸轮轴各轴颈直径通常做成从前向后依次减小。

2. 轴向定位

为防止凸轮轴轴向窜动，必须有轴向定位装置。凸轮轴轴向定位装置如图3-34所示。止推板套在正时齿轮与凸轮轴第一轴颈端面之间，两端用固定螺母固定在缸体上。正时齿轮与凸轮轴颈之间装有调节隔圈，因调节隔圈比止推板厚，使止推板与正时齿轮（或与凸轮轴第一轴颈侧面）有 $0.08 \sim 0.20$ mm 的间隙，此间隙可通过改变调节隔圈的厚度进行调整。当凸轮轴产生轴向移动时，便与凸轮轴轴颈端面或与正时齿轮轮毂接触，从而防止发生轴向窜动。

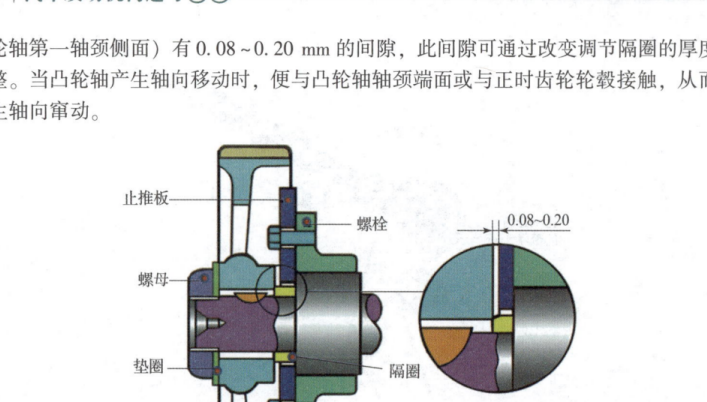

图 3-34 凸轮轴轴向定位装置

凸轮轴的传动部分在安装时特别要注意正时记号的位置，安装不当将严重影响发动机的性能，甚至无法工作。发动机加工装配时都打有配对记号。

3. 检修

1）检查凸轮轴的弯曲度

将凸轮轴放在 V 形铁上，使用磁性表座与百分表测量中间轴颈的跳动量，该跳动量即为凸轮轴的弯曲度，如图 3-35 所示，其最大弯曲度为 0.03 mm，如果弯曲度超过最大值，则应更换凸轮轴。

2）测量凸轮的磨损及升程

用千分尺测量凸轮桃尖高度，如图 3-36 所示，再测量凸轮基圆的直径，用桃尖高度减去基圆直径则为凸轮的升程。凸轮升程是凸轮检验分类的主要依据，当凸轮升程减小值或凸轮表面累积磨损量超过极限时，则应更换凸轮轴。

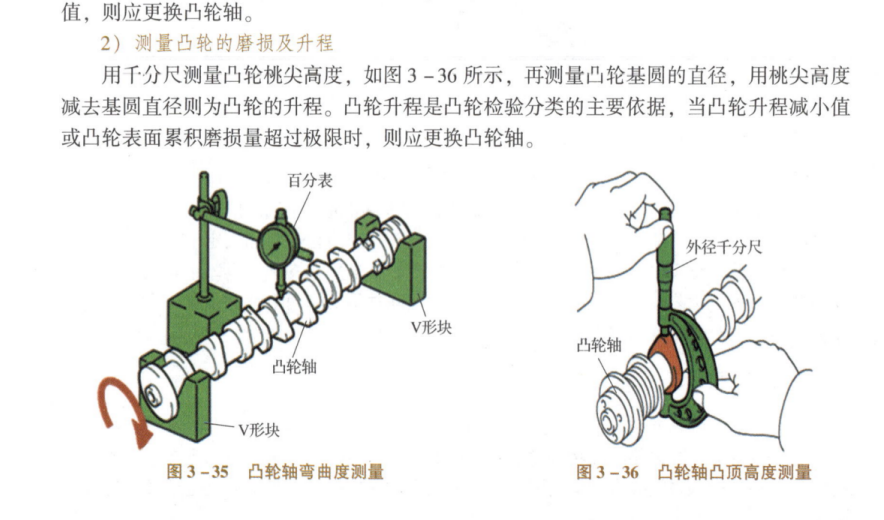

图 3-35 凸轮轴弯曲度测量　　　　图 3-36 凸轮轴凸顶高度测量

3）凸轮轴轴颈的磨损

用千分尺测量凸轮轴轴颈尺寸，测量时至少选择两个面，每个面至少选择三个方向，然后计算每个面上的圆度误差应≤ 0.015 mm，各轴颈的同轴度误差应≤ 0.05 mm，否则，应按修理尺寸法进行校正并修磨。

4）凸轮轴轴向间隙的调整

凸轮轴轴向间隙的调整方式有两种：一是通过增减固定在气缸体前端面上，位于凸轮轴第一道轴颈端面与正时齿轮（或链轮）之间的推力凸缘的厚度来调整，若轴向间隙过大，则应更换加厚的推力凸缘，在安装时，推力凸缘有推力凸台的一侧应面向正时齿轮（或链轮）；另一种由轴承定位，如上海桑塔纳轿车发动机的凸轮轴轴向定位由第一道和第五道轴承台肩完成，如轴向间隙大于使用限度0.15 mm，则应更换台肩的凸轮轴轴承。凸轮轴轴向间隙检测如图3－37所示。

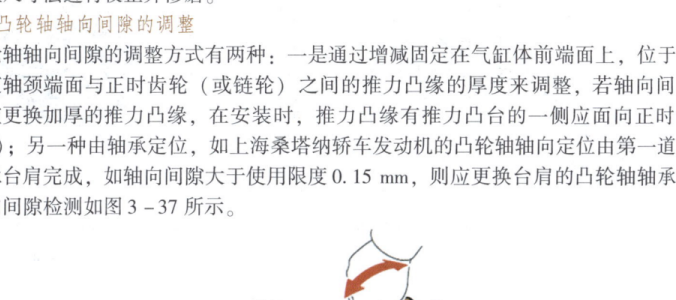

图3－37 凸轮轴轴向间隙检测

二、挺柱

挺柱的作用是将凸轮的推力传给推杆或气门，推动推杆或克服气门弹簧的作用力而运动，并承受凸轮轴旋转时所施加的侧向力。挺柱的结构类型主要有普通型挺柱和液力挺柱两种。

1. 普通型挺柱

常用普通型挺柱的结构类型有筒式和滚轮式两种，如图3－38所示，筒式结构简单，工作可靠，应用广泛；滚轮式结构复杂，阻力小，磨损小，用于大负荷发动机。

2. 液力挺柱

气门间隙的存在，使得发动机工作时产生噪声，同时由于磨损改变了气门间隙，也改变了配气相位，故影响了发动机的工作性能，而采用液力挺柱后，就无须调整气门间隙。液力挺柱的结构形式如图3－39所示。

图3－38 挺住的结构形式
（a）滚轮式；（b）筒式

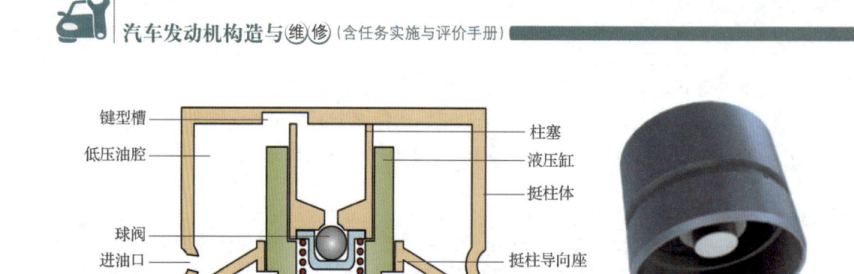

图3-39 液力挺柱

挺柱体内装有柱塞，柱塞上端压有球座作为推杆的支承座，同时将柱塞内腔堵住。柱塞弹簧用来将柱塞压向上方，卡簧用来对柱塞进行限位。柱塞下端的单向阀架内装有碟形弹簧，用以关闭单向阀。

当凸轮基圆与挺柱接触时，补偿弹簧使挺柱顶面和凸轮轮廓线保持紧密接触，液压缸下端面与气门杆尾部紧密接触，因此没有气门间隙。挺柱体上的环形油槽与缸盖上的斜油孔对齐，来自气缸盖油道的润滑油经进油孔流入挺柱体内的低压油腔，并经挺柱体背面上的键形槽进入柱塞上方的低压油腔，其也可推动球阀进入高压油腔，如图3-40（a）所示。

当凸轮按图3-40（b）所示方向转过基圆使凸起部分与挺柱接触时，挺柱体和柱塞向下移动，高压油腔中的润滑油被压缩，油压升高，加上补偿弹簧的作用，使球阀紧压在柱塞下端阀座上，此时高压油腔与低压油腔被分隔开。由于液体的不可压缩性，故整个挺柱如同一个刚体一样下移，从而打开气门。

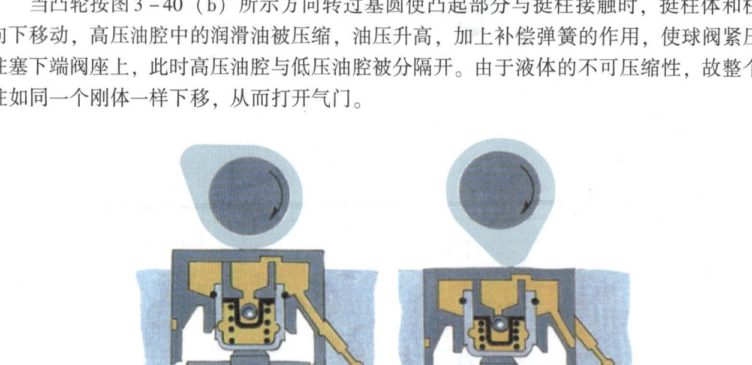

图3-40 液压挺柱的工作原理

（a）气门关闭；（b）气门开启

由此可知，在工作过程中，若气门、推杆受热膨胀，挺柱回落后向挺柱体腔内的补油便会减少，而在停车时使挺柱体腔内的油液从柱塞与挺柱体间隙中泄漏一部分，进而使挺柱自动缩短，因此可不留气门间隙而仍能保证气门关闭。

在进行发动机修理时，如气门出现开启高度不足，一般应更换液力挺柱。在对液力挺柱进行清洗、检查组装后，应在液力挺柱回降测度仪上检测各个液力挺柱的泄漏回降时间是否在规定范围内，以确保发动机配气传动系统的正常工作。此外，还应排除液力挺柱渗入的空气，以恢复气门的最大升程。

3. 检修

1）普通挺柱的检修

普通挺柱的主要耗损是：挺柱底部出现剥落、裂纹、擦伤划痕和挺柱与导孔配合松旷等。

（1）挺柱底部出现疲劳剥落时，应更换新件。

（2）挺柱底部出现环形光环，说明磨损不均匀，应尽早更换新件。

（3）挺柱底部出现擦伤划痕时，应更换新件。

（4）挺柱圆柱部分与导孔的配合间隙一般应为0.03~0.10 mm。如超过0.12 mm，则应视情况更换挺柱或导孔支架。对于装有衬套的结构可更换衬套。

2）液力挺柱的检修

液力挺柱是不可拆解的组件，磨损后无法调整，只能更换。以一缸磨损检查为例，将一缸活塞摇到上止点位置，用厚薄规（塞尺）测量凸轮和液力挺柱的间隙，如图3-41所示，若测量间隙值大于0.2mm，则更换液压挺柱。

图3-41 凸轮和液力挺柱的间隙

三、推杆

1. 结构及功用

推杆位于挺柱与摇臂之间，其功用是将从凸轮轴经过挺柱传来的推力传给摇臂。推杆下端头通常是圆球形，以便与挺柱的凹球形支座相适应；其上端的凹槽与摇臂上的球头接触，以便与摇臂上气门间隙调整螺钉的球形头部相适应。

推杆是配气机构中最易弯曲的零件，要求有高的刚度，通常为实心或空心的，如图3-42所示。

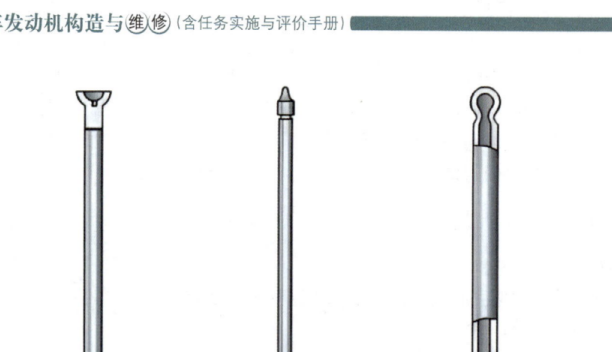

图3-42 推杆的结构类型

(a) 钢制实心推杆；(b) 硬铝推杆；(c) 钢管推杆

2. 检修

气门推杆一般都是空心细长杆，工作时易发生弯曲，直线度误差应不大于规定值，若气门推杆弯曲，则应进行校直。气门推杆的杆身应平直，不得有锈蚀和裂纹，上端凹球面和下端凸球面半径磨损不应过大，否则应更换。

四、摇臂与摇臂轴

1. 结构

摇臂的功用是改变推杆和凸轮传来的力的方向，以驱动气门，如图3-43所示，并利用两边臂臂长的比值来改变气门的升程，如图3-44所示。摇臂实际上是一个双臂杠杆，其中长臂一端是推动气门的，该端由于与气门杆接触，磨损大，故一般堆焊有硬质合金。摇臂通过青铜衬套或滚针轴承支承在空心的摇臂轴上，然后通过摇臂轴支座固定在气缸盖上。摇臂内还钻有润滑油道和油孔与摇臂轴中心相通，机油从支座的油道经摇臂轴内腔和摇臂中的油道流向摇臂两端对挺柱和气门挺杆等进行润滑。在摇臂的短臂一端装有用以调节气门间隙的调节螺钉及锁紧螺母，螺钉的球头与推杆顶端的凹球座相接触。为了防止摇臂的窜动，在摇臂轴上每两摇臂之间都装有定位弹簧。

2. 检修

摇臂的损伤主要是摇臂头部的磨损。检查时，摇臂头部应光洁无损。摇臂与摇臂轴的配合间隙如超过规定，应更换衬套，并按轴的尺寸进行铰削或镗削修理。在镶套时，要使衬套油孔与摇臂上的油孔重合，以免影响润滑。

当摇臂上调整螺钉的螺纹孔损坏时，一般应更换。若摇臂轴轴颈的磨损量大于0.02 mm或摇臂轴与摇臂承孔的配合间隙超过规定，则应更换。若摇臂轴弯曲，则应冷压校直，使其直线度误差在100 mm长度上不大于0.03 mm。

项目③ 配气机构结构及检修

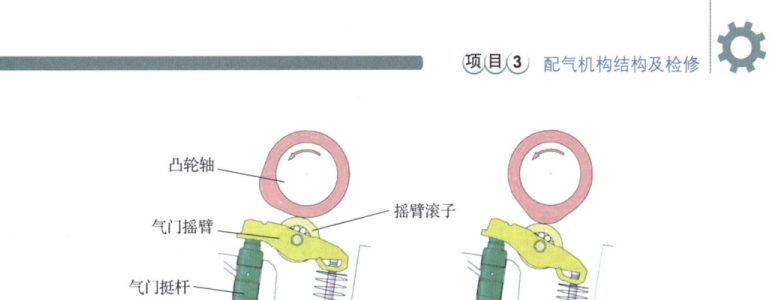

图3-43 摇臂工作

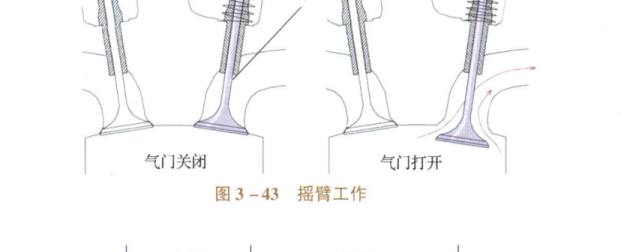

图3-44 摇臂

任务实施

详见《任务实施与评价手册》"任务实施单3.4 气门传动组结构及检修"。

任务评估

详见《任务实施与评价手册》"任务评估单3.4 气门传动组结构及检修"。

学习任务5 发动机正时机构的拆装与检修

任务导入

一辆2020款迈腾轿车，行程里程16万km，搭载2.0T EA888发动机。用户反映该车发动机怠速抖动，加速无力，仪表板上的发动机故障灯点亮。请根据以上信息，在掌握发动机冷却系统拆装与维护的基础上完成该故障的分析与诊断。

任务目标

知识目标：

1. 掌握正时链更换的方法、步骤及要领；
2. 熟悉正时机构的检修标准。

技能目标：

1. 能够拆卸和装复正时机构的主要部件；
2. 能准确检查、调整和更换正时链。

素养目标：

1. 强化8S管理理念，养成整洁规范、安全细致的工作习惯和职业素养；
2. 牢固树立环保意识，做到绿色维修；
3. 弘扬精益求精的工匠精神。

知识链接

一、正时皮带的检查与调整

1. 迈腾EA888发动机配气机构组成

发动机共有三根链条，是曲轴用来驱动机油泵、平衡轴及进排气凸轮轴的，如图3-45所示。链传动系统包括3个曲轴传动链轮、4个张紧器和5个导向装置。链传动运行安静且磨损小，需要空间更小，传递效率高达99%。

正时皮带更换

项目③ 配气机构结构及检修

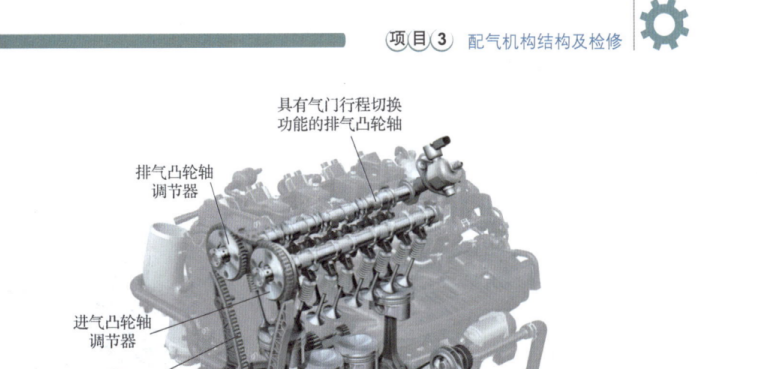

图3-45 EA888发动机配气机构

2. 迈腾EA888发动机正时拆卸（见表3-1）

表3-1 迈腾EA888发动机的正时拆卸

拆装步骤	所需工具	拆装说明
1. 检查发动机	固定支架 T10355	
2. 拆卸正时链上部盖板	TX30/10 号套筒、短接杆、中棘轮	 1~6—螺栓拆卸顺序

续表

拆装步骤	所需工具	拆装说明
3. 拆卸曲轴皮带轮	固定支架 T10355、24号套筒、扭力扳手	
4. 拆卸正时链下部盖板	TX30号套筒、短接杆、中棘轮	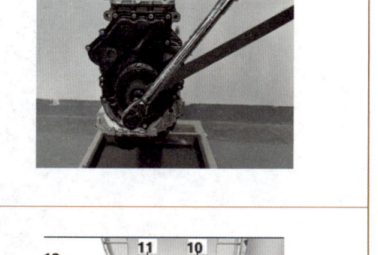 1～15—螺栓拆卸顺序
5. 拆卸凸轮轴调节阀：（1）控制阀是左旋螺纹；（2）凸轮轴链轮的标记1必须对准标记2和3。（3）用固定支架T10355将减震器/曲轴皮带轮转入上止点位置	固定支架 T10355	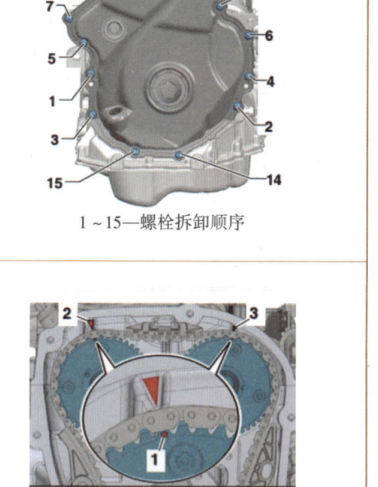 1～3—标记

项目③ 配气机构结构及检修

续表

拆装步骤	所需工具	拆装说明
6. 拆卸凸轮轴调节阀轴承座	固定支架 T10355、24 号套筒、扭力扳手	
7. 用定位工具 T40267 固定链条张紧器	定位工具 T40267	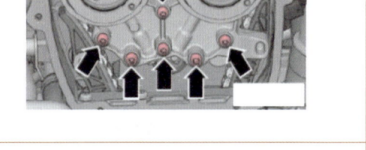
8. 将凸轮轴固定装置 T40271/2 拧到气缸盖上并沿箭头方向推入链轮的啮合齿 2 中，必要时用装配工具 T40266 转动进气凸轮轴 1	固定装置T40271/2，装配工具 T40266	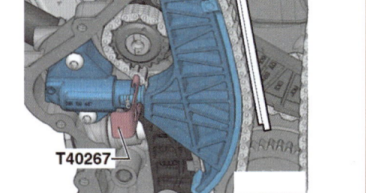 1—进气滑轮轴；2—啮合齿
9. 将凸轮轴固定装置 T40271/1 拧到气缸盖上	固定装置T40271/1，装配工具 T40266、M8 螺栓、中棘轮	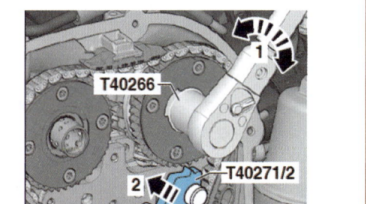

续表

拆装步骤	所需工具	拆装说明
10. 拆卸滑轨 1。用螺丝刀打开卡子（箭头），然后将滑轨向前推开	螺丝刀	 1—滑轨
11. 拆卸链条张紧器	TX30 号套筒、短接杆、中棘轮	 1—链条张紧器
12. 沿箭头方向按压机油泵的链条张紧器张紧卡瓣并用定位销卡住	定位销 T40011、TX30 号套筒、短接杆、中棘轮	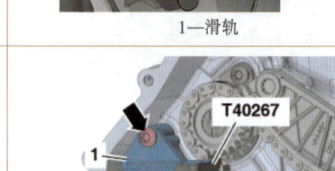 1—螺栓；2—滑轨
13. 拧出螺栓 1，拆下滑轨 2	M8 螺栓、中棘轮	 1—螺栓；2—滑轨

项目③ 配气机构结构及检修

续表

拆装步骤	所需工具	拆装说明
14. 将凸轮轴正时链从凸轮轴齿轮上取下并挂到凸轮轴的销轴上（箭头）		
15. 拆卸平衡轴正时链的链条张紧器1	27号套筒、短接杆、大棘轮	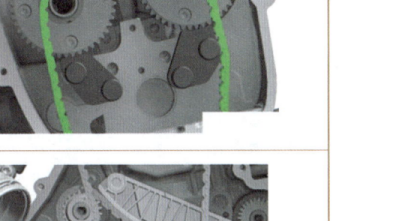 1—链条张紧器
16. 拧出螺栓1，拆卸张紧器2以及滑轨3和4	M8螺栓、中棘轮	 1—螺栓；2—张紧器；3，4—滑轨
17. 松开张紧销A，拧出张紧销B	旋转工具T10531/2	 A，B—张紧销

3. 迈腾 EA888 发动机正时安装及检查（见表 3-2）

表 3-2 迈腾 EA888 发动机正时安装及检查

拆装过程	所需工具	注意事项
1. 检查曲轴的上止点，曲轴的平端（箭头）必须水平，用防水记号笔在气缸体 1 上做标记.	防水记号笔	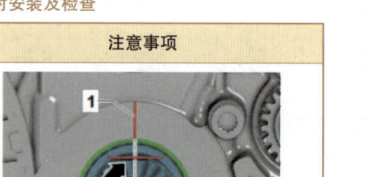 1—气缸体
2. 用防水记号笔在三级链轮的齿 1 上做标记 2	防水记号笔	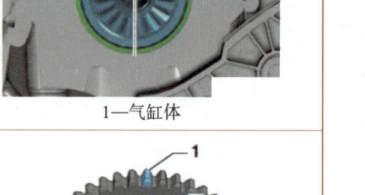 1—齿轮；2—标记
3. 将中间齿轮和平衡轴转至标记（箭头）位置，螺栓不得松开，中间齿轮和平衡轴之间的标记很难看到		
4. 放上平衡轴传动链，将彩色链节（箭头）定位到链轮的标记上		

项目③ 配气机构结构及检修

续表

拆装过程	所需工具	注意事项
5. 安装滑轨 1 并拧紧螺栓（箭头）	M8 螺栓、中棘轮	 1—滑轨
6. 将带彩色链节的凸轮轴正时链（箭头）挂到凸轮轴销轴上		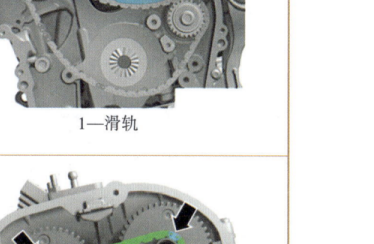
7. 将机油泵驱动装置的正时链放到三级链轮上	沿箭头方向将三级链轮向发动机侧翻转并插到曲轴上，标记（箭头）必须相对	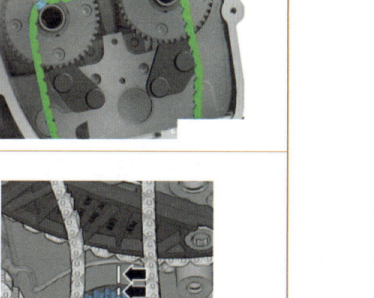
8. 将旋转工具 T10531/2 拧入曲轴并用手拧紧	旋转工具 T10531/2	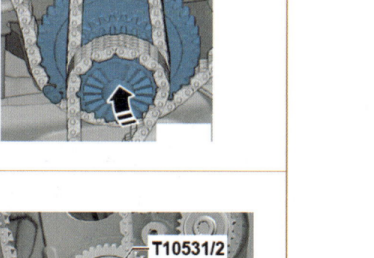

续表

拆装过程	所需工具	注意事项
9. 装上旋转工具 T10531/3，用手拧上带肩螺母 T10531/4	旋转工具 T10531/3、带肩螺母 T10531/4	 A—张紧销
10. 将平衡轴传动链的彩色链节（箭头）定位在三级链轮的标记上。安装张紧器 1 和滑轨 2，拧紧螺栓 3	M8 螺栓、中棘轮	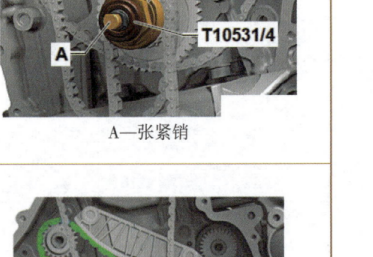 1—张紧器；2—滑轨；3—螺栓
11. 安装链条张紧器 1	27 号套筒、短接杆、大棘轮	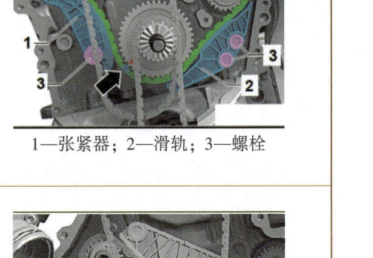 1—张紧器
12. 再次检查调整情况，彩色链节（箭头）必须对准链轮的标记		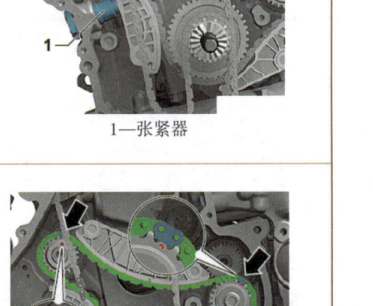

项目③ 配气机构结构及检修

续表

拆装过程	所需工具	注意事项
13. 将凸轮轴正时链放到进气凸轮轴上，将排气凸轮轴放到曲轴上，并将彩色链节（箭头）定位到链轮的标记上		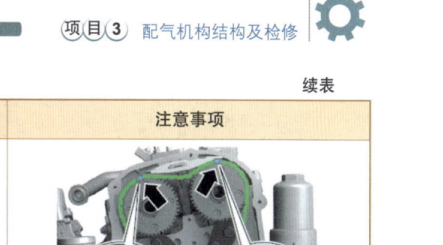
14. 安装滑轨2，并拧紧螺栓1	M8螺栓、中棘轮	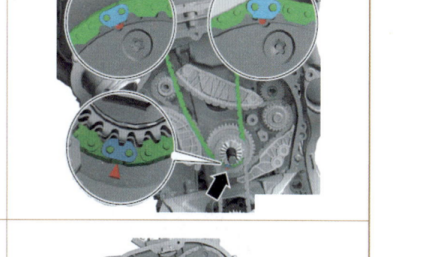 1—螺栓；2—滑轨
15. 安装上部滑轨1	螺丝刀	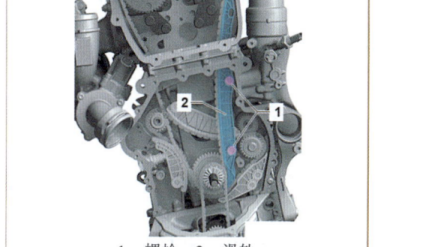 1—滑轨
16. 将排气凸轮轴用装配工具T40266沿箭头A的方向略微转动，并将凸轮轴固定装置T40271/1从链轮的啮合齿中推出（见箭头B）	装配工具T40266 固定装置T40271/1、M8螺栓、中棘轮	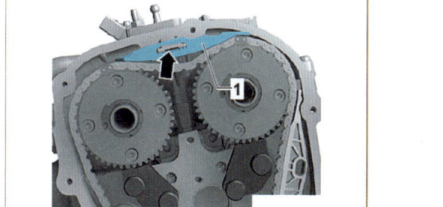

续表

拆装过程	所需工具	注意事项
17. 安装链条张紧器并拧紧螺栓	TX30 号套筒、短接杆、中棘轮	
18. 安装链条张紧器 2，钢丝夹（箭头）必须在开口中紧贴油底壳上部件。紧固螺栓 1 并去除定位销 T40011	定位销 T40011、TX30 号套筒、短接杆、中棘轮	 1—螺栓；2—张紧器
19. 将进气凸轮轴用装配工具 T40266 沿箭头 1 方向转动，直到凸轮轴固定装置 T40271/2 可以从链轮的啮合齿中推出（见箭头 2）松开凸轮轴	拆卸凸轮轴固定装置 T40271/1 和 T40271/2、装配工具 T40266	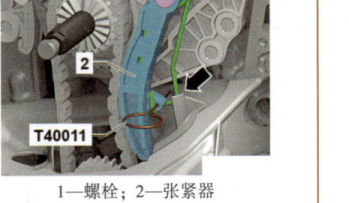
20. 检查调整情况，彩色链节（箭头）必须对准链轮的标记		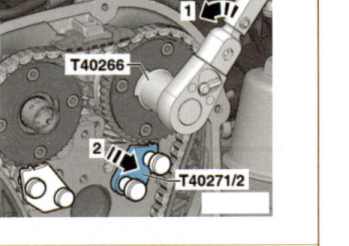

项目③ 配气机构结构及检修

续表

拆装过程	所需工具	注意事项
21. 套上轴承支架，此时不得倾斜，拧紧螺栓按1至6的顺序	TX30 号套筒、短接杆、中棘轮	 1～6—螺栓安装顺序
22. 取下定位工具 T40267	定位工具 T40267	
23. 安装正时链下部盖板	TX30 号套筒、短接杆、中棘轮	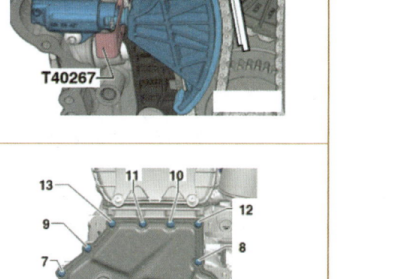 1～15—螺栓安装顺序
24. 用固定支架 T10355 将减震器/曲轴皮带轮转入上止点位置（箭头）。注：减震器/曲轴皮带轮上的切口必须与正时链下盖板上的标记（箭头）相对	固定支架 T10355	

续表

拆装过程	所需工具	注意事项
25. 将减震器/曲轴皮带轮的螺栓紧固	固定支架 T10355、24号套筒、扭力扳手	

小贴士

正常来说正时链是终身免维护的，而正时皮带是需要定期更换的。但是大众EA888链条张紧器曾经出过问题，导致部分车辆需要更换张紧器甚至是正时链。

任务实施

详见《任务实施与评价手册》"任务实施单3.5 发动机正时机构的拆装与检修"。

任务评估

详见《任务实施与评价手册》"任务评估单3.5 发动机正时机构的拆装与检修"。

项目小结

见附件3。

项目检测

一、填空题

1. 配气机构是内燃机的重要组成部分，负责控制_____进入和排出气缸。
2. 在四冲程内燃机中，配气机构主要由_____组和_____组组成。
3. 气门按照其在气缸盖上的位置可分为_____气门和_____气门。
4. 为了保证发动机在高速运转时的配气正时，通常会在配气机构中安装_____。
5. 为了增加发动机的进气压力，提高发动机的功率和扭矩，通常使用_____技术。
6. 在气门关闭时，_____可以确保气门紧密地贴合在气门座上，防止气体泄漏。
7. 配气机构通过控制_____和_____的开启与关闭，实现了内燃机工作循环中的进气和排气过程。
8. 在内燃机工作过程中，配气机构需要与各缸的_____和_____相配合，以确保正确的配气正时。

二、简答题

1. 配气机构主要由哪些部件组成?
2. 配气机构中的凸轮轴有什么功用?
3. 在现代发动机中，配气机构有哪些技术革新?

项目4

燃料系统结构及检修

 项目描述

燃料供给系统为发动机的运转提供了条件，是决定发动机性能优劣的重要系统。它不仅可以准确控制可燃混合气的质量，还能降低废气排放量和燃油消耗量，同时又能增大发动机的功率，对发动机的正常运行起着必不可少的作用。汽油机燃料供给系统主要由燃油供给系统、空气供给系统和电子控制系统等组成。本项目主要介绍汽、柴油机燃料供给系统各组成部分的构造与维修，并对其常见故障进行诊断与维修。

学习任务1 发动机燃料系统认知

任务导入

大众迈腾轿车用户将车开到维修站，反映最近车辆行驶无力，发动机怠速时抖动，油耗明显增加，需要检修。请根据上述信息，在深入学习发动机燃料供给系统的结构、原理与检修的基础上完成该故障的分析与诊断。

任务目标

知识目标：

1. 掌握燃料供给系统的功用与组成；
2. 了解燃料供给系统中汽油机燃油混合气的形成；
3. 掌握车用汽油的评价指标及选用标准。

技能目标：

1. 能够在实车或台架上简单拆解并对比观察发动机燃料供给系统的布置结构；
2. 能够针对不同车辆准确选定车辆燃油牌号及规格。

素养目标：

1. 能够在工作过程中与小组其他成员合作、交流，养成团队合作意识，锻炼沟通能力；
2. 养成8S的工作习惯；
3. 养成服从管理、规范作业、精益求精的良好工作习惯。

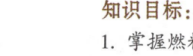

一、汽油机燃料供给系统的功用及组成

1. 汽油机燃料供给系统的功用

汽油机所用的燃料是汽油，在进入气缸之前，汽油和空气已形成可燃混合气。可燃混合气进入气缸内被压缩，在接近压缩终了时点火燃烧而膨胀做功。可见汽油机进入气缸的是可燃混合气，压缩的也是可燃混合气，燃烧做功后将废气排出。因此，汽油机燃料供给系的功用是根据发动机的不同工况要求，配制出一定数量和浓度的可燃混合气，供入气

缸，并把燃烧后的废气排出气缸。

2. 汽油机燃料供给系统的组成

汽油机燃料供给系统可分为化油器式和燃油喷射式两种，化油器式燃料供给系统目前已被淘汰，本书只介绍燃油喷射式燃料供给系统。

燃油喷射式燃料供给系统主要由以下三部分组成。

1）空气供给系统

空气供给系统的功用是为发动机可燃混合气的形成提供必要的空气，并对进入气缸的空气量进行测量。图4-1所示为L型汽油喷射系统的空气供给系统。空气供给系统主要由空气滤清器、热线式空气流量计、节气门体、进气总管、进气支管和怠速空气控制装置等组成。

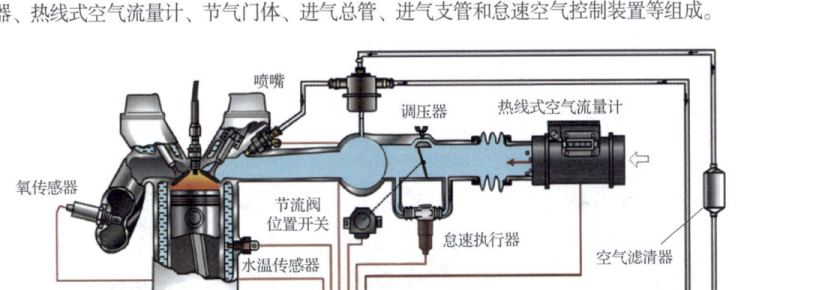

图4-1 L型空气供给系统

2）燃油供给系统

燃油供给系统的功用是向气缸提供燃烧所需要的燃油，其主要由电动燃油泵、燃油滤清器、燃油压力调节器、燃油分配管、油压脉动阻尼器、喷油器以及燃油箱、油管等组成。如图4-2所示。

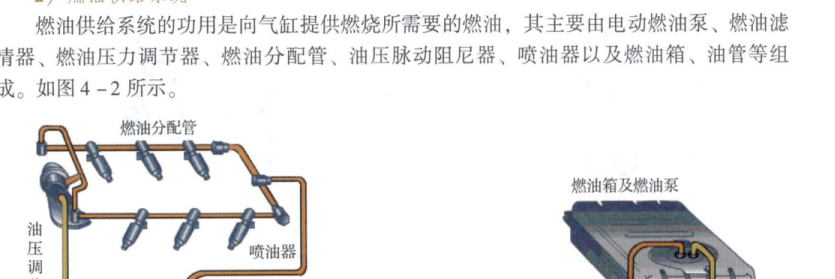

图4-2 燃油供给系统

汽油由电动燃油泵从油箱中泵出，经燃油滤清器等输送到电磁喷油器，电磁喷油器按照发动机控制的喷油脉冲信号把汽油喷入进气道。调节器与喷油器并联，保证喷油压差恒定不变。脉动阻尼器可以消除喷油时油压产生的微小波动，进一步稳定油压。

3）电子控制系统

电子控制系统的功用是根据发动机和汽车不同的运行工况，对喷油时刻、喷油量以及点火时刻等进行确定和修正，检测各传感器的工作，并将工作参数进行储存和输出。电子控制系统的工作示意图如图4-3所示。将发动机的运行工况（如进气量、节气门位置、曲轴位置及转速、冷却液温度、进气温度、排气成分等信息）和车辆运行状况（如车速等信息），通过传感器转换成为相应的电信号并输送给电控单元，电控单元对这些电信号进行分析、判断、比较、计算等实时处理后，得出最佳控制方案并向各有关执行元件发出控制指令，控制最佳的空燃比和点火时刻，使得发动机在各种工况下都处于最佳工作状态。电控单元还具有故障自诊断功能。

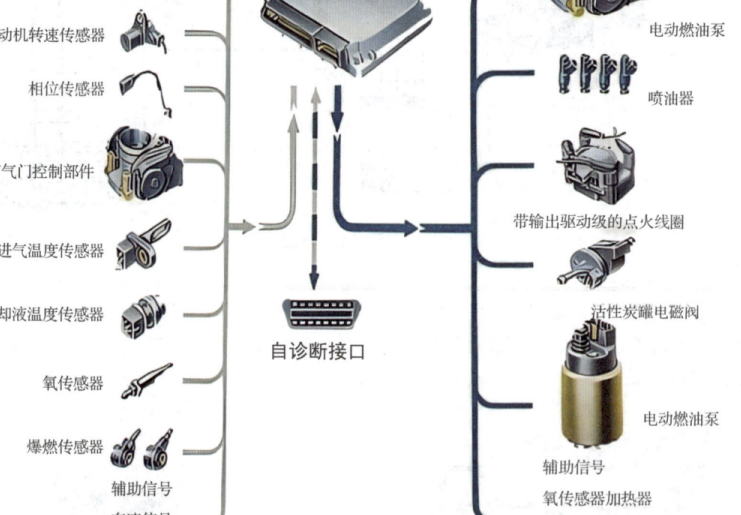

图4-3 电子控制系统的工作示意图

二、发动机运转工况与可燃混合气

1. 可燃混合气

1）可燃混合气的形成过程

汽车发动机的可燃混合气形成时间很短，从进气过程开始算起到压缩过程结束为止，总共只有0.01~0.02 s的时间。要在这样短的时间内形成均匀的可燃混合气，关键在于汽油的雾化和蒸发。所谓雾化就是将汽油分散成细小的油滴或油雾。良好的雾化可以大大增加汽油的蒸发表面积，从而提高汽油的蒸发速度。另外，混合气中汽油与空气的比例应符合发动机运转工况的需要。因此，混合气形成过程就是汽油雾化、蒸发以及与空气配比和混合的过程。

2）可燃混合气浓度

可燃混合气中空气与燃油的比例称为可燃混合气成分或可燃混合气浓度，通常用过量空气系数和空燃比表示。

（1）过量空气系数。

燃烧1 kg燃油实际供给的空气质量与完全燃烧1 kg燃油的化学计量空气质量之比为过量空气系数，记作 α。

$$\alpha = \frac{\text{燃烧1 kg燃油实际供给的空气质量}}{\text{理论上完全燃烧1 kg燃油所需的空气质量}}$$

由上面的定义表达式可知：$\alpha = 1$ 的可燃混合气称为理论混合气；$\alpha < 1$ 的称为浓混合气；$\alpha > 1$ 的则称为稀混合气。

（2）空燃比。

可燃混合气中空气质量与燃油质量之比为空燃比，记作 λ。按照化学反应方程式的当量关系，可求出1 kg汽油完全燃烧所需空气质量，即化学计量空气质量约为14.7 kg。显然，$\lambda = 14.7$ 的可燃混合气为理论混合气；$\lambda < 14.7$ 的为浓混合气；$\lambda > 14.7$ 的为稀混合气。空燃比 $\lambda = 14.7$ 称为理论空燃比或化学计量空燃比。

2. 发动机运转工况对可燃混合气浓度的要求

随着汽车行驶速度和牵引功率的不断变化，汽车发动机的转速和负荷也在很大范围内频繁变动。为适应发动机工况的这种变化，可燃混合气成分应该随发动机转速和负荷做相应的调整。

1）冷起动工况

发动机在冷起动时，因温度低，汽油雾化效果不佳，再加上起动时转速低、空气流速慢，致使进入气缸的混合气中汽油蒸气太少，混合气过稀，不能着火燃烧。为使发动机能够顺利起动，要求供给过量空气系数为0.2~0.6的浓混合气，以使进入气缸的混合气在火焰传播界限之内。

2）怠速工况

怠速工况是指发动机对外无功率输出的工况，此时可燃混合气燃烧后对活塞所做的功全部用来克服发动机内部的阻力，使发动机以低转速稳定运转。目前，汽油机的怠速转速为800~1 000 r/min。在怠速工况，节气门接近关闭，吸入气缸内的混合气数量很少，气缸内的残余废气量相对较多，混合气被废气严重稀释，使燃烧速度减慢甚至熄火。为此要求供给过量空气系数为0.6~0.8的浓混合气，以补偿废气的稀释作用。

3）小负荷工况

小负荷工况时，节气门开度在25%以内。随着进入气缸内的混合气数量的增多，汽油雾化和蒸发的条件有所改善，残余废气对混合气的稀释作用相对减弱。因此，应供给过量空气系数为0.7~0.9的混合气，这样虽然比怠速工况供给的混合气稍稀，但仍为浓混合气，这是为了保证汽油机小负荷工况的稳定性。

4）中等负荷工况

中等负荷工况节气门的开度为25%~85%。汽车发动机大部分时间在中等负荷下工作，因此应该供给过量空气系数为1.05~1.15的经济混合气，以保证发动机有较好的燃油经济性。从小负荷到中等负荷，随着负荷的增加，节气门逐渐开大，混合气逐渐变稀。

5）大负荷和全负荷工况

发动机在大负荷或全负荷工况工作时，节气门接近或达到全开位置，这时需要发动机发出最大功率，以克服较大的外界阻力或加速行驶，为此应该供给过量空气系数为0.85~0.95的功率混合气。从中等负荷转入大负荷时，混合气由经济混合比加浓到功率混合比。

6）加速工况

汽车在行驶过程中，有时需要在短时间内迅速提高车速。为此，驾驶员要猛踩加速踏板，使节气门突然开大，以期迅速增加发动机功率。此时虽然空气流量迅速增加，但是由于汽油的密度比空气密度大得多，即汽油的流动惯性远大于空气的流动惯性，致使汽油流量的增加比空气流量的增加滞后一段时间。另外，节气门开大，进气歧管的压力增加，不利于汽油的蒸发汽化。因此，在节气门突然开大时，将会出现混合气瞬时变稀的现象。这不仅不能使发动机功率增加、汽车加速，反而有可能造成发动机熄火。

现代电子控制燃油喷射系统具有很高的控制灵敏度，能保证发动机在任何工况下均能供给最佳浓度的可燃混合气，在不影响动力性的基础上获得最佳的燃油经济性。

拓展：车用汽油

1. 汽油的使用性能及评价指标

1）蒸发性

汽油由液态转化为气态的性质，叫作汽油的蒸发性。

汽油蒸发性的评价指标如下：

（1）馏程：包括初馏点、10%蒸发温度、50%蒸发温度、90%蒸发温度、终馏点以及残留量。

（2）饱和蒸气压：在一定温度下，与同种物质液态处于平衡状态的蒸气所产生的压强。

2）抗爆性

汽油抗爆性是表示汽油在汽油机燃烧室中燃烧时防止爆燃的能力。

项目④ 燃料系统结构及检修

汽油抗爆性的评价指标是辛烷值。辛烷值是表示发动机燃料抗爆性的一个约定数值，辛烷值越高，则抗爆性就越好。辛烷值的测定方法包括研究法（RON）和马达法（MON）两种。

3）腐蚀性

汽油中含硫，燃烧后生成二氧化硫，遇到水汽会形成亚硫酸或硫酸，对工作温度较高的气缸具有强烈的腐蚀作用。

汽油腐蚀性的评价指标为硫含量、酸度、铜片腐蚀试验、水溶性酸或碱。

4）清净性

汽油的清净性用汽油中含有机械杂质和水分的多少表示。

汽车清净性的评价指标为机械杂质和水分。

5）化学安定性

汽油的化学安定性是指汽油在储存、运输、加注和其他作业时，抵抗氧化生胶的能力。

汽油化学安定性的评价指标如下：

（1）实际胶质：国际规定出厂时 ≤ 5 mg/100 mL，实际使用中 ≤ 25 mg/100 mL；

（2）诱导期：汽油在压力为 68.8 kPa 的氧气中，以及在温度为 100 ℃时被氧化所经过的时间（≥ 480 min）。

2. 车用汽油的牌号及规格

在车用汽油的牌号中，数字表示辛烷值的含量的高低。汽油牌号中数字越大，辛烷值越高。我国按 RON 将汽油牌号分为 92 号、95 号和 98 号。

汽油选用注意事项：

（1）根据说明书，按发动机的压缩比选择汽油牌号。

（2）供应不足时，可用牌号相近的汽油暂替，但须对汽油机进行适当调整。低牌号代替高牌号，适当推迟点火提前角；反之，适当提前。

（3）高原山区海拔每上升 100 m，辛烷值可降低约 0.1 个单位。

（4）大负荷、低转速条件应选择高辛烷值汽油。

（5）发动机大修后应选用高一级汽油。

（6）根据季节不同选用不同蒸发性的汽油。

（7）汽油中不应掺入煤油和柴油。

（8）不要使用长期存放已变质的汽油。

（9）闪点低、易燃、易爆、易产生静电，注意储运安全。

 **任务实施**

详见《任务实施与评价手册》"任务实施单 4.1 发动机燃料系统认知"。

 **任务评估**

详见《任务实施与评价手册》"任务评估单 4.1 发动机燃料系统认知"。

学习任务2 汽油机燃油供给系统结构及检修

任务导入

一辆2018款迈腾2.0 TSI豪华型轿车，配置EA888发动机，行驶里程10.8万km，当关闭发动机约30 min后，需要多次起动，发动机才能运转，并且排气管发出"突突"的声音。经初步检查，冷却液、进气温度等均在正常范围内。初步判断，故障出现在燃油供给系统的可能性较大，请根据上述信息在深入学习发动机燃油供给系统结构、原理与检修的基础上，完成该故障的分析与诊断。

任务目标

知识目标：

1. 了解燃油供给系统各组成部件的功用及类型；
2. 掌握燃油供给系统各元件的结构及工作原理；
3. 熟悉燃油供给系统各主要部件的检修内容和方法。

技能目标：

1. 能够在实车或台架上指认燃油供给系统各主要部件；
2. 能够规范地检修燃油泵、喷油器、油压调节器等燃油供给系统的主要零部件。

素养目标：

1. 遵守安全规范，强化安全操作意识；
2. 牢固树立生命至上、安全第一的理念；
3. 激发创新意识，强化工匠精神，牢固树立科技报国的家国情怀和使命担当。

知识链接

一、油箱

汽油箱的功用是储存汽油，其数目、容量、外形及安装位置都随车型而异，一般汽油箱的容量能使汽车行驶300~600 km。货车油箱体是用薄钢板冲压焊成，内壁镀锌镀锡，以防腐蚀。油箱上部焊有加油管，管内带有可拉出的延伸管，其底部有滤网。进油管口由油箱盖盖住。油箱上面装有油面指示表传感器和出油开关，出油开关经输油管与汽油滤清器相通。油箱底部设有放油螺栓，用以排除油箱内的积水和污物。油箱内装有隔板，用以减轻汽车行驶时燃油的激烈振荡。

现代轿车燃油箱通常由耐油硬塑料制成，如图4-4所示，其外形结构随车内空间布置而有所不同。

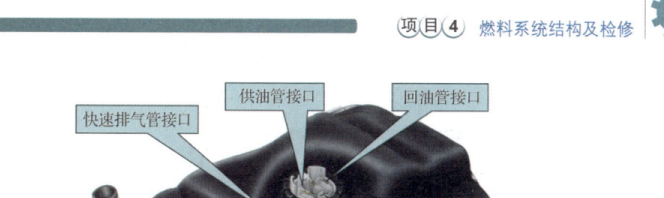

图4-4 燃油箱

二、电动燃油泵

燃油喷射系统中电动燃油泵的功用是向喷油器提供油压高于进气压力 $250 \sim 300$ kPa 的燃油。燃油是从燃油箱内泵出，经压缩或动量转换将油压提高后，再经供油管送至喷油器的，其供油量比发动机最大耗油量大，多余的汽油将从回油管返回油箱。

1. 电动燃油泵的分类

按油泵安装位置不同，电动燃油泵可分为内置式和外置式两种。内置式燃油泵安装在油箱中，具有噪声小、不易产生气阻、不易泄漏、管路安装简单等特点；外置式燃油泵串接在油箱外部的输油管路中，易布置，安装自由度大，但噪声大，易产生气阻。目前，大多数汽车都采用内置式燃油泵，如图4-5所示。

按电动燃油泵的结构不同，电动燃油泵可分为涡轮式、滚柱式、齿轮式、叶片式和侧槽式。目前常用的有滚柱式、齿轮式和叶片式3种燃油泵，如红旗 CA7200E 型轿车采用了齿轮式电动燃油泵。

图4-5 内置式电动燃油泵

2. 电动燃油泵的结构及工作原理

1）滚柱式电动燃油泵

滚柱式电动燃油泵多为外置式，主要由驱动电机、滚柱泵、安全阀、单向阀及进、出油口等组成，如图4-6所示。

电控燃油喷射系统的组成与原理

当转子旋转时，位于转子槽内的滚柱在离心力的作用下紧压在泵体内表面上，对周围起密封作用，在相邻两个滚柱之间形成工作腔。在燃油泵运转过程中，工作腔转过出油口后，其容积不断增大，形成一定的真空，当转到与进油口连通时，将燃油吸入；而吸满燃油的工作腔转过进油口后，容积不断减小，使燃油压力提高，受压燃油流过电动机，从出油口输出。

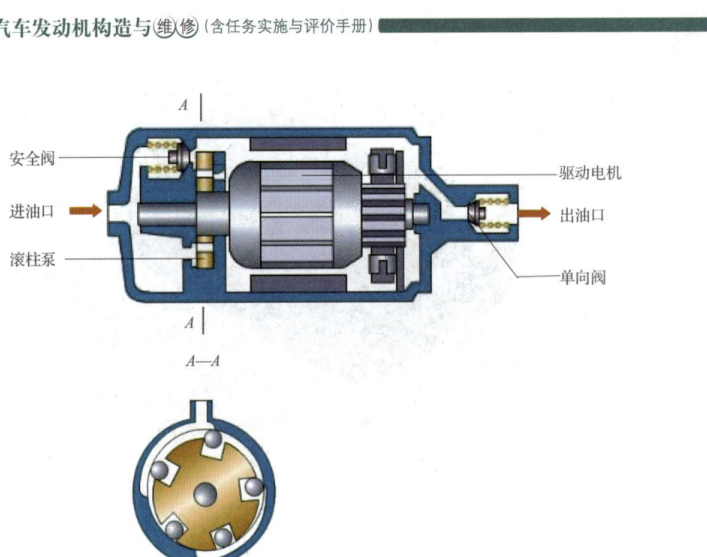

图4-6 滚柱式电动燃油泵的结构与原理

在滚柱式电动燃油泵中，安全阀的功用是防止油路中的油压过高；单向阀的功用是防止燃油倒流，建立保持油压。

2）齿轮式电动燃油泵

齿轮式电动燃油泵是由一对互相啮合的齿轮、油泵电机和泵壳等构成的，其基本的工作原理是当主动齿轮被油泵电机带动旋转时，由于齿轮啮合，故主动齿轮带动从动齿轮一起旋转。在从动齿轮和主动齿轮内、外齿啮合的过程中，由内、外齿所围合的腔室将发生容积大小的变化，空腔容积变大时吸油，空腔容积变小时泵油。

齿轮式电动燃油泵与滚柱式电动燃油泵相比较，在相同的外形尺寸下，泵油腔室的数目较多。因此，齿轮式电动燃油泵输油的流量比较均匀。

3）叶片式电动燃油泵

叶片式电动燃油泵主要由油泵电机、叶片泵、出油阀和泄压阀等组成，如图4-7所示。

叶片式电动燃油泵的工作原理与滚柱式电动燃泵相似，油泵电动机通电时，电机驱动叶片泵叶片旋转，由于离心力的作用，使叶轮周围小槽内的叶片贴紧泵壳，将燃油从进油室带往出油室。由于进油室的燃油不断增多，故形成一定的真空，将燃油从进油口吸入；而出油室燃油不断增多，燃油压力升高，当达到一定值时，顶开出油阀而从出油口输出，出油阀在油泵不工作时可阻止燃油流回油箱，保持油路中有一定的压力，以便于下次起动。

叶片式电动燃油泵具有泵油量大、泵油压力较高、供油压力稳定、运转噪声小、使用寿命长等优点，因此，目前被广泛地应用于轿车上。

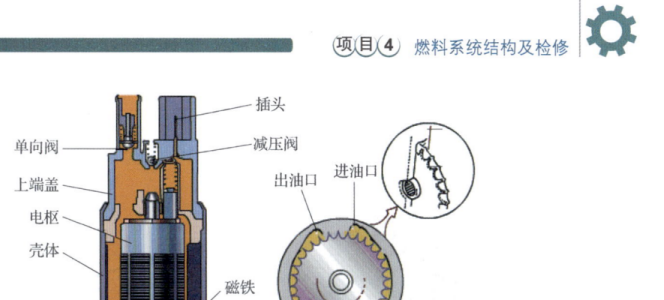

图4-7 叶片泵的结构与原理

三、燃油滤清器

燃油滤清器安装在燃油泵之后的高压油路中，其功用是滤除燃油中的杂质，防止燃油系统堵塞，减小机械磨损，以保证发动机正常工作。

在电控燃油喷射式发动机的燃油供给系统中，一般采用的都是纸质滤芯、一次性的燃油滤清器。燃油滤清器的结构如图4-8所示，燃油从进油管进入滤清器，经过壳体内的滤芯过滤后，清洁的燃油从出油管流出。

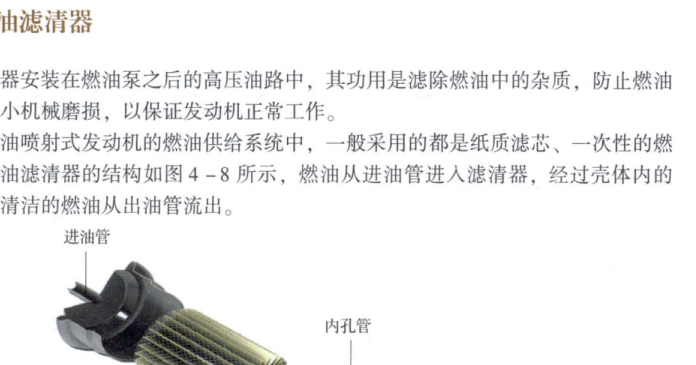

图4-8 燃油滤清器结构

四、燃油压力调节器

燃油压力调节器的功用是根据进气歧管压力的变化来调节进入喷油器的汽油压力，使燃油管的压力与进气歧管之间的压力差保持恒定。燃油压力调节器的结构如图4-9所示，其主要由壳体、膜片、阀门、膜片弹簧、弹簧室（真空室）、燃油室、真空接口和进出油口等组成。

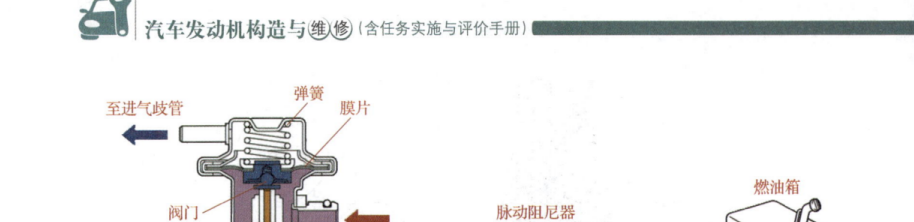

图4-9 燃油压力调节器的结构及安装位置

发动机工作时，燃油压力调节器膜片上方承受的压力为弹簧压力和进气管内气体的压力之和，膜片下方承受的压力为燃油压力，当压力相等时，膜片处于平衡位置不动。当进气管内气体压力下降时，膜片向上移动，回油阀开度增大，回油量增多，使输油管内的燃油压力也下降；反之，进气管内气体压力升高时，燃油的压力也升高，如图4-10所示。

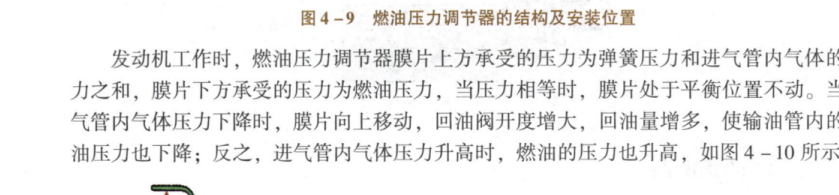

图4-10 燃油压力调节器的工作原理

五、喷油器

电磁喷油器简称喷油器，又称喷油嘴，安装在燃油分配管上，其功用是将燃油以一定压力喷出并雾化。

燃油压力调节器

1. 类型

按喷油器的总体结构不同，喷油器可分为轴针式、球阀式和片阀式3种。目前，主要采用球阀式喷油器，如图4-11所示。按喷油器电磁线圈阻值的不同，喷油器可分为高阻型（$13 \sim 18 \; \Omega$）和低阻型（$1 \sim 3 \; \Omega$）两种。

2. 结构

以轴针式喷油器为例，其结构如图4-12所示，主要由滤网、线束连接器、电磁线圈、回位弹簧、衔铁和针阀等组成。轴针式喷油器阀体采用的是针阀，它与衔铁制成一体。轴针式喷油器的针阀下部有轴针伸入喷口。

项目④ 燃料系统结构及检修

图4-11 球阀式喷油器

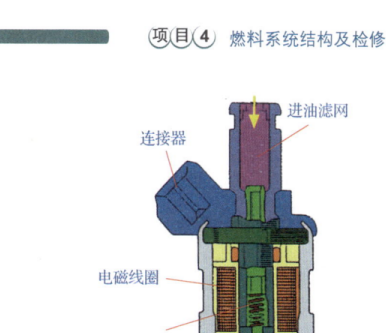

图4-12 轴针式喷油器结构

3. 工作原理

当电磁线圈通电时，产生电磁吸力，将衔铁吸起并带动阀体离开阀座，同时回位弹簧被压缩，燃油经过阀体从喷孔中喷出。当电磁线圈断电时，电磁吸力消失，回位弹簧迅速使阀体关闭，喷油器停止喷油。

六、用油压表对燃油系统进行诊断

通过检测燃油系统压力，可诊断燃油系统是否有故障，进而根据检测结果确定故障性质和部位。检测时需用专用油压表和管接头，检测方法如下。

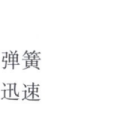

燃油压力检测

1. 卸除燃油系统的压力

2. 安装汽车专用燃油压力表

拆下蓄电池负极搭铁线，安装汽车专用汽油压力表（量程为1 MPa），压力表一般安装于汽油滤清器的出油口或燃油分配管的进油口处，带测压口的车辆可将燃油压力表连接至测压口处，重新装复蓄电池负极搭铁线、电动燃油泵继电器和电动燃油泵导线插头。

3. 检测静态油压

拔下电动燃油泵继电器，用导线将电动燃油泵继电器供电端子短接；打开点火开关（不起动发动机）使电动燃油泵运转，此时的燃油压力应符合技术要求，一般应在300 kPa左右摆动（油压调节器的工作使得油压表指针摆动）。

静态油压偏高多是由于回油管变形或油压调节器损坏造成的，应先仔细检查回油管，变形的油管会阻碍燃油的流动，导致静态油压升高，若回油管完好，则应更换燃油压力调节器。

静态油压偏低多是由于油泵进油滤网脏堵、电动燃油泵内磨损、电动燃油泵限压阀损坏、汽油滤清器脏堵、油压调节器调压弹簧过软或喷油器常喷油造成的，可更换汽油滤清器。若油压没有恢复正常，则继续下述检测步骤，找出故障确切位置。

4. 检测怠速工作油压

起动发动机，怠速运转时油压表读数即为燃油供给系统的怠速工作压力，一般为250 kPa或符合车型技术规定。怠速工作油压偏高多是由于油压调节器真空管错装、漏装或漏气造成的，此时应先检视真空管安装是否正确、是否存在漏气部位，必要时予以更换。

检测怠速工作压力，拔下真空管时油压应上升至300 kPa，与节气门全开时的加速油压基本相等，否则应更换油压调节器。

5. 检测急加速油压

急加速至节气门全开时油压表读数即为燃油供给系统的急加速油压，一般急加速时油压应迅速由怠速工作时的250 kPa上升至300 kPa，或符合车型技术规定。若急加速油压无变化，则可能是真空管插在了有单向阀的真空储气罐上（如制动真空系统），应予以恢复。

若急加速油压与怠速工作油压差值小于50 kPa，则说明在节气门全开时进气系统仍存在真空节流（例如节气门无法开至最大角度），应予以检修。

6. 检测油泵最大供油压力

在发动机怠速运转中，用包有软布的钳子将回油软管夹住，此时油压表读数即为油泵最大供油压力，其值应符合车型技术要求，一般为工作油压的2~3倍，即500~750 kPa。

油泵最大供油压力偏高是由于油泵限压阀造成的，应更换电动燃油泵。

油泵最大供油压力偏低是由于燃油滤清器堵塞、油泵进油滤网脏堵、电动燃油泵内部磨损、油泵限压阀关闭不严或调压弹簧过软造成的，应先更换燃油滤清器后重新检测，若油压仍然偏低，则从油箱中拆出电动燃油泵检视；若油泵进油滤网脏污，则清洗汽油箱和油泵进油滤网；若油泵进油滤网良好，则应更换电动燃油泵总成。

7. 检测油压调节器调节油压

在发动机怠速运转中，将油压调节器真空管拆开后，燃油系统升高后的油压与怠速工作油压的差值应符合车型技术规定，一般为28~70 kPa。

8. 检测燃油供给系统保持压力

松开油管夹钳，恢复静态油压，取下油泵继电器跨接线使油泵停止运转，并等待30 min，此时油压表读数即为燃油供给系统保持压力，应符合车型技术规定。

保持压力过低是由于电动燃油泵止回阀关闭不严、油压调节器回油口关闭不严或喷油器滴漏造成的，应首先恢复静态油压，再用包有软布的钳子夹住回油软管，若压力停止下降，则应更换油压调节器；若保持压力继续下降，则用包有软布的钳子夹住燃油压力表三通接头至燃油分配管之间的进油软管，如果压力停止下降，则说明喷油器漏油，应结合喷油器试验，找出滴漏的喷油器并予以清洗，清洗后复检，必要时予以更换；若保持压力继续下降，则说明电动燃油泵止回阀密封不严，应更换电动燃油泵总成。

保持压力检测完毕后再次复查静态压力，如果静态压力仍然偏低，则应更换油压调节器。

拓展

1. 燃油供给系统检修的注意事项

（1）燃油供给系统中存有高压汽油，因此任何涉及燃油管路拆卸的工作都应首先卸压并准备好消防设备，作业区应通风良好、断绝火源，作业时要格外仔细小心，避免泄漏的汽油引发火灾。

（2）在拆卸油管时，油管内还会有少量燃油泄出，所以在断开油管前，应用抹布将拆卸处罩住，以吸附泄漏的燃油，并将吸附燃油的抹布收集到准许的容器中。

（3）燃油管多用钢、橡胶或尼龙制造，不得渗漏、裂纹、扭结、变形、刮伤、软化或老化，否则应立即予以更换。

（4）所有密封元件、油管卡箍均为一次性零件，维修时应予以更换。

（5）油管接头不得松动，否则应立即予以紧固；钢制油管端部的喇叭口应密封良好无渗漏，否则应重新制作。有些轿车采用特制的油管快速接头，拆装时应使用专用工具。

（6）连接螺母或接头螺栓与高压油管接头连接时必须使用新垫片并涂上一薄层机油，先用手拧上接头螺栓，再用工具拧紧到规定力矩。喇叭口的连接也一样。

（7）安装喷油器时可先用汽油润滑其密封元件，以利于顺利安装，不可使用机油、齿轮油或制动油。喷油器安装后应可在其位置上转动，否则说明密封圈扭曲，应重新装配。

（8）不能通过燃油箱加油管放出油箱中的燃油，否则会损坏燃油箱加油管定位部件，正确方法是首先释放系统油压，卸下油箱，然后用手动泵油装置从燃油箱上的维修孔中抽出燃油。不得将燃油放入开口容器中，否则会导致失火或爆炸。

（9）燃油系统维修后不能立即起动发动机运行，应仔细检查有无漏油处。有的车接通点火开关，不起动发动机运行油泵工作$1 \sim 2$ s即停止工作，可接通点火开关2 s，再关闭点火开关10 s，这样反复几次看有无漏油；还可夹住回油管，使系统油压上升，在这种状态下检查和观察燃油系统是否有部位漏油；有的车起动时油泵才工作，可先起动一下，检查起动时有无部位漏油。不管用哪一种方法，都要确认无漏油部位后才能正式起动发动机，发动机起动后应使发动机怠速运转，再仔细检查有无部位漏油。

2. 燃油供给系统压力的卸除

汽油喷射发动机为便于再次起动，在发动机熄火后，燃油系统内仍保持有较高的残余压力。在燃拆卸油系统内任何元件时，必须首先释放燃油系统压力，以免系统内压力油喷出，造成人身伤害或火灾。燃油系统压力卸除的方法如下：

（1）松开油箱上的加油盖，释放油箱中的蒸气压力。

（2）起动发动机，维持怠速运转，在运转中拔去燃油泵继电器或熔断丝，也可拔下燃油泵导线插头，直至发动机自行熄火。

（3）再次起动发动机3~5次，利用起动喷射卸除油管中的残余压力。

（4）关闭点火开关，装上油泵继电器或熔断丝或电动油泵导线插头。

小贴士

EA888发动机的高压油泵是柱塞泵，这种油泵的优点是结构简单，但是因为活塞的存在，且没机油润滑，长时间使用特别是没及时更换汽油滤芯，汽油杂质容易造成活塞与缸壁的磨损，从而造成失压引起供油压力不足，并且汽油会经曲轴箱滴漏进机油中，造成机油变质。

任务实施

详见《任务实施与评价手册》"任务实施单4.2 汽油机燃油供给系统结构及检修"。

任务评估

详见《任务实施与评价手册》"任务评估单4.2 汽油机燃油供给系统结构及检修"。

学习任务3 柴油机燃油供给系统结构及检修

任务导入

一台朝柴6102型发动机大修完毕，试车起动时，发动机转速失控，响声巨大，振动强烈，排气管冒出伴有火团的浓浓黑烟，修理人员迅速采用堵住进气口的办法切断气缸空气来源，使发动机强制熄火。瞬间，整个修理车间黑烟一片。请根据以上信息深入学习柴油机燃油供给系统，并对该故障进行分析与诊断。

任务目标

知识目标：

1. 能正确叙述柴油机燃油供给系统的主要总成和功用；
2. 能简单叙述柴油机燃油供给系统主要零件的结构与工作原理；
3. 能正确叙述喷油泵、喷油器的调整部位与调整方法。

技能目标：

1. 能进行柴油机燃油供给系统主要总成、零件的检修；
2. 会进行柴油机燃油供给系统的正确维护；

3. 能分析柴油机燃油供给系统常见故障的原因，并能合理排除。

素养目标：

1. 深入理解新质生产力对我国内燃机技术领域的促进与提升，树立汽车产业发展的"四新"技术理念；
2. 增强对我国汽车工业的自豪感和自信心，激发创新意识；
3. 弘扬精益求精的工匠精神。

知识链接

一、柴油机燃油供给系统概述

1. 柴油机燃油供给系统分类和组成

柴油机燃油供给系统常见的有直列柱塞式喷油泵供油系统和分配式喷油泵供油系统两种。

1）直列柱塞式喷油泵供油系统

直列柱塞式喷油泵供油系统一般由油箱、输油泵、柴油滤清器、直列柱塞式喷油泵、喷油器、调速器、油水分离器和供油提前角调节装置等组成，如图4-13所示。

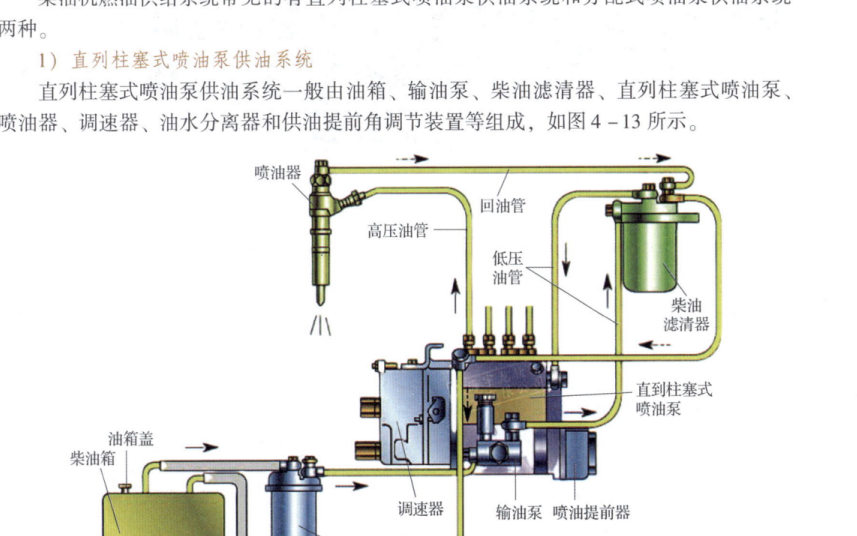

图4-13 柱塞式喷油泵供油系统

柱塞式喷油泵一般由柴油机曲轴的正时齿轮驱动。固定在喷油泵体上的柱塞式输油泵由喷油泵的凸轮轴驱动。当柴油机工作时，输油泵将柴油从油箱吸出，经油水分离器除去柴油中的水分，经燃油滤清器过滤柴油中的杂质，然后送入喷油泵。柴油经过喷油泵加压和计量之后，经高压油管供入喷油器，最后通过喷油器将柴油喷入燃烧室。喷油泵前端装有喷油提前器，后端与调速器组成一体。输油泵供给的多余柴油及喷油器顶部的回油均经回油管返回油箱。

2）分配式喷油泵供油系统

分配式喷油泵供油系统的组成如图4-14所示。

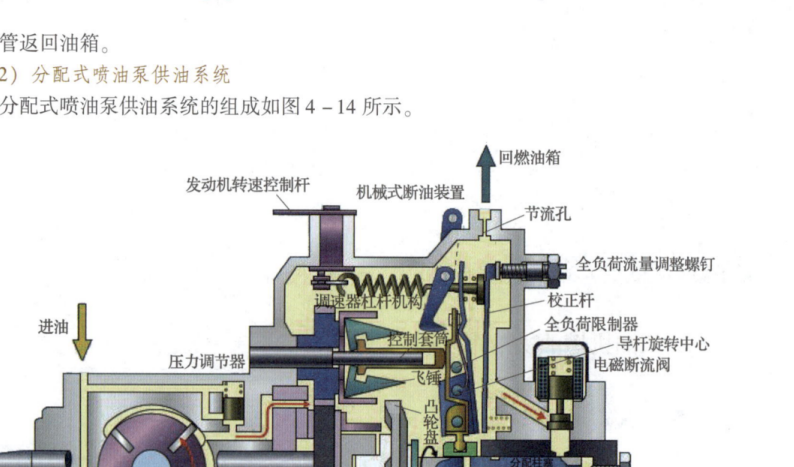

图4-14 分配式喷油泵供油系统

当柴油机工作时，一级输油泵将柴油从燃油箱吸出，经过油水分离器及燃油滤清器，将其送入二级输油泵，柴油在二级输油泵中加压后充入密闭的分配式喷油泵体内，再经分配式喷油泵增压计量后进入喷油器。一级输油泵为膜片式泵，由配气机构的凸轮轴驱动；二级输油泵为滑片式泵，装在分配式喷油泵体内，并由分配式喷油泵的传动轴驱动。滑片式输油泵出口油压随其转速而增加，为控制喷油泵体内腔油压保持稳定，在二级输油泵出口设有调压阀，当喷油泵体内腔油压超过规定值时，将有部分柴油经调压阀返回输油泵入口。调速器和喷油提前器装在分配式喷油泵体内。

根据发动机工作时的燃油压力不同，燃油供给装置可分为低压油路和高压油路两部分。低压油路主要包括油箱、输油泵、柴油滤清器和低压油管等；高压油路主要包括喷油泵、喷油器和高压油管等。

以上两种燃油供给系统也称为泵一管一嘴系统。由于高压油管的存在，使喷油系统在发动机上的布置比较灵活，目前在各种汽车用柴油机上得到广泛应用。但是，由于高压油管的存在，故难以实现高压喷射与理想的喷油规律。为了满足柴油机工作性能的要求，现代柴油发动机还采用短油管的单体泵、泵喷嘴和电控共轨等技术。

3）柴油机燃油供给系统的功用

柴油机燃油供给系统是柴油机的重要组成部分，其主要功用是不断供给发动机经过滤清的清洁燃料，即根据柴油机不同工况的要求，将一定量的柴油以一定压力和喷油质量定时喷入燃烧室，使其与空气迅速混合并燃烧，做功后将燃烧废气排出气缸。

低压油路的主要功用是完成燃油的储存、滤清并将燃油由油箱泵送到高压油泵；高压油路的主要功用是提高燃油的压力，并根据发动机的需要定时定量地将燃油喷入燃烧室。

2. 柴油机燃烧室

柴油机混合气是在燃烧室内形成的，所以燃烧室的结构形式对混合气的形成和燃烧过程均有很大的影响。柴油机燃烧室的结构形式主要是与喷油器的喷雾形状相匹配，同时还必须满足形成空气涡流运动的需要。柴油机燃烧室形式很多，通常可分为两大类：统一式柴油机燃烧室和分隔式柴油机燃烧室。

1）统一式柴油机燃烧室

统一式柴油机燃烧室由凹形活塞顶与气缸盖底面组成，几乎全部燃烧室容积都集中在活塞顶的凹坑部分。燃烧室的特点是：形状简单、易于加工，且结构紧凑、散热面积小、热效率较高。但采用统一式燃烧室的柴油机，对喷油压力和喷油器的喷雾质量要求较高，而且混合气燃烧时的速度快，容易使柴油机工作粗暴。

统一式燃烧室可根据活塞顶部凹坑的深浅分为半开式燃烧室和开式燃烧室两类。开式燃烧室有浅盆形，如图4-15（a）所示；半开式燃烧室有 ω 形、球形，分别如图4-15（b）和图4-15（c）所示。另外还有挤流口形和各种非回转体形等。

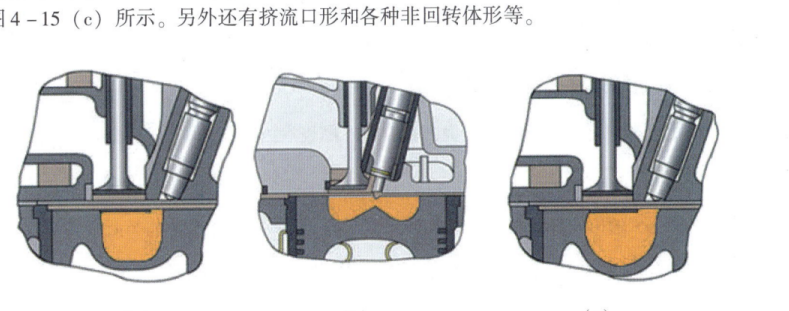

图4-15 统一式燃烧室的形式
(a) 浅盆形；(b) ω 形；(c) 球形

2）分隔式柴油机燃烧室

分隔式柴油机燃烧室由主燃烧室和副燃烧室两部分组成，主燃烧室位于活塞顶与气缸盖底面之间，副燃烧室位于气缸盖中，主、副燃烧室之间由通道相连，燃油不直接喷入主燃烧室内，而是喷入副燃烧室内。典型的分隔式柴油机燃烧室有涡流室式柴油机燃烧室和预燃室式柴油机燃烧室两种。

涡流室式燃烧室如图4-16（a）所示。涡流室式燃烧室的涡流室容积占整个燃烧室压缩容积的50%~60%。涡流室式燃烧室的形状有不同的类型，如近似球形的及上部为半球形而下部为圆柱形的等。

预燃室式燃烧室如图4-16（b）所示。

统一式燃烧室主要靠强烈的空气运动形成混合气，发动机转速越高，混合气形成质量也越好，所以发动机高速性能较好，但低速性能和起动性能较差。而分隔式柴油机燃烧室将燃油喷入副燃烧室，混合气燃烧次序为先副燃烧室、后主燃烧室，发动机工作比较柔和，零部件承受的机械负荷较小。但由于分隔式柴油机燃烧室面容比大，散热

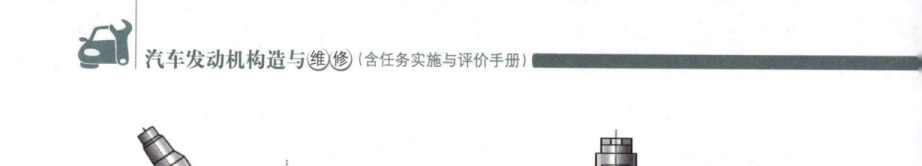

图4-16 分隔式柴油机燃烧室

(a) 涡流室式；(b) 预燃室式

损失多，起动比较困难，燃油经济性也比较差，所以一般采用的压缩比较大，且在副燃烧室内装有预热装置或副喷嘴（在起动时将燃油直接喷入主燃室）。

3. 柴油机的燃烧过程

柴油机可燃混合气的形成和燃烧都是直接在燃烧室内进行的。当活塞接近压缩上止点时，柴油喷入气缸，与高压高温的空气接触、混合，经过一系列的物理、化学变化才开始燃烧，之后便是边喷射、边燃烧。

可燃混合气的形成与燃烧包括备燃期、速燃期、缓燃期和后燃期四个时期，如图4-17所示。

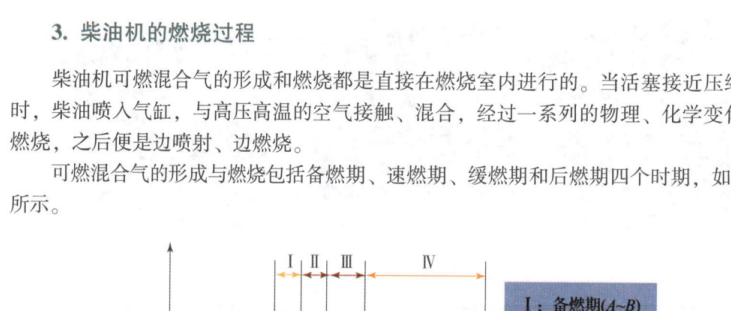

图4-17 柴油机的燃烧过程

项目④ 燃料系统结构及检修

1）备燃期

从喷油开始到开始着火燃烧为止，喷入气缸中的雾状柴油并不能马上着火燃烧，因为虽然气缸中的气体温度高于柴油的自燃点，但柴油的温度不能马上升高到自燃点，需要在高温空气的影响下吸收热量，温度升高，逐层蒸发而形成油气，向四周扩散并与空气均匀混合（物理变化）。随着柴油温度升高，少量的柴油分子首先分解，并与空气中的氧分子进行化学反应，具备着火条件而着火，形成了火源中心，为燃烧做好了准备。这一时期很短，一般仅为0.001 7～0.004 s。

2）速燃期

从燃烧开始到气缸内出现最大压力时为止。此时火源中心已经形成，已经准备好了的混合气迅速燃烧，在这一阶段由于喷入的柴油几乎同时着火燃烧，而且是在活塞接近上止点、气缸工作容积很小的情况下进行燃烧的，因此，气缸内的压力迅速增加，温度升高很快。

3）缓燃期

从最大压力出现到最高温度出现为止。这一阶段喷油器继续喷油，由于燃烧室内的温度和压力都很高，故柴油的物理和化学准备时间很短，几乎是边喷射边燃烧。但因为气缸中氧气减少、废气增多，燃烧速度逐渐减慢，气缸容积增大，所以气缸内压力略有下降，温度达到最高值，通常此时喷油器已结束喷油。

4）后燃期

缓燃期以后的燃烧。这一时期，虽然不喷油，但仍有一小部分柴油没有燃烧完，随着活塞下行继续燃烧。后燃期没有明显的界限，有时甚至延长到排气冲程还在燃烧。后燃期放出的热量不能被充分利用来做功，很大一部分热量将通过缸壁散至冷却水中，或随废气排出，使发动机过热，排气温度升高，造成发动机动力性和经济性下降。因此，要尽可能地缩短后燃期。

混合气的形成和燃烧是一个非常复杂的物理、化学变化过程，其主要特点如下：

（1）燃料的混合和燃烧是在气缸内进行的。

（2）混合与燃烧的时间很短（气缸内0.001 7～0.004 s）。

（3）柴油黏度大，不易挥发，必须以雾状喷入。

（4）可燃混合气的形成和燃烧过程是同时、连续且重叠进行的，即边喷射、边混合、边燃烧。

拓展：柴油的性能指标及选用

1. 柴油燃烧性

柴油燃烧性指柴油的自燃能力。评价柴油燃烧性的主要指标是十六烷值。十六烷值表示柴油抗工作的粗暴性，即柴油的发火性和自燃性，十六烷值越高，着火落后期越短，越不容易发生爆燃。十六烷值高的柴油自燃点低，着火落后期短。

柴油机选用柴油十六烷值时，一般取决于柴油机的转速。柴油机的额定转速越高，要求柴油的发火性越好，以确保短时间燃烧完全。一般1 000 r/min以下的柴油机应使用十六烷值35～40的柴油；1 000～1 500 r/min的柴油机应使用十六烷值40～45的柴油；1 500 r/min以上的柴油机应使用十六烷值45～60的柴油。十六烷值越高，发动机越容易起动。国家标准轻柴油十六烷值不小于45。

但是柴油十六烷值超过60后滞燃期不会明显缩短，十六烷值提高，滞燃期缩短有限，对燃烧无明显好处，反而由于在燃烧室内裂化过快，形成大量积炭，来不及燃烧，导致排气管冒黑烟，使燃油消耗量过大。

2. 低温流动性

柴油低温流动性是指柴油在低温下的流动性能。流动性能的好坏关系到低温下柴油机能否保证正常供油。柴油低温流动性的主要指标有凝点、浊点和冷滤点。

1）柴油凝点

凝点用于表示柴油的低温流动性，在规定的试验条件下，冷却到停止流动的最高温度即为凝点，单位以℃表示。柴油的烃分子中含有16～23个碳原子，其中一部分是石蜡，在温度降低时石蜡会结晶析出，形成蜂窝状石蜡结晶，使用中不仅会导致流动性变差，而且会堵塞油道。

国产柴油以凝点作为柴油标号：

0号柴油的凝点为0℃；

10号柴油的凝点为-10℃；

25号柴油的凝点为-25℃；

35号柴油的凝点为-35℃。

2）柴油浊点

柴油开始结蜡（析出石蜡晶体）的温度比凝点高35℃，也是柴油失去透明的最高温度，单位以℃表示。

柴油浊点的检测方法：将约-90℃的干冰溶解于酒精，溶解后酒精温度约为-70℃，将盛有柴油的容器置于干冰和酒精的溶液中搅拌，待柴油中出现结蜡的丝状物时的温度即为浊点。

3）冷滤点

柴油冷滤点是在规定条件下，1 min内通过滤清器的柴油不足20 mL时的最高温度，单位以℃（按1 qC的整数）表示。柴油冷滤点越低，低温下的流动性就越好，一般柴油冷滤点比凝点高4~6℃，比浊点略低。冷滤点与柴油实际使用温度有着良好的对应关系。通过对冷滤点的检测，还可以验证加入流动性能改进剂后柴油的质量。

3. 蒸发性

柴油的雾化与蒸发性决定了混合气的形成和燃烧速度。雾化和蒸发性的指标有运动黏度、馏程、闪点和密度。

1）柴油运动黏度

运动黏度表示液体在重力作用下流动时内摩擦力的量度，其值为相同温度下液体的动力黏度与其密度之比，在国际单位制中以 mm^2/s 表示。柴油黏度越大，雾化就越差；柴油黏度过小，喷射行程短，影响喷油器柱塞回油时的润滑。柴油的黏度也是随温度而变化的。

2）柴油馏程

油品在规定条件下，由蒸馏所得到的初馏点、终馏点表示的蒸发特征的温度范围叫馏程。

柴油馏程包括50%蒸发温度、90%蒸发温度、95%蒸发温度。

50%蒸发温度表示柴油的平均蒸发性。50%蒸发温度越低，说明柴油轻质馏分越多，起动性能越好。

90%蒸发温度、95%蒸发温度越低，说明柴油轻质馏分越多，燃烧越彻底，动力性越好，还可减少机械磨损，避免柴油机过热和降低油耗。

3）柴油闪点

在规定条件下加热，其蒸气与周围气体形成混合气，接触火焰发生瞬间闪火的最低温度称为闪点。闪点越低，柴油雾化和蒸发性就越好。

4）柴油密度

柴油密度越大，黏度就越大，雾化质量越差，无法形成良好的混合气，使燃烧条件变差，排气管冒黑烟，耗油量增加，经济性下降。柴油密度大，会导致柴油机工作中产生粗暴现象。

4. 柴油腐蚀性

柴油腐蚀性是由柴油中硫、硫化物、水分和酸性物质的含量决定的。

1）硫化物

柴油的硫含量一般较汽油要高，硫化物越高腐蚀性越强。

2）水分

柴油含有水分，会造成燃烧恶化。水分会造成供油系统产生锈蚀，而且水就像润滑剂一样，可以帮助杂质顺利通过柴油滤清器。

3）灰分

柴油在规定的条件下燃烧后残留下来的物质叫灰分，它会增加发动机积炭，增大机件磨损，所以柴油中灰分含量越少越好。

5. 柴油的选用

柴油的燃烧性能主要是以十六烷值来表示的。十六烷值越高，柴油的燃烧性能越好，但是其凝点也较高。凝点表示柴油的低温流动性，是指油料遇冷开始凝固而失去流动性的最高温度，是柴油的重要指标之一。我们使用的柴油标号所表示的就是它的凝点。凝点与柴油的低温使用性能没有直接的对应关系。因为在柴油凝固前先析出石蜡晶体，不同原油和不同炼制方法获得的柴油，这些晶体的形状和大小也不同，它们往往会堵塞柴油机的滤网，造成供油中断。因此，使用柴油发动机的汽车时要注意根据使用地的环境温度来选择适当标号的油品。

柴油使用注意事项：

1）保持柴油清洁

在使用油桶加注柴油之前，要经过充分沉淀，沉淀时间最好在3天以上；加油时还应仔细过滤，以防止机械杂质的混入；在操作时还应保持储油容器和加油工具的清洁。

2）不同标号的柴油可以混用

不同标号的柴油可掺兑使用，并可根据气温情况适当调配，以充分利用资源。但应注意掺兑后的凝点不是两种标号柴油的平均值，要比两者平均值稍高一些。例如-10号和-20号各一半对掺，掺兑后所得柴油凝点不是-15℃，而是高于-15℃，为-14～-15℃。掺兑时应注意搅拌均匀。

在冬季缺乏低凝点柴油时，也可在0号柴油里掺入40%的裂化煤油（航空煤油），则可获得-10号柴油。

3）柴油中不能掺入汽油

柴油中若有汽油存在，燃烧性能将显著变差，导致起动困难，甚至不能起动。汽油进入气缸还会冲刷气缸润滑油膜，加速气缸的磨损。

4）尽量选用好柴油

选用柴油时，应尽量选用优级品或一级品（硫含量分别不大于0.2%、0.5%），以减少柴油的腐蚀性。

二、喷油器

燃油从油箱经过滤清器，通过高压油泵被泵送到高压共轨，然后从高压共轨管分配到每只喷油器，ECU控制喷油器将燃油喷射到燃烧室内。因此，喷油器的功用是将燃油雾化并合理分布到燃烧室内，与空气混合形成混合气，同时保证一定的喷射压力和喷油射程以及合适的喷射锥角。喷油器停止喷油时应果断，不允许有滴漏现象。

喷油器内腔分为上腔室和下腔室，上腔室有一个孔，球阀可将其封堵；下腔室有喷油孔，针阀可以将其封堵。针阀和针阀体是一对精密偶件，其配合间隙仅为0.002~0.004 mm，在使用中不能互换。上、下腔室与高压共轨管相连。图4-18所示为常见喷油器的结构和工作原理。

当喷油器不工作时，ECU不给喷油器供电，而线圈不通电不能产生磁力，故衔铁在自身重力的作用下下落，带动球阀堵死上腔室，即上腔室和下腔室压力相等，此时喷油器不工作。当ECU给喷油器供电时，线圈通电产生磁力，吸引衔铁上升，带动球阀离开阀座，即上腔室和下腔室压力不等，此时喷油器开始喷油，其中来自高压连接管的燃油较多，多余的燃油从回油口返回。

图4-18 轴针式喷油器的结构及工作原理

三、喷油泵

喷油泵主要由泵油机构、油量调节机构、驱动机构和泵体等几大部分组成，如图4-19所示。喷油泵泵体是基础，它将泵油机构、油量调节机构和驱动机构等部件组合在一起，保证了各部件之间的相对位置和正确配合，构成了喷油泵总成。

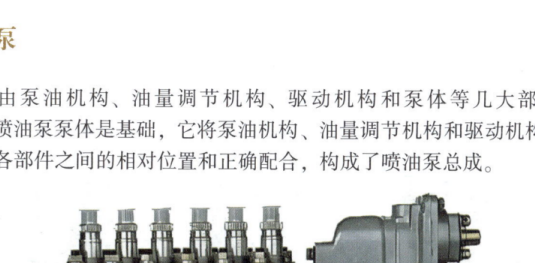

图4-19 喷油泵总体结构

1. 柱塞泵

1）分泵

多缸柴油机每一个气缸均需要一套泵油机构进行供油，这套泵油机构称为分泵，其数量和柴油机气缸数一致，主要由柱塞偶件、出油阀偶件、柱塞弹簧和出油阀弹簧等组成，如图4-20所示。柱塞和柱塞套、出油阀和出油阀座均是喷油泵内的精密偶件，不能互换。柱塞弹簧的上端通过弹簧座支承在喷油泵体上，下端通过弹簧座支承于柱塞尾端，借助柱塞弹簧的预紧力使柱塞始终压紧在挺柱上，并使挺柱的滚轮始终与喷油泵的凸轮保持接触。

柱塞式喷油泵的工作原理如图4-21所示。

发动机工作过程中，喷油泵凸轮轴上的凸轮转过最高位置时，柱塞在柱塞弹簧的作用下向下移动。当柱塞上端面低于柱塞套筒上的油孔时，喷油泵低压油腔内的柴油被吸入柱塞上端的泵腔。当柱塞运动到最下端位置时，柱塞上端的泵腔内充满柴油，分泵完成吸油过程，如图4-21所示（a）。随喷油泵凸轮轴的继续转动，凸轮驱动柱塞上移，开始有部分柴油从泵腔挤回低压油腔，直到柱塞上端的圆柱面完全封闭柱塞套筒上的两个油孔为止，如图4-21（b）和图4-21（c）所示。此后柱塞继续上移，泵腔内油压升高，当油压增高到一定值时，便克服出油阀弹簧的弹力顶开出油阀，高压柴油经出油阀和高压油管输送给喷油器。在压油过程中柱塞

图4-20 柱塞式喷油泵总体结构

上移，当柱塞上的斜槽与柱塞套筒上的油孔接通时，泵腔内的高压油经柱塞内的油孔、斜槽和柱塞套筒上的油孔流回低压油腔，如图4-21（d）所示，泵腔内的油压迅速下降，出油阀在其弹簧的作用下立即关闭。在此回油过程中，柱塞仍向上移动，直到上止点为止，但不再向喷油器供油。

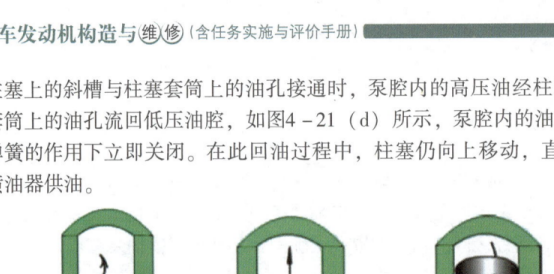

图4-21 柱塞式喷油泵的工作原理

2）油量调节机构

油量调节机构的功用是执行驾驶员或调速器的指令，改变柱塞与柱塞套筒的相对位置，从而改变喷油泵的供油量，以适应发动机不同工况的要求。其实质是通过改变柱塞供油有效行程来改变供油量，主要结构形式有拨叉式和齿条式两种。

齿条式油量调节机构是柱塞式喷油泵最典型的机构，如图4-22（a）所示。柱塞下端有条状调节板嵌在控制套筒相应的凹槽中，套筒松套在柱塞套上。在控制套筒上部有一个调节齿圈，调节齿圈与调节齿杆相啮合。移动齿杆时，齿圈便带动控制套筒同步转动，控制套筒通过条状调节板带动柱塞相对于柱塞套转动，从而改变有效行程。

图4-22（b）所示为拨叉式油量调节机构，调节臂固装在柱塞的下端，并插在调节叉的凹槽内，调节叉用螺钉固定在油量调节拉杆上。当调节拉杆移动时，通过调节叉带动调节臂，使柱塞相对于柱塞套转动，从而调节了供油量。

3）传动机构

传动机构由凸轮轴、滚轮挺杆等组成，如图4-23所示，其功用是推动柱塞往复运动，完成进油、压油和回油过程，并保证供油正时。柱塞弹簧的作用是使柱塞、滚轮挺杆和凸轮轮廓面始终保持接触，并使柱塞下行回位。凸轮轴一般由曲轴正时齿轮驱动，四冲程柴油机喷油泵凸轮轴的转速是曲轴转速的一半，在一个工作循环之内，凸轮轴转一圈，向各气缸轮流供油一次。当喷油器开启压力调定时，其喷油规律主要由喷油泵凸轮来控制。凸轮轴上的偏心轮用以驱动活塞式输油泵。凸轮形线规定了柱塞的运动规律，它对供油起始时间、供油压力、供油规律、油泵工作容量以及最高转速起决定性作用。

滚轮挺杆如图4-23和图4-24所示，其作为中间传动件将凸轮的旋转运动转变为柱塞的往复运动，避免了柱塞承受侧向力，减少了零件的摩擦和磨损。

滚轮靠凸轮轴甩油飞溅润滑，提高了使用寿命。常用的滚轮挺杆有两种，即垫块调整式和螺钉调整式，其结构原理同配气机构的挺柱体。当调整螺钉拧出或增加调整垫块的厚度使挺杆的有效高度增加时，柱塞套筒上的进油孔提前关闭，从而加大了供油提前角；反之，则减小了供油提前角。

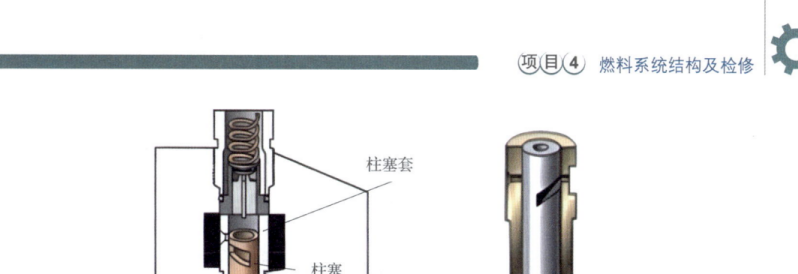

图4-22 油量调节机构
(a) 齿条式；(b) 拨叉式

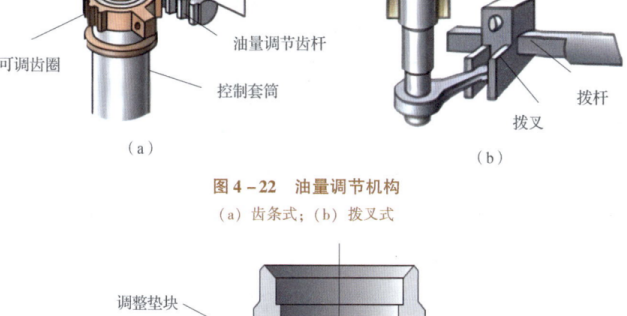

图4-23 调整垫块式滚轮及挺杆部件

4）泵体

泵体是喷油泵的基础件，所有的零件都通过它组合在一起而构成喷油泵整体。泵体有组合式和整体式两种。组合式泵体分上、下两部分，用螺栓连接在一起，上体用来安装泵，下体用来安装油量调节机构和驱动机构。整体式泵体具有较高的刚度，但拆装不便。

泵体上制有孔穴，以用于安装分泵。此外，泵体上还有纵向油道，输油泵泵出的燃油经滤清后进入此油道，再从柱塞套上的进油孔进入各分泵泵腔。油道的另一端装有限压阀，当低压油腔的油压超过预定值后即经此流回油箱或输油泵进油孔。另外，泵体上还有放气螺钉，需要放气时将其旋出少许，再按手动输油泵，泵入的燃油可驱净渗入喷油泵内的空气。

泵体下端的凸轮室中有润滑油，以保证传动机构的润滑。喷油泵和调速器的润滑方式有两种：一种是独立润滑，另一种是压力润滑。

2. 分配泵

转子分配式喷油泵是利用转子的转动来实现燃油向各气缸分配的。它具有体积小、质

图4-24 调整螺钉式滚轮及挺杆部件

量轻、成本低等优点，尤其是体积小，对发动机及汽车的整体布置十分有利。近年来，转子分配式喷油泵在车用柴油机上的应用越来越多。

1）转子分配式喷油泵的结构

转子分配式喷油泵由驱动机构、二级滑片式输油泵、高压分配泵和电磁式断油阀等组成。此外，在分配泵体内还安装有机械式调速器和液压式供油提前器，如图4-25所示。

图4-25 转子分配式喷油泵

（1）驱动机构。

驱动轴由柴油机曲轴正时齿轮驱动。驱动轴带动二级滑片式输油泵工作，并通过调速器驱动齿轮带动调速器轴旋转。驱动轴右端通过联轴器与平面凸轮盘连接，并利用平面凸轮盘上的传动销带动分配柱塞。凸轮盘上平面凸轮的数目与柴油机气缸数相同。柱塞弹簧用于将分配柱塞压紧在平面凸轮盘上，并使平面凸轮盘压紧滚轮。滚轮轴嵌入静止不动的滚轮支架上。当驱动轴旋转时，平面凸轮盘与分配柱塞同步旋转，而且在滚轮、平面凸轮和柱塞弹簧的共同作用下，凸轮盘还可带动分配柱塞在柱塞套内做往复运动，如图4-26所示。其中，往复运动使柴油增压，旋转运动则进行柴油分配。

项目④ 燃料系统结构及检修

图4-26 分配泵驱动机构的组成

（2）二级滑片式输油泵。

叶片式输油泵是转子分配式喷油泵燃油供给系统中的第二级输油泵，它安装在转子分配式喷油泵内部，主要由转子、叶片、偏心环和端盖等组成。偏心环用定位销与喷油泵壳体固定；转子装在偏心环内，转子上的四个凹槽中均装有叶片，叶片既可随转子一起转动，也可在轮子凹槽内滑动；端盖用于封闭偏心环两端，形成泵腔。

叶片式输油泵工作原理如图4-27所示。叶片的外端为圆弧面，与偏心内表面配合并始终保持接触，叶片将油泵转子与偏心环内表面之间隔成四个泵油腔。柴油机工作时，输油泵转子带动叶片在偏心环内转动，使叶片、转子、偏心环和端盖共同形成的四个泵油腔容积不断变化。当泵油腔转至进油口附近时，由于容积逐渐增大，故将来自膜片式输油泵的柴油吸入泵油腔；泵油腔转过进油口后，容积逐渐减小，使泵油腔内的柴油压力升高；当泵油腔与出油口连通时，泵油腔内的柴油输出送往分配泵。

调压阀用来限制输油泵的输出压力，当叶片式输油泵输出的油压超过规定值时，柴油顶开调压阀，使部分柴油经调压阀流回低压油管。调压阀也可用来调整输油泵的输出油压，即增加调压阀弹簧预紧力，输油泵输出油压提高；反之，则输出油压降低。

（3）高压分配泵。

高压分配泵的主体是分配柱塞，其结构如图4-28所示。在分配柱塞的中心加工有中心油孔，其右端与柱塞腔相通，而左端与泄油孔相通。分配柱塞上还加工有燃油分配孔、压力平衡槽及数目与气缸数相同的进油槽。柱塞套上有一个进油孔和数目与气缸数相同的分配油道，每个分配油道都连接一个出油阀和一个喷油器。

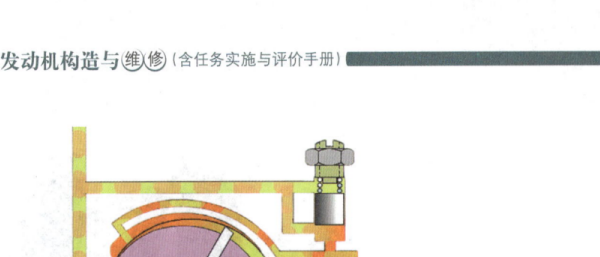

图4-27 叶片式输油泵工作原理

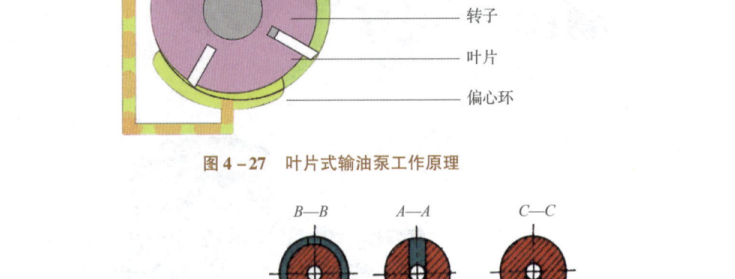

图4-28 分配柱塞

（4）电磁式断油阀。

VE型分配泵设有电磁式断油阀，其结构及工作原理如图4-29所示。电磁阀装在柱塞套进油孔的上方。在开关板上设有ST、ON、OFF开关，用以操纵电磁阀打开或关断燃油通路。将起动开关旋至"ST"位置，此时来自蓄电池的电流直接流过电磁线圈，产生的电磁力压缩回位弹簧，将阀门吸起，进油孔开启。柴油机起动后，开关转至"ON"位置，由于电路中串入了电阻，使通过电磁线圈的电流减小，但由于有油压的作用，故仍然能使阀门保持在开启位置。当柴油机停机时，将起动开关旋至"OFF"位置，此时电路断开，阀门在回位弹簧的作用下关闭，从而切断油路，停止供油。

（5）供油提前角自动调节器。

VE型分配泵的下部装有供油提前角自动调节器，该装置为液压式调节器，其构造与工作原理如图4-30所示。

柴油机工作时，二级输油泵的出油压力随转速增加而上升，活塞右端油压力上升使作用于活塞右端的压力大于左端的作用力，活塞向左移动，带动传力销使滚轮架转动一定角度，滚轮架的转动方向与平面凸轮盘的旋转方向正好相反，使平面凸轮盘提前一定角度与滚轮接触，供油提前角增大。转速越高，油压越大，供油提前角也越大。当柴油机转速降低时，二级输油泵的输出压力下降，在调速器弹簧力的作用下，活塞被推至右边，拨销使

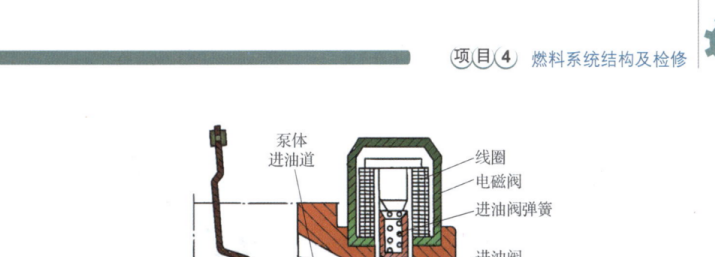

图4-29 电磁式断油阀的结构

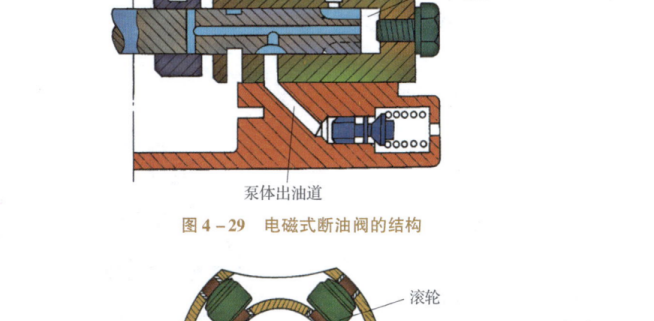

图4-30 分配泵供油提前角自动调节器

滚轮架向着平面凸轮盘的旋转方向转动一定角度，供油提前角减小。这种供油提前角调节器的调整特性，可以通过改变弹簧的预紧力和弹簧刚度来调整。

2）转子分配式喷油泵工作过程

转子分配式喷油泵的工作过程分为进油过程、泵油过程、停油过程和压力平衡过程，如图4-31所示。

（1）进油过程。

当平面凸轮盘的凹下部分转至与滚轮接触时，柱塞弹簧将使柱塞由右向左推移至柱塞下止点位置，此时分配柱塞上的进油槽与柱塞套上的进油道连通，柴油自喷油泵体的内腔经进油道进入柱塞腔和中心油孔内，如图4-31（a）所示。

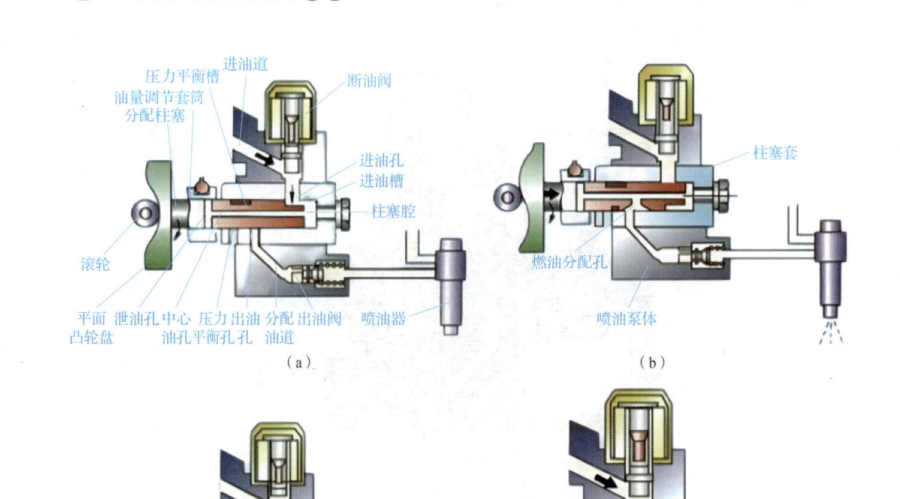

图4-31 VE型分配泵的工作过程

(a) 进油过程；(b) 泵油过程；(c) 停油过程；(d) 压力平衡过程

(2) 泵油过程。

当平面凸轮盘由凹下部分转至凸起部分与滚轮接触时，分配柱塞在凸轮盘的推动下由左向右移动。在进油槽转过进油孔的同时，分配柱塞将进油孔封闭，此时柱塞腔内的柴油开始增压。与此同时，分配柱塞上的燃油分配孔转至与柱塞套上的一个出油道相通，高压柴油从柱塞腔经中心油孔、燃油分配孔进入出油道，再经出油阀和喷油器喷入燃烧室，如图4-31（b）所示。平面凸轮盘每转一周，分配柱塞上的燃油分配孔依次与各缸分配油道接通一次，即柴油机各缸喷油器供油一次。

(3) 停油过程。

分配柱塞在平面凸轮盘的推动下继续右移，当柱塞上的泄油孔移出油量控制套筒并与喷油泵体内腔相通时，高压柴油从柱塞腔经中心油道和泄油孔流进喷油泵体内腔，柴油压力立即下降，供油停止，如图4-31（c）所示。

从柱塞上的燃油分配孔与柱塞套上的出油道相通的时刻起，至泄油孔移出油量控制套筒的时刻止，分配柱塞所移动的距离为柱塞有效供油行程。显然，有效供油行程越大，供油量越多。通常移动油量调节套筒即可改变有效供油行程，向左移动油量调节套筒，停油时刻提早，有效供油行程缩短，供油量减少；反之，向右移动油量调节套筒，供油量增加。油量调节套筒的移动由调速器操纵。

（4）压力平衡过程。

分配柱塞上设有压力平衡槽，在分配柱塞旋转和移动过程中，压力平衡槽始终与喷油泵体内腔相通。在某一气缸供油停止，且压力平衡槽转至与相应气缸的分配油孔连通时，分配油孔和出油道与喷油泵体内腔相通，于是两处的油压趋于平衡。在柱塞旋转过程中，压力平衡槽与各缸分配油道逐个相通，致使各出油道内的压力均衡一致，从而可以保证各缸供油的均匀性，如图4-31（d）所示。

四、调速器

调速器的功用是随着柴油机负荷的变化，自动调节喷油泵循环供油量。另外，除了上述防止超速与保持怠速稳定这两项基本任务以外，调速器作为柴油机及其燃料供给系统的重要控制部件，还担负着其他重要功能，如保持怠速与最高转速之间各工况的转速稳定（全程调速）、起动加浓、转矩校正以及增压与海拔高度补偿等，以满足柴油机在各种情况下的运转需要。

车用柴油机装用的调速器，根据其结构不同可分为机械离心式调速器、气动膜片式调速器和复合式调速器三种。

根据工作转速范围不同，调速器又可分为两速式调速器和全速式调速器两种。两速式调速器只能起到稳定怠速和限制高速的作用，在中等转速时不起作用，而全速式调速器在各种转速下均起调速作用。下面主要介绍一下VE型分配泵全速式调速器。

1. VE型分配泵全速式调速器

1）VE型分配泵全速调速器的结构

如图4-32所示，飞锤支架上有4个飞锤，飞锤推动调速套筒移动。张力杠杆、起动杠杆、导杆组成调速器杠杆系统。3个杠杆用轴销N连接在一起，并可分别绕轴销N转动。导杆通过轴销M固定在泵体上，起动杠杆下端球头销嵌入油量调节套筒中，张力杠杆上端通过怠速弹簧与调速弹簧连接，调速弹簧与调速手柄相连。导杆下端受复位弹簧推压，上端靠在最大供油量调节螺钉上。

2. VE型分配泵全速式调速器的工作原理

1）起动加浓

调速手柄靠在最高速限止螺钉上，调速弹簧拉伸，拉动张力杠杆绕销轴N向左摆动，板形起动弹簧使起动杠杆压调速套筒，飞锤闭合，起动杠杆球头销将供油调节套筒拨到起动加浓供油位置（油量最大）。起动后，飞锤离心力克服起动弹簧弹力，起动杠杆绕销轴N向右摆动，直到靠在张力杠杆的挡销上，起动杠杆球头销将供油调节套筒向左拨，供油量自动减小，如图4-33所示。

2）怠速工况

将调速手柄移至怠速调节螺钉上，怠速弹簧张力很小，调速器传动轴转速很低，飞锤微张，推动调速套筒，使起动杠杆、张力杠杆绕销轴N向右摆动，怠速弹簧被压缩，作用力平衡，供油调节套筒处于怠速供油位置，柴油机转速升高，飞锤离心力加大，调速套筒、

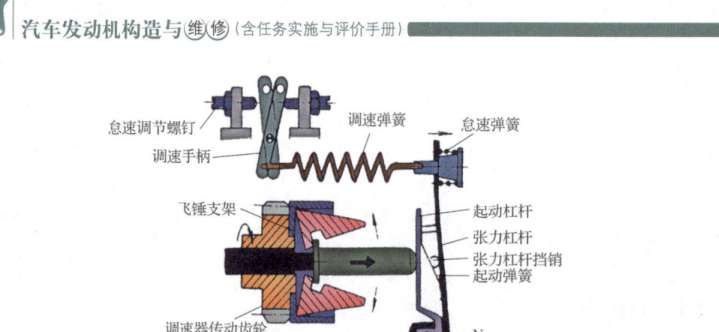

图4-32 VE型分配泵全速调速器的构造

N—起动杠杆、张力杠杆及导杆支承销轴（可动）

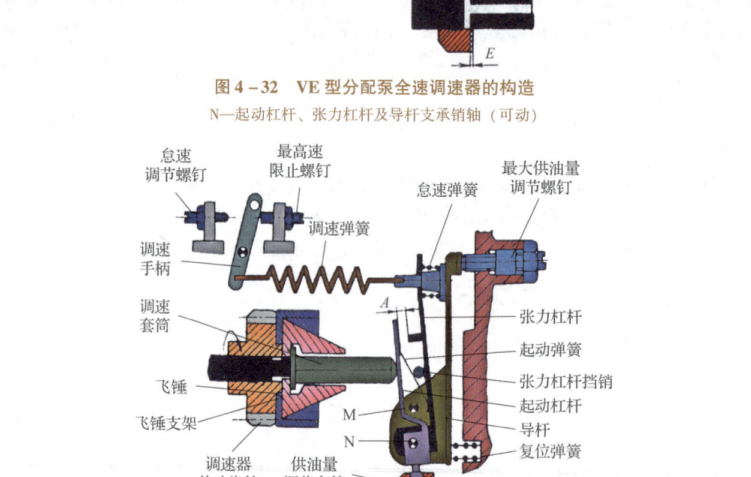

图4-33 起动加浓

A—起动弹簧压缩量；M—导杆轴；

N—起动杠杆、张力杠杆及导杆支承销轴（可动）；C—起动加浓供油位置

起动杠杆、张力杠杆进一步压缩怠速弹簧向右摆动，供油量调节套筒左移，供油量减少，转速回落，如图4-34所示。

3）中高速工况

将调速手柄移至怠速调节螺钉与最高速限止螺钉中间，调速弹簧被拉伸，起动杠杆、张力杠杆绕销轴N向左摆动，供油套筒右移，供油量增加，怠速转中速。若负荷变化，柴油机转速变化，则离心力与调速弹簧力不平衡，调速器动作，增减油量，使转速复原。此时作用力平衡，稳定运转，如图4-35所示。

项目④ 燃料系统结构及检修

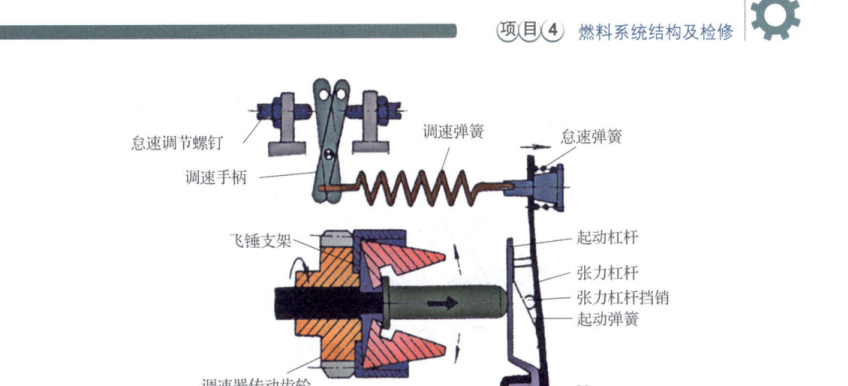

图4-34 怠速工况

E—部分负荷最高转速供油位置；N—起动杠杆、张力杠杆及导杆支承销轴（可动）

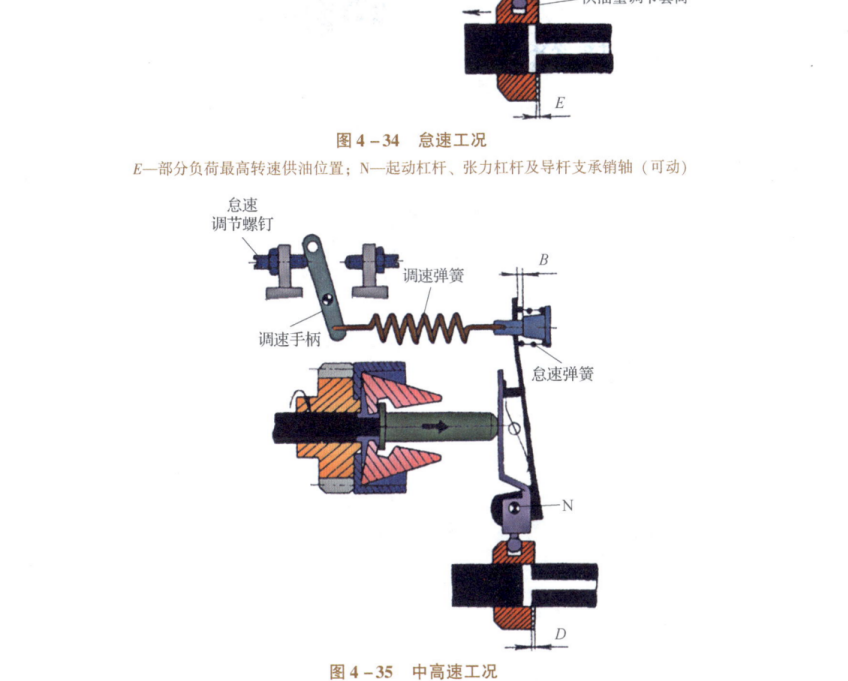

图4-35 中高速工况

B—怠速弹簧压缩量；N—起动杠杆、张力杠杆及导杆支承销轴（可动）；D—怠速供油位置

4）最高转速工况

将调速手柄移至最高速限止螺钉上，调速弹簧被拉伸量最大，起动杠杆、张力杠杆绕销轴N向左摆动，供油套筒右移至供油量最大位置，柴油机在最高速或标定转速下工作。若负荷变化，则离心力与调速弹簧力不平衡，调速器动作，增减油量，使转速复原。此时，作用力平衡，稳定运转，如图4-36所示。

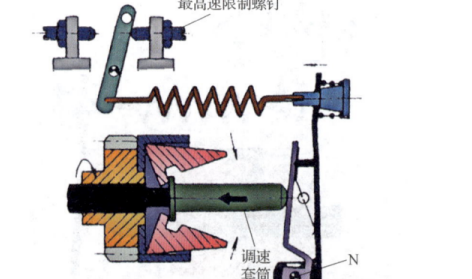

图4-36 最高转速工况

F—全负荷最高转速供油位置；N—起动杠杆、张力杠杆及导杆支承销轴（可动）

小贴士

VE型分配泵是单柱塞式高压燃油喷射泵，它的结构特点是用一组供油元件通过分配机构定时定量地将燃油分别供给柴油机各气缸。VE型分配泵集喷油泵、调速器、输油泵和供油提前器等机构于一身，是一个封闭的整体。

五、柴油机燃油系统的检修

1. 活塞式输油泵的检修

1）检查输油泵各配合部位间隙

输油泵各配合部位间隙若超过允许极限，则应更换磨损的零件。

2）检查进、出油阀

进、出油阀若密封不严，则可将阀与阀座进行研磨；若有损坏，则应更换新件。更换新阀时，新阀与阀座也应进行研磨。

3）检查泵体

检查泵体有无裂纹和螺纹乱扣现象，根据损坏情况，应检修和更换阀体。

4）检查手泵活塞上的密封圈

若密封圈有损坏或严重磨损，则应更换新件。

5）检查各弹簧

若弹簧有变形或折断，则应更换新弹簧。

6）检查密封性

检查输油泵的密封性时，应旋紧输油泵上的手泵柄，堵住出油口，将其浸入清洁的柴油中。从进油口通入150~200 kPa的压缩空气，在泵体与推杆之间的缝隙处有微量空气以气泡形式漏出，且气泡直径很小，将气泡用量筒收集，若1 min不超过50 mL，则说明输油泵密封良好。若进、出油管接头和泵体与推杆之间以及手油泵接口处漏气严重，则应检修或更换输油泵。

输油泵也可在专用试验台上进行密封性检验，当供油压力为100 kPa、工作转速为750 r/min时，推杆与推杆套配合处在1 min内不应有漏油现象，否则应检修或更换输油泵。

7）检查输油泵性能

输油泵性能的检验一般在喷油泵试验台上进行。将输油泵安装到喷油泵上，在进油口和出油口上分别接一直径为8~10 mm、长为2 m的软管，进油口软管的另一端放入距输油泵1 m以下装满柴油的油箱内，出油口软管的另一端插入一个比输油泵高1 m的量筒内，进行以下检验：

（1）吸油能力。

驱动输油泵工作，转速为100 r/min时，如果在40 s以内能吸进并泵出油，则说明输油泵工作正常；如果需要120 s以上才能吸进并泵出油，则应检修输油泵。

（2）手油泵性能。

将手泵柄拧出，以60~100次/min的速度用手油泵泵油，观察是否能在25次前吸进并泵出油，如果在泵动60次以上仍不能吸进和泵出油，则应检修手油泵。

（3）供油压力。

将压力表装在输油泵出口一侧，然后使输油泵以600 r/min的速度运转，观察出油压力值，正常压力值应为160 kPa，如果出油压力低于120 kPa，则应检修输油泵。

（4）供油量。

让喷油泵以规定转速运转，并用调压阀将输油压力调到规定值，检验其输油量，若输油量不符合规定标准，则应检修输油泵。如CA6110柴油机输油泵，转速为100 r/min、输油压力为160 kPa时，输油量应不低于0.12 L/min。

2. 柱塞式喷油泵的检修

喷油泵是柴油机燃油供给系统的重要部件，其工作状况的好坏将直接影响柴油机的动力性、经济性和可靠性。正确维护与修理是保证喷油泵正常工作和延长其使用寿命的重要前提。

1）柱塞偶件的检查

将喷油泵解体后，对柱塞偶件应进行以下检查：

（1）检查柱塞偶件。

若工作面有刻痕、腐蚀或柱塞弯曲、变形等现象，应更换。

（2）滑动试验。

将柱塞偶件彻底清洗干净后，使其倒置并与水平面倾斜60°，轻轻抽出柱塞约1/3，然后松开，柱塞应能依靠自身重量沿套筒平稳下滑，落到套筒支承面上。

如此将套筒转动几个不同位置，反复试验几次，若每次都能符合上述要求，则说明柱塞偶件配合良好。

（3）密封性试验。

用手指堵住套筒上端孔和侧面进油孔，另一只手向外拉柱塞，应感觉有吸力；放松柱塞时，柱塞应能迅速回位。将柱塞转动几个不同位置，反复试验几次，若每次都能符合上述要求，则说明柱塞偶件配合良好。

2）出油阀偶件的检查

将喷油泵解体后，对出油阀偶件应进行以下检查：

（1）目测检查。

出油阀偶件工作面不应有刻痕及锈蚀，密封锥面应光泽明亮、完整连续，光亮带宽度应不超过 $0.5\ mm$，出油阀垫片应完好无损，否则应更换。

（2）滑动试验。

将出油阀偶件用柴油浸润后，垂直拿住阀座，将阀体从座孔中抽出其配合长度的 $1/3$，松开后，阀体应能靠自身的重量均匀地落入阀座，无卡滞现象。将阀体转动几个位置；反复试验几次，若每次都能符合上述要求，则说明出油阀偶件配合良好。

（3）检查密封锥面密封性。

用拇指和中指拿住出油阀座，食指按住出油阀，然后用嘴吸出油阀座下面的孔，若能吸住出油阀，则说明密封良好。

（4）检查减压环带密封性。

用手指堵住出油阀座下面的孔，向上提起出油阀，在减压环带没有离开阀座时，应感到对手指有吸力；若将阀体放入阀座并压下阀体，当松开阀体时应能迅速弹起。

3. 喷油器的检修

1）喷油器的检修

（1）用专用工具从柴油机上拆下喷油器，用铜丝刷清洁喷油器外部。

（2）将喷油器喷孔朝上，用垫有铜皮护口的台钳夹住喷油器体。

（3）从喷油器体上拧下紧固螺套，拆下针阀、针阀体等零部件，并从喷油器体内取出顶杆。

注意：针阀与针阀体是精密偶件，必须按原配成对放置。若针阀卡死在针阀体内无法取出，则表明针阀已变形，应更换针阀与针阀体偶件。

（4）松开台钳，将喷油器掉转并重新夹住，拧下调压螺钉护帽和调压螺钉，取出调压螺钉垫圈、调压弹簧和弹簧座等零件。

（5）用直径合适的专用清洁针清除喷孔内的积炭，用柴油清洗喷油器各零部件。

（6）检查针阀。若发现其密封锥面或导向面暗淡无光，表明针阀已磨损；若其前端有暗黄色的伤痕，表明针阀因过热而拉毛；若其导向面有咬住或黏滞的痕迹，表明针阀已变形。

发现上述任何情况之一，均应更换针阀与针阀体偶件。

（7）检查针阀体。针阀体前端伸入燃烧室内部分若有严重烧蚀现象，应更换针阀与针阀体偶件。

（8）检查针阀与针阀体的配合情况。针阀与针阀体清洗干净后，将针阀放入针阀体内，使其倾斜 $65°$，抽出针阀 $1/3$，放松后，针阀应能靠自重均匀、缓慢地滑入针阀体，若有黏滞现象，则应将针阀与针阀体偶件放入柴油中进行研磨，直到符合要求为止；若针阀下滑时有严重的黏滞现象，则表明有变形，应更换针阀与针阀体偶件。

（9）按与分解相反的顺序装复喷油器，并检查其性能。

拓展：全球首款本体热效率53.09%柴油机

2024年4月20日，世界内燃机大会在天津盛大开幕。大会隆重发布行业最新技术成果——由潍柴动力研发的全球首款本体热效率53.09%柴油机，标志着中国内燃机行业又一次走向了全球科技巅峰，引领中国高端装备制造业迈向世界一流。如图4-37所示。

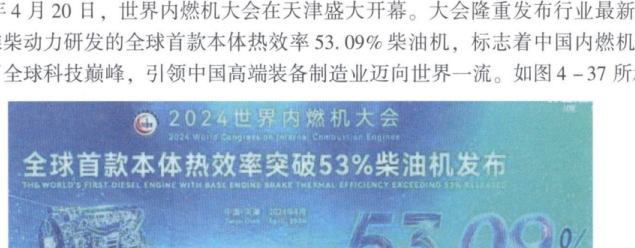

图4-37 2024世界内燃机大会

2020年9月16日，潍柴动力发布了全球首款本体热效率50.23%柴油机；2022年1月8日，再次将热效率提升到51.09%；2022年11月20日，又一次提升到52.28%，第三次突破极限，引领全球内燃机行业技术升级。

柴油机热效率的持续提升，是一项极其复杂的系统工程。潍柴动力基于B701正向研发流程，从内燃机底层架构到细节零部件，再到核心系统，开展了全方位的技术创新。在52%热效率柴油机的基础上，围绕燃烧、空气、燃油和摩擦四大系统，实现了基础研究和原创开发的重大突破，创新性开发了四大关键核心技术：

（1）高膨胀燃烧技术。燃烧效率提升3.5%，热效率提升0.3个百分点。

（2）混流增压技术。压端效率达86.7%，涡端效率达83%，热效率提升0.25个百分点。

（3）高效燃油喷射技术。采用WISE自主ECU，大流量、无泄漏喷油器及低功耗燃油泵，热效率提升0.2个百分点。

（4）低阻减摩技术。采用低流量曲轴等关键零部件，热效率提升0.15个百分点，再次将柴油机本体热效率提高1个百分点，全球首次突破53%大关，相当于人类百米赛跑进了9s以内。

10年来，潍柴动力的科研团队大胆挑战极限、潜心攻关创新，以每个0.1%的累加艰难前行，四年实现了柴油机热效率的四大跨越，树立了全球柴油机热效率的新标杆。

——节选自：金融界资讯（2024.4.20）

任务实施

详见《任务实施与评价手册》"任务实施单4.3 柴油机燃油供给系统结构及检修"。

任务评估

详见《任务实施与评价手册》"任务评估单4.3 柴油机燃油供给系统结构及检修"。

汽车发动机构造与维修（含任务实施与评价手册）

项目小结

见附件4。

项目检测

一、填空题

1. 发动机燃油供给系统的主要功能是将适量的燃油在正确的时间和压力下供给到发动机的_____。

2. 在汽油发动机中，燃油和空气混合后形成的可燃混合气是由_____喷射到气缸内的。

3. 燃油泵的功用是将燃油从油箱中泵出，并增加到足够的_____，以供给燃油供给系统。

4. 在燃油供给系统中，_____用于过滤燃油中的杂质，以防止杂质进入发动机造成损害。

5. 燃油供给系统中的_____用于调节供给发动机的燃油量，以适应发动机不同工作状况的需求。

6. 在柴油发动机中，喷油嘴的功用是将高压的柴油以_____形式喷入气缸，实现燃油的雾化和混合。

7. 电子控制燃油喷射系统（EFI）通过_____来控制喷油器的喷油量和喷油时间。

8. 在汽油发动机中，燃油供给系统通常包括燃油箱、_____、燃油管路、燃油滤清器、喷油器和燃油压力调节器等部件。

9. 燃油供给系统中的_____负责监测油箱内的燃油量，并向驾驶员提供燃油量低的警告。

二、简答题

1. 电控发动机燃油供给系统主要由哪些部分组成？

2. 燃油供给系统中电动燃油泵的主要功能是什么？

3. 简述燃油滤清器的功用。

项目5

冷却系统结构与检修

 项目描述

冷却系统是保障发动机正常运转的重要系统之一，如果汽车在使用过程中出现发动机温度过高、起动后升温过慢、冷却液泄漏等故障，不可强行继续行车，否则可能会影响发动机的动力性和经济性，甚至使发动机产生更大的机械损伤。要完成冷却系统相关故障的检修，需深入学习发动机冷却系统的功用、组成、工作原理、冷却水的循环路线、主要零部件的拆检、冷却系统的维护以及创新型发动机热能管理系统等内容。

学习任务1 发动机冷却系统认知

任务导入

汽腺和毛孔是人体的"冷却系统"，正如人体需要维持正常体温一样，发动机也要通过冷却系统来维持正常的工作温度。发动机正常工作时，机体会吸收大量的热，如果这些热量不能尽快散去，轻则影响发动机的工作状态，重则可能造成发动机"开锅"甚至报废。冷却系统就相当于汽车的"汗腺"，那么它是如何调节并保持发动机正常工作温度的呢？

任务目标

知识目标：

1. 了解冷却系统的功用与类型；
2. 掌握冷却系统的组成；
3. 熟悉冷却系统中冷却液的循环路线。

技能目标：

1. 能够在实车或台架上简单拆解并对比观察发动机冷却系统的布置；
2. 能够在实车或台架上指认冷却系统大、小循环路线。

素养目标：

1. 持续保持浓厚的专业兴趣；
2. 提升探索未知、追求真理、勇攀科学高峰的责任感和使命感；
3. 强化生命至上、安全操作的意识。

知识链接

一、冷却系统的功用

冷却系统的功用：一是调节发动机温度，防止发动机过热或过冷；二是为汽车的暖风系统提供热源。

发动机正常工作时，气缸内温度最高可达 $1900 \sim 2300$ ℃。如果不及时加以冷却，则相互运动的机件就会因受热膨胀而破坏正常间隙，或因润滑油在高温下失效而卡死，各机件也可能因高温而导致其机械强度降低甚至损坏。那么，是不是发动机的温度越低越好呢？答案是否定的。例如在冬季严寒天气下刚刚起动的发动机，若不能尽快上升至适宜的工作温度，则发动机又会因热量散失过多而导致经济性、动力性下降，机油温度下降，黏度加大，运动件间的摩擦阻力大，磨损加剧。

发动机正常工作温度是 $85 \sim 105$ ℃，无论发动机负荷、转速及周围大气温度是高还是低，发动机都应保持在该温度范围内，才能使发动机正常工作。

二、冷却系统的类型

发动机常见的冷却方式有水冷却和风冷却两种，如图 5－1 和图 5－2 所示。

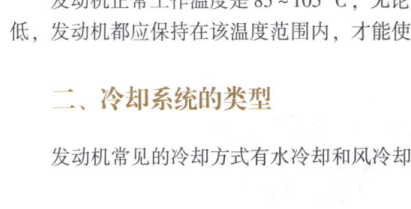

图 5－1 水冷却发动机

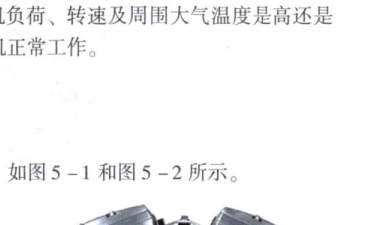

图 5－2 风冷却发动机

1. 水冷却系统

如果发动机是以冷却液为介质，将这些热量先由冷却液吸收再散入大气而进行冷却，则为水冷却系统。

水冷却系统的优点如下：

（1）以水为冷却介质，热量先由机件传给水，靠水的流动把热量带走而散入大气，散热后的水再重新流回受热机件处。

（2）水路和冷却强度可适当调节，能较好地保持发动机正常工作温度。

（3）可用热水预热发动机，便于冬季起动。

2. 风冷却系统

如果发动机以空气流为介质，利用风扇将高温零件的热量直接散入大气当中而进行冷却，就是风冷却系统。其优点是：结构简单，重量轻，成本低，暖机时间短，无须加水，无漏水、冻结等故障；缺点是缸壁较冷，热态差异大，噪声大，冷却强度受环境温度影响较大。

三、冷却系统的组成

汽车发动机通常采用强制循环式水冷却系统，即利用水泵强制冷却水在系统中循环流动带走热量。水冷却系统主要由强制循环水供给装置（包括散热器、水泵、水套、分水管）、冷却强度调节装置（节温器、风扇、百叶窗）、水温指示装置（水温传感器、水温警示灯或水温表）等组成，如图 5－3 所示。

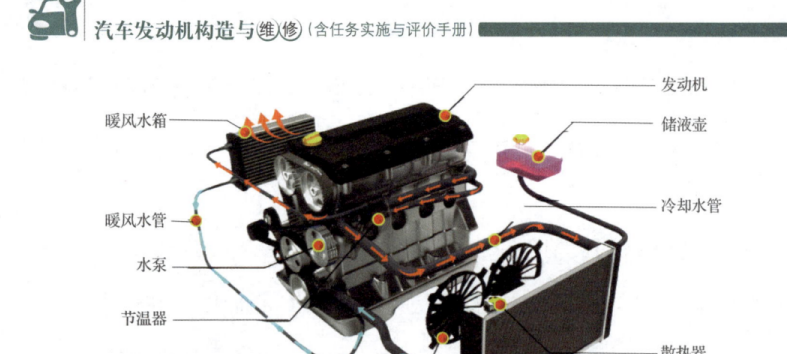

图5-3 水冷却系统的组成

四、冷却液的循环

冷却系大小循环

冷却液的循环原理：水泵给冷却液加压，使冷却液在冷却系统中循环流动，从发动机吸收热量并通过散热器释放到大气当中，冷却后的冷却液再次被水泵压送入发动机水套。

随着发动机温度的变化，冷却液在系统中的流动路线有大循环、小循环和混合循环三种模式，这三种模式受节温器控制。

1. 大循环

当发动机正常工作，即冷却液温度高于86 ℃时，冷却液全部经节温器主阀门流入散热器，经过散热器降温冷却后再由水泵压入水套，其水流路线长，散热强度大，故称为冷却液的大循环。如图5-4所示。

2. 小循环

当发动机刚起动或长时间在低温条件下运行，冷却液温度低于76 ℃时，节温器主阀门关闭，侧阀门打开，冷却液全部经过节温器侧阀门直接返回水泵，不流经散热器，而是直接由水泵压入水套再次循环，其水流路线短，散热强度小，故称为冷却液的小循环。如图5-5所示。

有些汽车在小循环中又采用双模冷却的方式，以缩短发动机暖机时间。双模冷却与传统冷却的区别在于当发动机进行小循环时，传统模式冷却液的循环路线为缸盖→水泵→缸体→缸盖，而双模冷却系统的循环路线为缸盖→水泵→缸盖，更有利于小循环时发动机水温快速升高，因此可以有效缩短暖机时间。

3. 混合循环

当发动机温度在76~86 ℃时，节温器主阀门和侧阀门均部分开启，冷却液一部分经节温器主阀门流经散热器，一部分经节温器侧阀门直接返回水泵，此时，冷却液大、小循环同时存在，称作冷却液的混合循环。如图5-6所示。

图5-4 大循环

图5-5 小循环

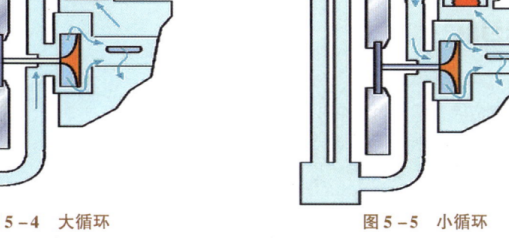

图5-6 混合循环

不同发动机冷却系统节温器的开启温度有一定的差异，查阅对应车型的维修手册可获得准确的数值。

任务实施

详见《任务实施与评价手册》"任务实施单5.1 发动机冷却系统认知"。

任务评估

详见《任务实施与评价手册》"任务评估单5.1 发动机冷却系统认知"。

学习任务2 冷却系统结构与检修

任务导人

一辆2016款迈腾2.0 TSI智享豪华型轿车，配置EA888发动机，行驶里程19.8万km。

车主反映冷车起动时，点火开关刚打开，电动风扇就开始运转；起动发动机困难，且起动后发动机升温很慢。请根据上述信息，在深入学习发动机冷却系统结构、原理与检修的基础上，完成该故障的分析与诊断。

任务目标

知识目标：

1. 了解冷却系统各组成部件的功用及类型；
2. 掌握散热器、水泵、节温器等主要零部件的结构及工作原理；
3. 熟悉冷却系统各主要部件的检修内容和方法。

技能目标：

1. 能够在实车或台架上指认冷却系统各主要部件；
2. 能够规范地检修水泵、节温器等冷却系统主要零部件。

素养目标：

1. 遵守安全规范，强化安全操作意识；
2. 牢固树立生命至上、安全第一的理念；
3. 激发创新意识，强化工匠精神，牢固树立科技报国的家国情怀和使命担当。

知识链接

一、散热器

散热器又称水箱，其功用是将从水套出来的高温冷却液自上而下或横向地分成许多小股并将其热量散发至周围的空气中。散热器要具有足够的导热性和散热面积，以保障其散热功效。其通常使用导热性高、刚度好、防冻能力强的铜、铝或铝锰合金等材料制成。

1. 类型

散热器按其冷却液流动的方向可以分为纵流式散热器和横流式散热器两种，如图5－7和图5－8所示。目前轿车多采用横流式散热器。

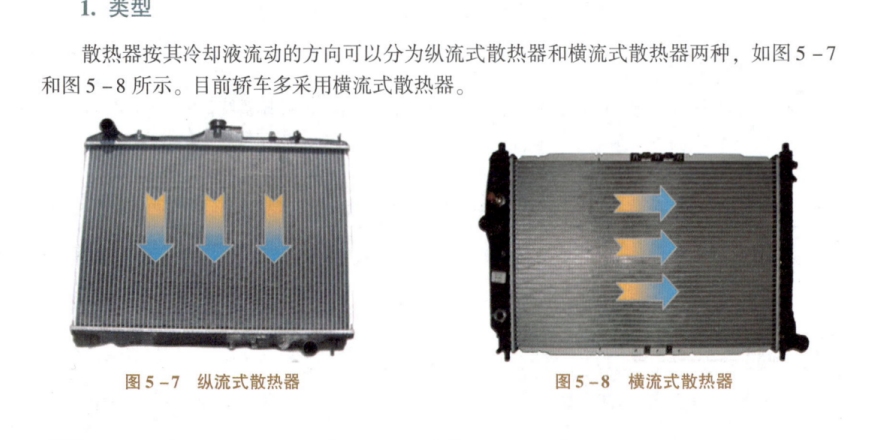

图5－7 纵流式散热器   图5－8 横流式散热器

散热器按材质的不同可以分为钎焊铝塑散热器、全铝散热器、胀管散热器和全铜散热器。

2. 结构

散热器主要由进水室、出水室、散热器芯、散热器盖等组成，如图5－9所示。

图5－9 散热器的结构

散热器进、出水室均为薄金属板制成的容器。

进水室装有散热器的热水管，通过橡胶管与气缸盖出水管连接；进水室上部有加水管，加水管口一般装有泄气管，当冷却水沸腾时，水蒸气可以由此排出至膨胀水箱。

出水室有出水管，用软管与水泵的进水口连接，进水室和出水室之间焊接有散热器芯。

1）散热器芯

散热器芯通常有管片式和管带式两种结构，如图5－10所示。

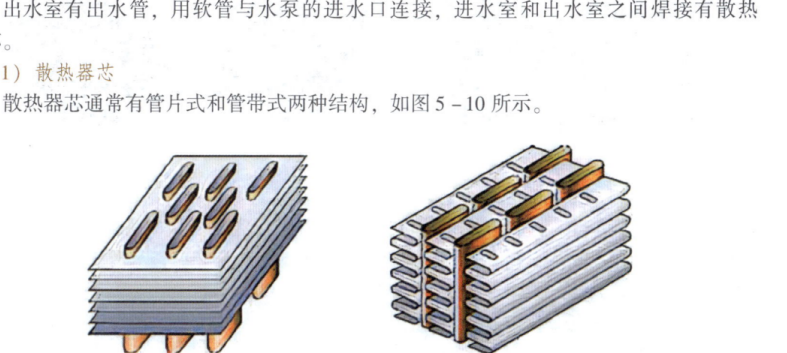

图5－10 散热器芯

(a) 管片式；(b) 管带式

（1）管片式散热器芯由许多冷却管和散热片组成，冷却管是冷却液的通道，多采用扁圆形截面，以减小空气阻力，增大散热面积，同时当管内冷却液冻结膨胀时，扁管可借助于其横断面变形而免于破裂。为了增强散热效果，在冷却管外面横向套装了很多散热片来增加散热面积，同时增加了整个散热器的刚度和强度。

（2）管带式散热器芯采用冷却管与散热带相间排列的方式，散热带呈波纹状，其上开有形似百叶窗的缝隙，用来破坏空气流在散热带上的附面层，从而提高散热能力。这种散热器芯与管片式相比，散热能力强，制造工艺简单，质量小，成本低，在轿车上得到了广泛应用，但刚度不如管片式好。

2）散热器盖

散热器盖也称水箱盖或水箱开关，安装在加水口上，如图5-11所示，主要起密封和增加散热器压力以及提高冷却液沸点的作用。在发动机热状态下开启散热器盖时，应缓慢旋开，使冷却系统内的压力逐渐降低，以免被喷出的高温冷却液烫伤。

小贴士

散热器盖与生活中常用的高压锅盖类似，当发动机正常工作时，其内部压力要高于大气压力，除了在工作过程中由安全阀泄压外，在热机状态下旋开散热器盖进行检查时也一定要严格遵守安全规范，强化安全操作意识，确保操作人员不被高温高压的蒸汽烫伤。我们应将专业理论应用于实践中，牢固树立生命至上、安全第一的理念。

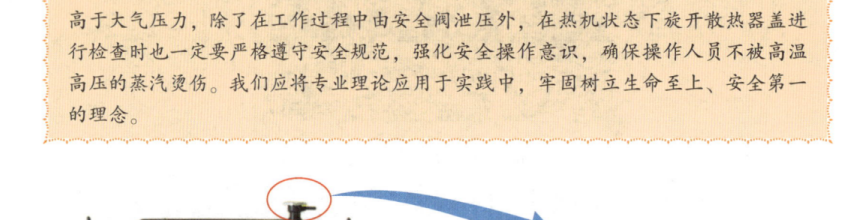

图5-11 散热器盖

散热器盖上有蒸汽阀和空气阀，当冷却液温度升高，散热器内部压力大于规定值时，蒸汽阀开启，使冷却液蒸汽从蒸汽阀排出，以防压坏散热器芯管，如图5-12所示；当冷却液温度低时，冷却液体积收缩，压力低于大气压时，空气阀开启，空气自阀门进入冷却系统，避免过大的压力差将散热器芯管压瘪，如图5-13所示。

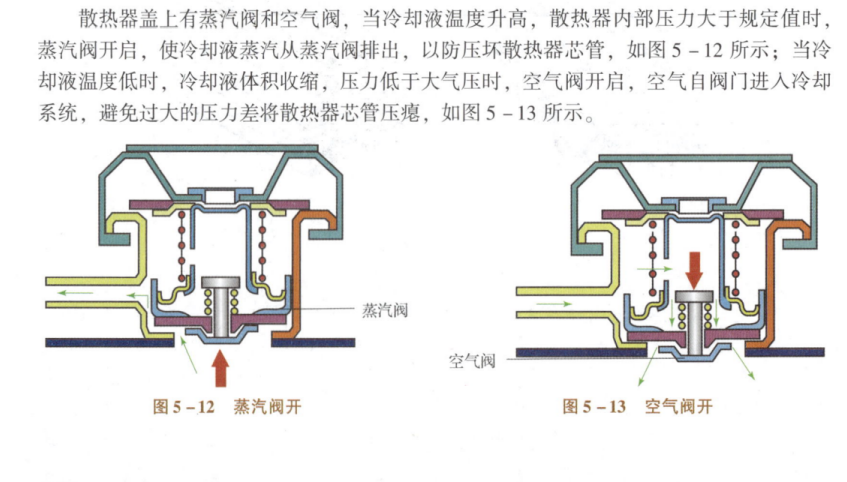

图5-12 蒸汽阀开　　　图5-13 空气阀开

3. 检修

（1）清洗散热器，并将压力检测器装于散热器上，手动打压检查散热器是否有泄漏。

（2）检查散热器软管是否有龟裂、损伤、膨胀、压瘪等状况。

（3）用专用压力检测器检查散热器盖上的真空阀和空气阀工作是否正常。

二、水泵

水泵的功用是给冷却液加压，强制冷却液在冷却系统中循环流动。水泵通常安装在发动机前端，由发动机曲轴通过齿形皮带或V带驱动，现代汽车多采用离心式水泵。

1. 机械水泵

传统机械离心式水泵主要由壳体、叶轮、水泵轴、轴承、水封、带轮等组成。发动机型号不同，水泵的壳体也不相同，如早期的桑塔纳轿车水泵为独立式壳体，而现代多数汽车上都采用嵌入式壳体。嵌入式壳体一半铸在缸体壁上，并采用闭式叶轮。叶轮用工程塑料压注成型，安装在双连轴承的一端，另一端水泵轴的轴头安装带轮，发动机通过齿形皮带驱动水泵叶轮旋转。如图5－14所示。

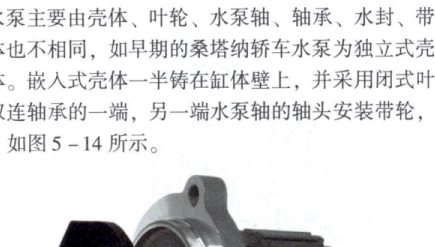

图5－14 机械离心式水泵

机械离心式水泵的工作原理如图5－15所示。当发动机工作时带动水泵叶轮旋转，叶轮高速旋转时，产生的离心力使流体获得能量，即流体通过叶轮后，压能和动能都得到提高，冷却液在离心力的作用下被甩向叶轮边缘，经与叶轮成切线方向的出水管压送到发动机水套内。与此同时，叶轮中心处形成一定的真空而将冷却液连续不断地从进水口吸入，如此连续作用，使冷却液在水路中不断地循环流动。

2. 电子水泵

电子水泵就是由电力驱动的水泵，其前端是离心叶轮，后端是驱动叶轮的直流无刷电机。此外，在电子水泵内部还装有一块能与发动机控制模块通信的电路板，用以控制水泵运转。电子水泵通常由涡壳、叶轮、定子线圈、控制器和水泵体等组成，如图5－16所示。

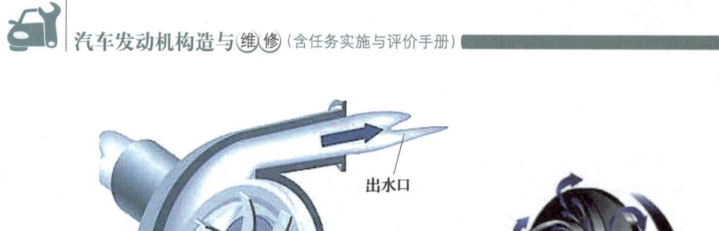

图5-15 离心式水泵的工作原理

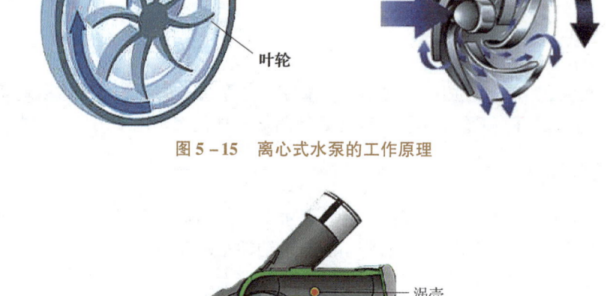

图5-16 电子水泵组成

图5-17所示为丰田雷凌混合动力汽车发动机电子水泵，其工作原理是：发动机控制模块（ECM）根据发动机冷却液温度、发动机转速和车速信号等反馈信号，通过脉冲宽度调制（PWM）调节占空比大小，并将信号传送给电子水泵内部的控制器，电子水泵控制器根据占空比大小计算所需的冷却液流量，控制电机转动，从而驱动叶轮旋转，对发动机水泵转速进行无线控制，从而实现冷却液循环。

图5-17 丰田雷凌混合动力汽车电子水泵

图5-18所示为丰田雷凌混合动力汽车电子水泵控制电路图，由图可见，水泵上有4个端子，端子1为供电端子，端子3为搭铁端子，端子2和4为通信端子。ECM通过端子WPO向电子水泵端子SWP（端子4）发送转速控制信号，然后通过端子WPI接收电子水泵转速反馈信号。当电子水泵及其线路出现故障时，ECM检测到水泵的实际驱动占空比与目标驱动占空比不一致，则会存储"P261B发动机冷却液泵'B'控制电路故障"等相关故障码，此时仪表盘点亮发动机故障灯，并提示发动机系统故障。

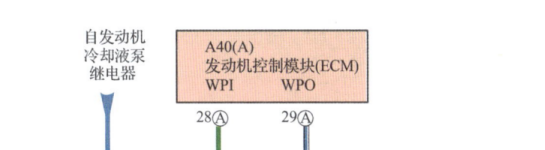

图5-18 丰田雷凌混合动力汽车电子水泵控制电路图

3. 机械水泵与电子水泵比较

机械水泵基于发动机转速工作，这就使得在对流量需求不高的冷起动和低负荷高转速工况下，仍然需要很大的功率来驱动，既额外耗费了功率，又造成冷却能力与发动机实际需求不匹配，进而影响发动机的动力性和经济性。

电子水泵则可以根据系统的需求精准调控水泵的运行状况，当发动机冷起动时，水泵转速很低，以帮助发动机快速升温，且可以降低能耗；而在高速或大功率工况工作时，散热效率高，降温效果显著，因此能更好地控制发动机冷却系统的温度。

4. 检修

（1）检查叶轮是否被过度腐蚀。

（2）检查水泵和卡簧槽是否破裂。

（3）水泵装合后用手转动带轮，带轮的轴向和径向窜动量应符合规定；水泵轴应转动自如，无卡滞；叶轮与泵壳应无碰擦感觉，轴承润滑脂应无失效。

（4）在实验台上按原厂规定进行水泵压力和流量实验。当水泵轴转速为 2 000 r/min 时，每分钟的排水量不应低于规定值，在 10 min 的实验中不应出现金属摩擦声和漏水现象。每次拆卸水封后需更换新件。

三、节温器

节温器的功用是随发动机负荷大小与水温变化自动改变冷却液的流量和循环路线，自动调节冷却系统的冷却强度，保证发动机在最适宜的温度范围内工作，以减少燃料消耗和机件磨损。节温器通常安装在冷却液循环通路中缸盖出水口或水泵入水口前。目前常用的节温器有机械式节温器和电子节温器两种。

1. 机械式节温器

目前汽车上使用较广泛的机械式节温器通常为石蜡节温器，它具有液流阻力小、工作性能稳定、对水压影响不敏感、结构紧固和使用寿命长等优点。

石蜡节温器主要由上支架、下支架、主阀门、旁通阀、感应体、中心杆、橡胶管和弹簧等组成，如图5-19所示。

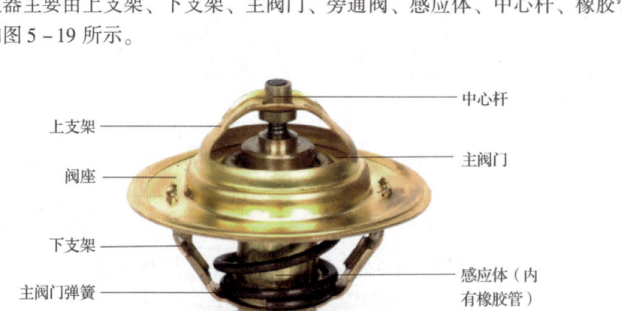

图5-19 蜡式节温器结构

石蜡节温器的上下支架与主阀铆成一体。中心杆上端固定在上支架的中心，其下部插入橡胶管的中心孔内，中心杆下部呈锥形。橡胶管与感应体外壳之间的空腔里装有石蜡。感应体外壳上、下部有联动的主阀门和旁通阀。主阀门控制冷却液的大循环通道，旁通阀控制冷却液的小循环通道。

蜡式节温器的工作原理如图5-20所示。

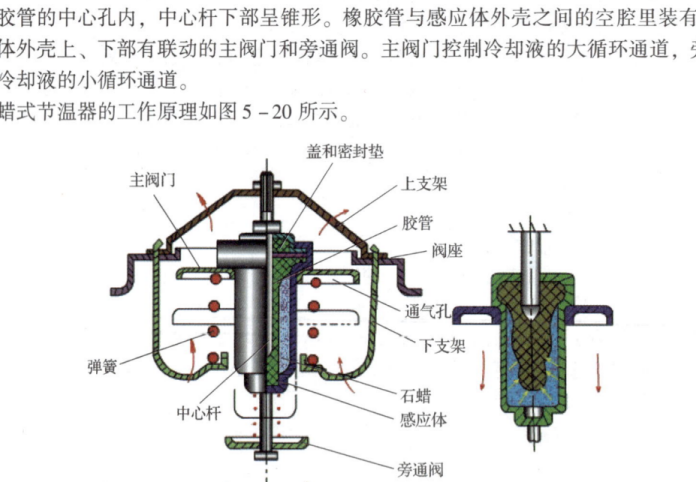

图5-20 蜡式节温器的工作原理

1）小循环

当冷却液温度低于349 K（76℃）时，石蜡呈固态，主阀门完全关闭，旁通阀完全开启，由水套出来的冷却液经旁通管直接进入水泵，此时，冷却系统只有小循环。由于冷却液不流经散热器，且流量小，所以冷却强度很小，可以帮助发动机快速升温。

2）混合循环

当冷却液温度达到349 K（76℃）时，石蜡逐渐变成液态，体积膨胀，迫使橡胶管收缩，对中心杆下部锥面产生向上的推力。因为中心杆上端固定，故中心杆对橡胶管及感应体产生向下的反推力，克服主阀门弹簧张力后使主阀门逐渐打开，由于主阀门和旁通阀是联动的，因此，随着主阀门开度逐渐增大，旁通阀开度逐渐减小。当冷却液温度为349～359 K（76~86℃）时，大小循环同时进行。

3）大循环

当冷却液温度高于359 K（86℃）时，石蜡完全熔化为液态，体积进一步膨胀，橡胶管进一步收缩，对中心杆下部锥面产生的向上推力持续增大，中心杆对橡胶管及感应体向下的反推力持续增加，直到主阀门完全被打开，旁通阀完全被关闭。此时，从水套流出来的冷却液全部流经散热器降温后再被水泵压入水套，冷却液只进行大循环，冷却水流动路线长、流量大、冷却强度大、降温效果好，有利于维持发动机正常工作温度。

2. 电子节温器

电子节温器是在机械式节温器的基础上增加了一个电子加热元件，该加热元件与发动机控制模块相连，由控制模块根据水温信号控制电子加热元件向石蜡提供热量，使石蜡膨胀并顶开节温器的阀门，从而控制石蜡的膨胀程度，进而控制节温器的开闭时机。图5-21所示为英朗雪佛兰科鲁兹电子节温器。

相比于传统的机械式节温器只能根据水温控制自身的开启与关闭，电子节温器由发动机控制模块直接控制，能够更精确地控制冷却系统的运行，避免过度加热，并且可以根据实际需要快速调整冷却液的流量，更好地满足发动机各工况的不同要求，提高燃油经济性。其缺点是电子节温器一旦出现故障，更换配件或维修的成本要比机械式节温器高。

3. 检修

检查节温器功能是否正常，方法是在温度可调式恒温加热设备中加入水，将节温器置于水中后加热，仔细观察节温器主阀门的开启温度、全开温度及升程，如图5-22所示，将测量结果与标准值进行比较，如节温器阀门开闭不符合要求，则应进行更换。

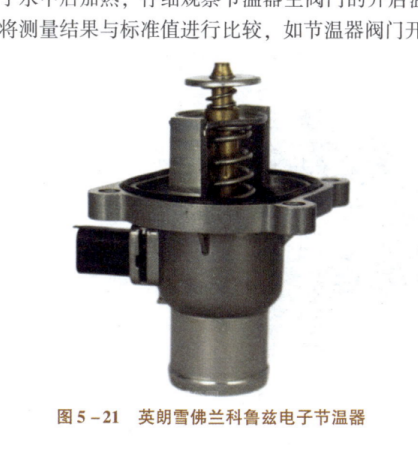

图5-21 英朗雪佛兰科鲁兹电子节温器

图5-22 检查节温器

四、冷却风扇

冷却风扇安装在散热器后方，风扇旋转时会产生轴向吸力，增加流过散热器的空气量，加速对流经散热器的冷却液的冷却，同时使发动机外壳及附件也适当冷却。

根据驱动方式的不同，发动机冷却风扇可以分为机械式冷却风扇、硅油离合器冷却风扇和电磁离合器冷却风扇等。

1. 机械式冷却风扇

机械式冷却风扇指风扇采用机械连接，风扇的转速与发动机转速成正比，这是早期发动机普遍搭载的一种风扇，如图5-23所示。这种风扇结构简单，制造成本低，可靠性好，只要皮带不断裂，风扇一般不会损坏；其最大的缺陷是只要发动机运转，风扇就会随之运转，不能根据发动机的热负荷调节冷却强度且会造成较大的能量损耗。

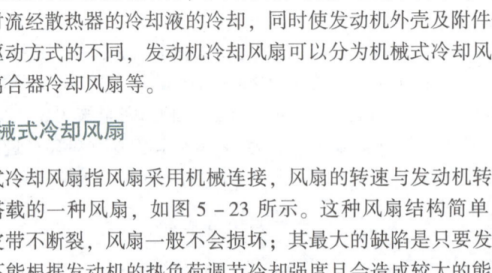

图5-23 机械式冷却风扇

2. 硅油离合器冷却风扇

硅油离合器风扇以硅油为传动介质，工作时通过高黏度的硅油来传递扭矩，控制风扇转速。硅油离合器风扇分为机械调节和电控调节两种，如图5-24和图5-25所示。

图5-24 机械调节硅油离合器风扇

图5-25 电控调节硅油离合器风扇

机械调节硅油离合器风扇通过安装在外部的感温金属条变形来控制硅油流动，使风扇旋转；电控调节硅油离合器风扇则是由电磁线圈取代感温金属片。发动机运转时ECU通过实时监测转速、水温、中冷器后气温、风扇的转速等信息综合判断，并根据内部程序计算此时最佳的风扇工作转速，最终通过控制风扇离合器电磁线圈的电流大小来调节产生磁场的强弱，储油腔的阀门由于磁力作用将实现不同开度的闭合，以此来控制硅油流入量的大小，并实现对风扇转速的无级调速，即通过ECU控制硅油流向来实现连续可调的控制。这种风扇具有反应迅速、转速无级调节、散热器与风扇安装位置不受限且节能效果好等优点。

3. 电磁离合器冷却风扇

电磁离合器风扇是以发动机出水温度为参考值，通过设定好的控制信号控制各速电路的通断，执行不同的吸合动作来达到风扇不同的转速。通常风扇的转速有两速和三速之分。图5-26所示为天龙天锦玉柴发动机电磁风扇离合器。

以三速风扇离合器为例，其原理如图5-27所示。电磁风扇离合器具有传递扭矩大，全啮合状态无滑差，风扇分离、吸合迅速，发动机预热快，海拔环境适应性好等特点。

图5-26 电磁风扇离合器

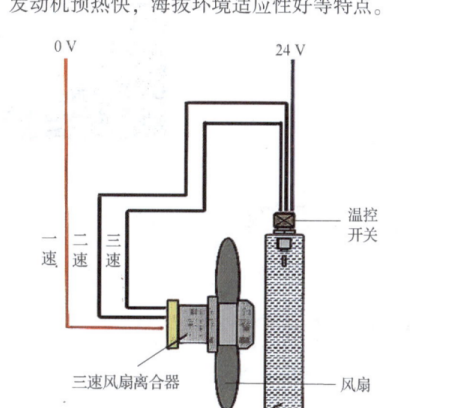

图5-27 三速风扇离合器原理

小贴士

从传统的机械水泵到电子水泵，从机械式节温器到电子节温器，从机械风扇到硅油离合器风扇再到电磁离合器风扇……科技创新与发展引领着汽车工业不断进步。创新源自实践，在实践中探索未知，以精益求精的工匠精神不断追求科技进步，牢固树立科技报国的家国情怀和使命担当，为建设交通强国而不懈奋斗。

4. 检修

（1）检查风扇叶片是否有变形、弯曲和破损等。

（2）检查风扇轴运转是否正常无卡滞。

（3）检查硅油离合器或电磁离合器工作是否正常。

五、膨胀水箱

膨胀水箱可以吸收与补偿发动机冷却系统工作时的冷却液和蒸汽。如图5-28所示，膨胀水箱上有上、下限两条刻度线（"max"和"min"），日常使用中冷却液应位于上、下限刻度线之间，添加或更换冷却液时应达到上刻度限，注意不能混用不同品牌或规格的冷却液。

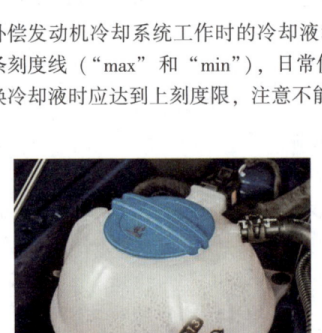

图5-28 膨胀水箱

任务实施

详见《任务实施与评价手册》"任务实施单5.2 冷却系统结构与检修"。

任务评估

详见《任务实施与评价手册》"任务评估单5.2 冷却系统结构与检修"。

学习任务3 创新型发动机热能管理系统

任务导入

一辆2022款宝马X6，配备B48发动机，首保时发现冷却液很少，进行打压测试发现冷却液有渗漏现象。维修人员进一步检查判断为发动机热能管理模块发生故障导致冷却液渗漏。如果持续行车，还将导致发动机高温报警、风扇高速运转，故障灯点亮。请根据以上信息，深入学习创新型发动机热能管理系统，并对该故障进行分析与诊断。

任务目标

知识目标：

1. 了解创新型热能管理系统在现代发动机上的应用；
2. 掌握创新型热能管理系统的结构、运行原理和控制逻辑；
3. 熟悉创新型热能管理系统的工作过程。

技能目标：

1. 能够在实车或台架上指认创新型热能管理系统的各主要部件；
2. 能够准确分析创新型热能管理系统暖机、温度控制、持续运行和紧急等几种模式下的工作状态。

素养目标：

1. 深入理解汽车产业发展的"四新"要求；
2. 激发创新意识，弘扬精益求精的工匠精神。

知识链接

创新型热能管理系统是大众汽车在第三代EA888发动机上采用的精准控制冷却系统，是针对发动机和变速器的一项智能冷起动和暖机程序，可以实现全可变发动机温度调节，对冷却液液流进行目标控制。其主要特点是：在原来传统节温器控制大、小循环的基础上，全新开发出运用电控旋转阀组件的创新型热能管理系统。下面以迈腾2.0TSI轿车为例，介绍创新型热能管理系统的结构和原理。

一、结构

发动机温度调节执行器（旋转阀组件）的结构如图5-29所示。

图5-29 旋转阀组件

组件内包含两个旋转阀，由发动机温度调节执行器N493通过电力驱动。旋转阀1通过一根轴由发动机温度调节执行器N493直接驱动，旋转阀2通过一个中间齿轮（针齿轮）在旋转阀1上齿形门的作用力下运转。这表示旋转阀1和2是通过机械方式联动的，在运转时会互相影响。紧急模式恒温器带有扩张元件，其功能是作为一项安全装置（紧急恒温器），当发生故障时可在113℃的温度下启动。

二、旋转阀组件的运行原理

旋转阀组件的分解图如图5-30所示，其运行原理是电动机通过一个齿轮驱动旋转阀1，控制冷却液在机油冷却器、发动机和主冷却器之间的流动。发动机越热，执行器电机驱动旋转阀1旋转的驱动力越大。旋转阀2通过一个中间齿轮由旋转阀1上的齿形门驱动。控制板上的转向角传感器（霍尔传感器）将旋转阀位置发送给发动机控制单元。发动机停机且接续运行模式结束后，旋转阀自动设置为40°，如果系统中有故障，则发动机可通过紧急恒温器在此角度范围内运行；如果没有故障，且发动机起动，则旋转阀角度被设置为160°。

三、控制逻辑

发动机热能管理系统的控制逻辑如图5-31所示。发动机控制单元根据此控制逻辑控制着正反转电动机运转，进而无级调节两个旋转滑阀的开度，实现冷却液温度的智能控制，具体包括暖机、温度控制和持续运行模式三个基本范围。

四、工作过程

冷却液循环的控制如图5-32所示，从暖机范围到温度控制范围再到持续运行模式，

项目⑤ 冷却系统结构与检修

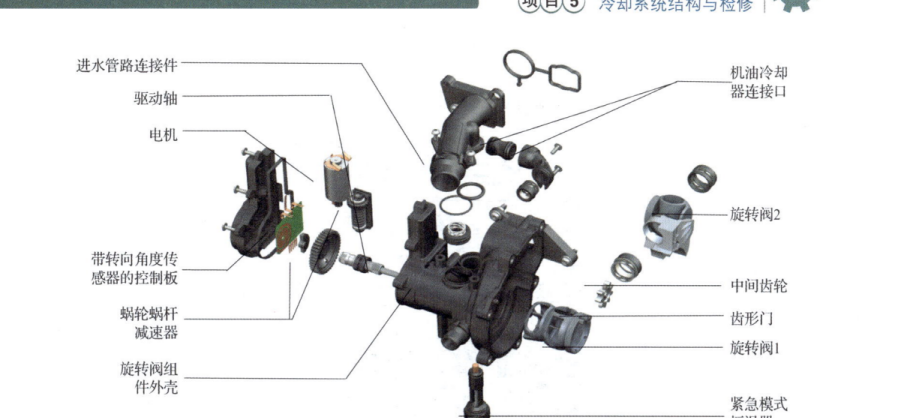

图5-30 发动机旋转阀组件分解图

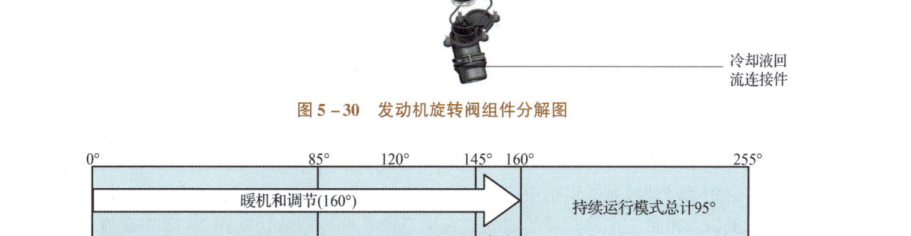

图5-31 热能管理系统控制逻辑图

两个旋转阀的位置在各个阶段是不同的，且每个阶段都是无缝连接。其目的是尽可能使用气缸内燃油燃烧产生的热量来给发动机加热。如果车辆乘员需要在"静态冷却液"阶段进行加热，则会向车内提供热量。

当旋转阀1上的齿形门处于145°位置时，它会接合旋转阀2，冷却液流向气缸体，随着旋转阀2的旋转，液流增加。当旋转阀1处于85°时，旋转阀2在达到其最大旋转角度时断开连接，冷却液流流向气缸体的通道被完全打开。

1. 暖机过程

在暖机过程中，发动机的运行经过静态冷却液、少量液流和起动发动机机油冷却器三个阶段，在各个阶段中的两个旋转阀位置是不同的，且每个阶段无缝连接，其目的是尽可能使用气缸内燃油燃烧产生的热量来给发动机加热。如果车辆乘员需要在"静态冷却液"阶段进行加热，则会向车内提供热量。

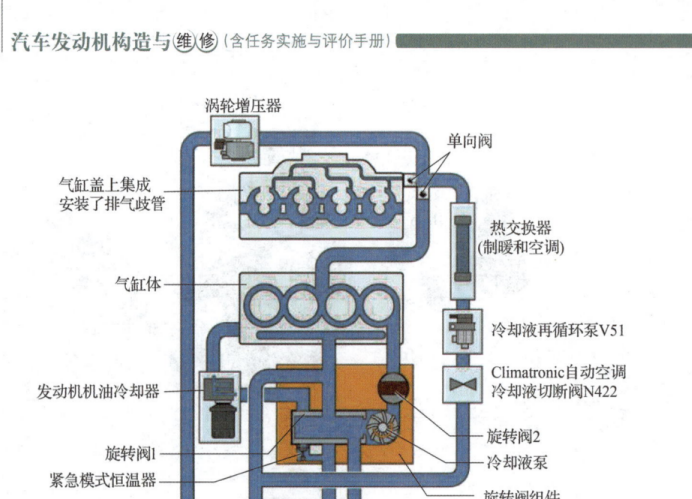

图5-32 热能管理系统控制冷却液循环图

1）暖机（静态冷却液）过程

暖机（静态冷却液）过程如图5-33所示。为保持发动机内燃烧产生的热量，旋转阀2关闭，这会中断冷却泵的供给液流流向发动机气缸体，旋转阀1阻止来自发动机机油冷却器的回流以及来自主水冷却器的回流，自动空调系统冷却液切断阀N422中断流向制暖和空调系统的冷却液流，电动冷却液再循环泵V51关闭。

2）暖机（少量液流）过程

暖机（少量液流）过程如图5-34所示。暖机范围中的控制阶段旨在通过排气歧管的静态冷却液来防止气缸盖和涡轮增压器过热。当旋转阀1的角度为145°时，旋转阀2接合并轻微开启，让冷却液流流向气缸体，少量冷却液液流经气缸体、气缸盖和涡轮增压器，流回旋转阀组件和冷却液泵，从而防止热量聚集以及气缸盖和涡轮增压器过热。

如果在此阶段需要对车内制暖，自动空调系统冷却液切断阀N422开启，且冷却液再循环泵V51开始输送液体。旋转阀2暂时中断冷却液流流向气缸体，冷却液被导向气缸盖、涡轮增压器和加热器交换器，这会让发动机的暖机阶段更长。自动空调系统冷却液切断阀N422和冷却液再循环泵V51的激活总是符合后续控制范围的需求。此时，流到发动机气缸体的冷却液液流减少，或在需要时被旋转阀2阻止。如图5-34所示。

3）暖机（起动发动机机油冷却器）过程

在发动机暖机过程中开启发动机机油冷却器，如图5-35所示。此时，旋转阀1移至120°位置，相关连接装置被打开，让冷却液流至机油冷却器。因为旋转阀2仍然接合，故该阀进一步旋转，从而增加流经气缸体的冷却液液流。发动机气缸体内分布大量热量，余热通过机油冷却器被释放出去。

项目⑤ 冷却系统结构与检修

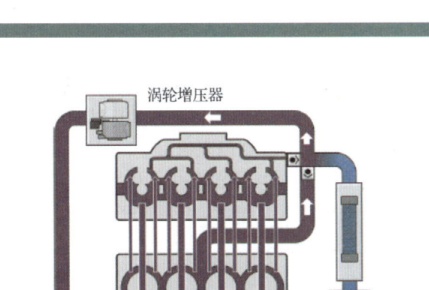

图5-33 暖机（静态冷却液）过程原理图

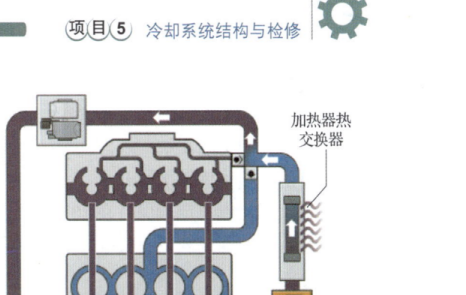

图5-34 暖机（少量液流）及车内制暖过程原理图

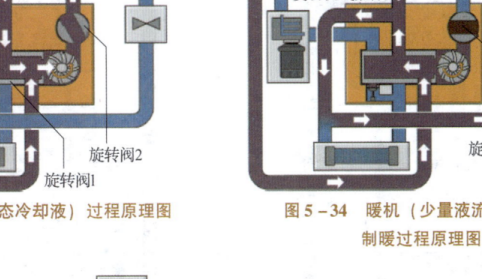

图5-35 暖机（起动发动机机油冷却器）过程原理图

2. 温度控制过程

创新型热量管理系统以无缝方式从暖机范围过渡到温度控制范围。旋转阀组件调节是动态的，而且根据发动机负荷而定。为了释放余热，接自旋转阀组件的主水冷却器连接件被打开，如图5-36所示，为此，发动机温度调节执行器N493根据需要释放的热量的多少，将旋转阀1置于$0°$~$85°$位置。当旋转阀1处于$0°$角位置时，接至主水冷却器的连接件被完全开启。

如果发动机在较低的负荷和转速下（部分负载范围）运行，热量管理系统会将冷却液温度调节至107℃。此时的温度控制过程如图5-37所示，因为不需要全部的冷却效力，故旋转阀1暂时关闭接至主水冷却器的连接装置。如果温度上升到门限值以上，则接至主水冷却器的连接装置再次被开启。此过程中需要稳定地保持连接装置在开启和关闭状态，从而将温度尽可能恒定地保持在107℃。当负荷和发动机转速提升时，可通过完全打开接至主水冷却器的连接装置，将冷却液温度降至85℃（满负荷范围）。

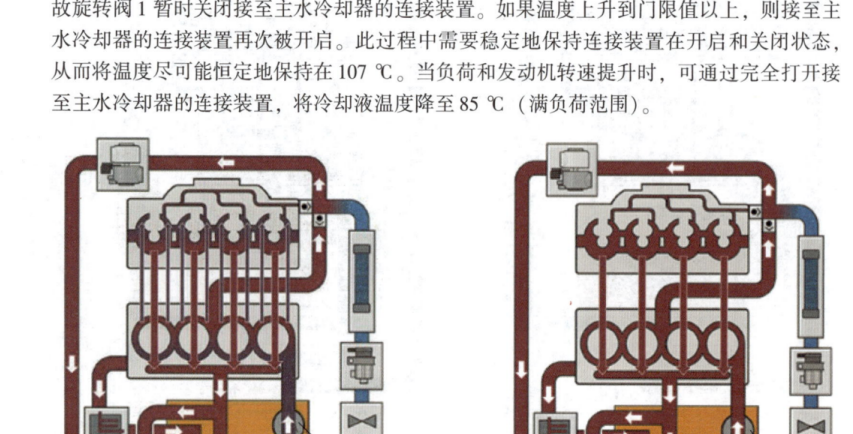

图5-36 温度控制过程　　　　　　图5-37 温度控制（部分负荷）过程

3. 关闭发动机时的持续运行模式范围

为防止冷却液在发动机停机时在涡轮增压器和气缸盖中沸腾，发动机控制单元通过图谱开启持续运行功能。在发动机停机后，此功能可运行多达15 min。

如图5-38所示，在持续运行模式中，发动机温度调节执行器N493的旋转阀1处于160°~255°的位置。在持续运行模式中，对冷却程度的需求越高，则阀处于越高的角度位置。在255°时，接至主水冷却器回流管路的连接装置被完全打开，因此能传递最大的热量。

旋转阀2处于持续运行模式位置，并未接合到旋转阀1中。冷却液再循环泵V51供给的冷却液分为两条支流：一条支流流过气缸盖，然后流回冷却液再循环泵V51；另一条支流通过旋转阀1流经涡轮增压器，流至主水冷却器，同样流回冷却液再循环泵V51。当处于持续运行模式位置时，通常不会向气缸体供给冷却液。

4. 紧急模式控制过程

如果旋转阀组件的温度超过113℃，则紧急恒温器打开通向主水冷却器的旁通阀，如图5-39所示。如果旋转阀组件发生故障，这一设计可使得车辆能够继续行驶有限的距离。如果发动机控制单元没有从发动机温度调节执行器 N493 接收到任何位置反馈，则它会驱动旋转阀，这样无论当前的发动机负荷和运行温度如何，均可确保最佳的发动机冷却效果。

如果来自转向角度传感器的位置信号发生故障，则发动机控制单元会驱动旋转阀到安全侧，以便达到最大的冷却功效。

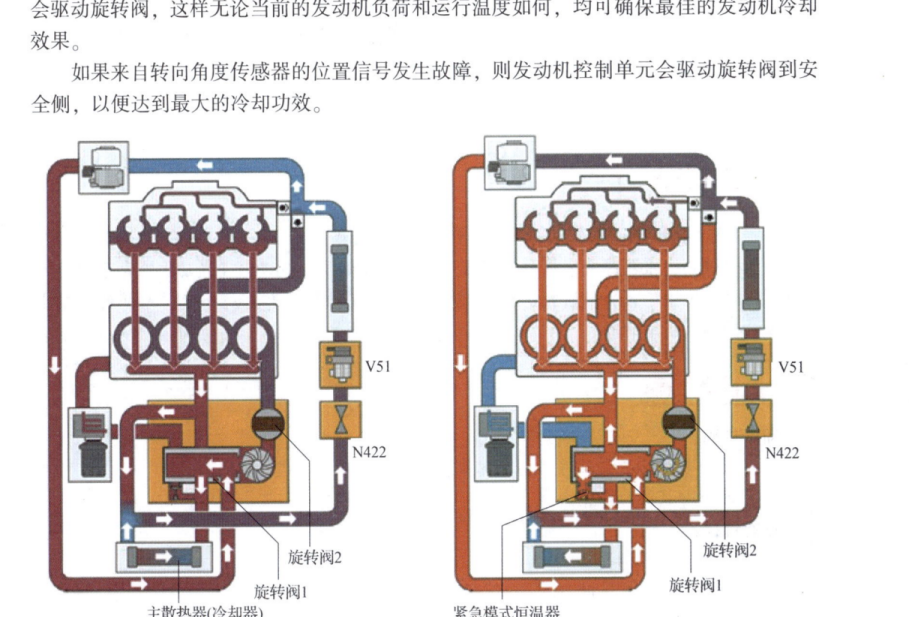

图 5-38 温度控制过程　　　　图 5-39 温度控制（部分负荷）过程

 小贴士

创新型热能管理系统是大众汽车在第三代 EA888 发动机上采用的精准控制冷却系统，这一技术是在原来传统节温器控制大、小循环的基础上全新开发的运用于电控旋转阀组件的创新型热能管理系统，可以实现全可变发动机温度调节，对冷却液液流进行目标控制。创新型热能管理系统在控制上的精准性反映了汽车产业发展的新技术、新工艺、新规范和新标准，体现了科技创新与发展的魅力，科技创新永无止境。

 任务实施

详见《任务实施与评价手册》"任务实施单 5.3 创新型发动机热能管理系统"。

 任务评估

详见《任务实施与评价手册》"任务评估单 5.3 创新型发动机热能管理系统"。

学习任务4 冷却系统拆装与维护

任务导入

一辆2018款帕萨特轿车，行程里程16万km，搭载1.8T第三代EA888发动机。驾驶员反映水温偏高，报故障码。连接解码仪，读取故障码为P00B700（发动机冷却系统存在异常，冷却液流量不足）。请根据以上信息，在掌握发动机冷却系统拆装与维护的基础上完成该故障的分析与诊断。

任务目标

知识目标：

1. 了解冷却系统主要部件的拆装方法；
2. 熟悉冷却系统的维护内容。

技能目标：

1. 能够从实车上拆卸和装复冷却系统主要部件；
2. 能够完成冷却系统的维护；
3. 能够较熟练地更换冷却液。

素养目标：

1. 强化8S管理理念，养成整洁规范、安全细致的工作习惯和职业素养；
2. 牢固树立环保意识，做到绿色维修；
3. 弘扬精益求精的工匠精神。

知识链接

一、排放和加注冷却液

1. 排放冷却液

（1）打开冷却液膨胀罐的加注盖。

当发动机处于暖机状态时，冷却系统中压力过高，直接打开加注盖有被高温蒸汽和高温冷却液烫伤的危险。因此，需佩戴好防护手套和护目镜，将冷却液膨胀罐的密封盖用抹布盖住并小心地拧开，以消除过压。

（2）拆卸隔声垫，在下面放置冷却液收集盘。

（3）将右下冷却液软管（见图5-40）从散热器上拆下并排出冷却液。

图 5-40 拆下右下冷却液软管

2. 加注冷却液

（1）加注冷却液时先将拆下的右下冷却液软管装复，选择正确型号的冷却液进行添加。

（2）在冷却液膨胀罐上拧上冷却系统检测仪转接头。

（3）在转接头上安装冷却液加注装置，将排气软管插入一个干净的容器中收集随空气排出的少量冷却液，如图 5-41 所示。

（4）将控制杆旋转至与流动方向垂直位置，关闭阀门 A 和 B，连接软管接通压缩空气（$6 \sim 10$ bar）。

（5）沿流通方向旋转拉杆来打开阀门 B，此时，吸入式喷射泵在冷却系统内产生真空，显示仪表指针应在绿色区域内。

（6）沿流通方向旋转拉杆短暂打开阀门 A，以使冷却液加注装置的冷却液膨胀罐软管内充满冷却液。

（7）重新关闭阀门 A，让阀门 B 继续保持打开状态 2 min。此时，吸入式喷射泵在冷却系统内继续产生真空，显示仪表的指针仍应位于绿色区域内。

（8）关闭阀门 B，显示仪表的指针应保持在绿色区域内，这样冷却系统中的真空才能满足加注需要。如果指针位于绿色区域以下，则需重复上述过程；如果真空度下降，则需检查冷却系统是否有泄漏。

（9）拔下压缩空气软管，打开阀门 A，由于在冷却系统中产生了真空，故冷却液会从冷却系统加注装置的冷却液膨胀罐中被吸出并加注到冷却系统中。加注至"最高"刻线处，从冷却液膨胀罐上拆下冷却系统加注装置。

（10）安装隔声板，将温度设为"HI"，按下"A/C"键关闭空调压缩机，起动发动机并以约 1 500 r/min 和 2 800 r/min 的转速交替运转，直至散热器风扇启动。

（11）拧紧冷却液膨胀罐的密封盖，直至其卡止，关闭发动机并使其冷却，检查冷却液液位。

（12）在膨胀罐上再次拧上冷却系统检测仪转接头，用冷却系统检测仪检测，在冷却系统内产生 1 bar 过压。在发动机运转时加注冷却液，直至高出最高刻度标记处大约 5 mm。

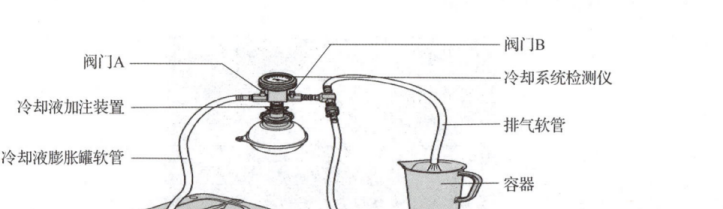

图5-41 冷却液加注装置及安装

小贴士

排放和加注冷却液时要注意全程遵守8S管理理念，养成整洁规范、安全细致的工作习惯和职业素养。更换下来的冷却液要进行专门收集处理，不可随意倾倒，牢固树立环保意识，做到绿色维修。冷却液更换后要盖好冷却液加注口盖，再次检查冷却液的量和系统的密封性，汽车维修过程中的小疏忽可能造成行车过程中的大故障，因此，在维修过程中一定要严谨细致，具有精益求精的工匠精神。

二、检测冷却系统的密封性

将冷却系统检漏仪安装到冷却液膨胀罐上，用手动泵产生约1.5 bar的压力，10 min内压力下降不应超过0.2 bar以上，否则冷却系统有泄漏。

同理，用手动泵加压到1.6~1.8 bar，检查密封盖中的安全阀。

三、拆卸和装复冷却液泵

1. 拆卸

（1）排出冷却液，拆卸空气滤清器壳体。

（2）拆卸冷却液泵的齿形皮带。

（3）脱开冷却液泵的连接插头，拧出紧固螺栓，并将支架置于一侧，如图5-42所示。

（4）脱开线束卡子。

（5）拧下冷却液泵螺栓，将冷却液泵从发动机温度调节执行器上取下，如图5-43所示。

2. 装复

按拆卸相反的顺序装上冷却液泵。

图5-42 冷却液泵的连接插头和紧固螺栓

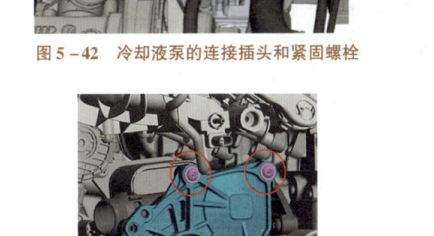

图5-43 冷却液泵螺栓

需注意的是：装复时要先挂上齿形皮带，对正中心定位点，再拧紧螺栓。

四、拆卸和装复发动机温度调节执行器

1. 拆卸

（1）拆卸节气门控制单元。

（2）拧下进气歧管上的冷却液管。

（3）拔下固定夹，拆下冷却液软管。

（4）从发动机温度调节执行器上拔出电气连接插头。

（5）拧出螺栓（见图5-44），将发动机温度调节执行器从对中销上取下并从发动机机油散热器上拔出。

2. 装复

（1）拆卸用冷却液浸润的新的O形密封圈和发动机温度调节执行器密封垫，更换密封件。

（2）检查气缸体内安装的两个定位销，将连接套管装入发动机机油冷却器。

（3）将发动机温度调节执行器推到连接套管上，沿定位销推入气缸体，如图5-45所示。

图5－44 拆卸发动机温度调节执行器

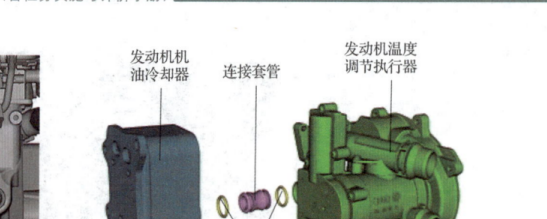

图5－45 装复发动机温度调节执行器

五、拆卸和装复散热器

拆卸过程如下（装复按拆卸相反的过程进行）：

（1）排空冷却液，拆下风扇护罩，拆下前保险杠盖板。

（2）拆下空气管盖螺栓。

（3）从固定卡上脱开冷却液软管，然后拆下上部进气管道。

（4）拆下下部进气管道两侧的螺栓，拆下下部进气管道。

（5）拔出左上冷却液软管的固定夹，然后将其从散热器上拔出。

（6）用斜口钳夹住散热器支座左右侧的卡扣，从上部将散热器略微推向发动机侧，如图5－46所示。同时按下散热器左右侧的锁止卡（见图5－47），然后将散热器从增压空气冷却器拆下，固定增压空气冷却器。

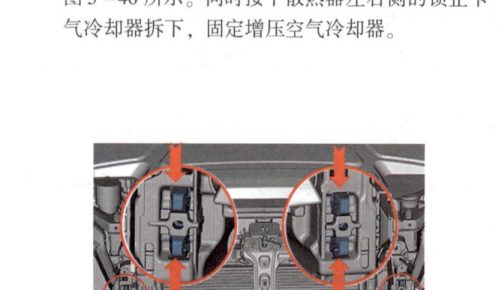

图5－46 散热器支座左右侧的卡扣

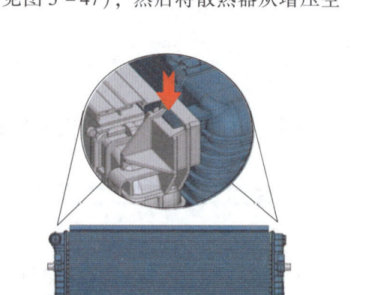

图5－47 散热器左右侧的锁止卡

任务实施

详见《任务实施与评价手册》"任务实施单5.4 冷却系统拆装与维护"。

任务评估

详见《任务实施与评价手册》"任务评估单5.4 冷却系统拆装与维护"。

项目小结

见附件5。

项目检测

1. 冷却系统的功用：一是_____；二是_____。
2. 汽车发动机通常采用_____冷却系统。
3. 冷却系统大循环和小循环的本质区别在于冷却液是否流过_____。
4. 散热器盖也称_____，在发动机热状态下开启散热器盖时，应缓慢旋开，使冷却系统内的压力逐渐降低，以免被喷出的高温冷却液烫伤。
5. 根据驱动方式的不同，发动机冷却风扇可以分为_____、_____和_____三种类型。
6. 在发动机热能管理系统的暖机过程中，发动机的运行经过_____、_____和_____三个阶段。
7. 简述发动机水冷却系统的主要组成。
8. 试比较机械水泵与电子水泵各有何优缺点。

项目6

润滑系统结构与检修

 项目描述

润滑系统是发动机不可或缺的重要系统之一，其功能是降低相互运动的零部件之间的磨损，吸附并带走发动机多余热量，清洁金属磨屑，在金属部件表面形成一层油膜，防止零部件被腐蚀生锈并减振缓冲，从而确保发动机各系统和部件能够正常稳定的运转。润滑系统应保持一定的压力，使润滑油路通畅，若发生故障，可能会给发动机带来比较严重的损伤。若要完成润滑系统相关故障的检修，需深入学习发动机润滑系统的功用、组成、工作原理、润滑油循环流动的路线、润滑系统主要零部件的拆检等内容。

学习任务1 发动机润滑系统认知

任务导入

机油相对于发动机而言，就好像人体的血液一样，渗透于发动机内部的活塞、缸壁、凸轮轴、曲轴以及其他相互运动的零部件之间，起着润滑、清洗、冷却、密封等作用。一台发动机工作质量的好坏与寿命的长短，在很大程度上取决于机油的数量和质量。如果没有机油这个"血液"，发动机就无法正常运转；如果"血液"出现问题，汽车也就失去了"健康"。那么你知道润滑系统到底是如何保障发动机"健康"的吗？

任务目标

知识目标：

1. 了解发动机润滑系统的功用及润滑方式；
2. 熟悉发动机润滑系统各组成部件及润滑油流动路线。

技能目标：

1. 能够认识机油压力警示灯；
2. 能够在发动机上指认润滑油流动的基本路线。

素养目标：

1. 激发专业兴趣，提升探索未知、追求真理的勇气；
2. 强化8S管理理念，养成安全细致、整洁规范的工作习惯和职业素养。

知识链接

一、润滑系统的功用

发动机工作时，相对运动的零部件表面之间会产生摩擦，从而增大发动机内部的功率消耗，使零件工作表面迅速磨损；摩擦产生的大量热还可能导致零件工作表面被烧损，使发动机无法运转。因此，为了保障发动机的正常工作，必须对相对运动的零部件表面进行润滑。

润滑系统的主要功用如下：

（1）润滑：润滑运动零件表面，减小摩擦阻力和磨损。

（2）清洗：机油在润滑系统内不断循环，带走金属磨屑和其他异物，清洗摩擦表面。

（3）冷却：流动的机油可以带走摩擦产生的多余热量，起到冷却作用，防止金属部件之间发生粘连、熔化和摩擦焊接等。

（4）密封：在运动零件之间形成油膜，提高密封性，防止漏气或漏油。

（5）防锈防腐蚀：在零件表面形成油膜，对零件表面起保护作用，防止生锈腐蚀。

（6）液压：作为液压油保障液压部件如液压挺柱等的正常工作，起到液压作用。

（7）缓冲减振：在运动零件表面形成油膜，吸收冲击并减小振动，起到缓冲减振的作用。

二、润滑方式

发动机的润滑方式主要有三种：压力润滑、飞溅润滑和润滑脂润滑。

1. 压力润滑

利用机油泵，将具有一定压力的润滑油源源不断地送往摩擦表面，适用于工作载荷大、相对速度高的运动表面，如曲轴主轴承、连杆轴承、凸轮轴轴承等。

2. 飞溅润滑

利用发动机工作时运动零件飞溅起来的油滴或油雾来润滑摩擦表面，适用于载荷较轻、相对速度较低的运动件表面，如活塞、气缸壁、凸轮、正时齿轮、摇臂、气门等。

3. 润滑脂润滑

对于发动机辅助系统中有些较分散的部件，采用定期加注润滑脂的方式进行润滑，例如水泵轴承、发电机轴承等。

近年来，也有采用含有耐磨润滑材料（如尼龙、二硫化钼等）的轴承来代替加注润滑脂的轴承的趋势。

三、润滑系统的压力

机油压力值处于正常范围时才能保证机油能输送到发动机各部位，过高或过低都会影响正常工作甚至对发动机造成损伤。汽油发动机正常机油压力为200~500 kPa，柴油发动机正常机油压力为600~1 000 kPa，发动机怠速运转时机油压力应不低于100 kPa。

润滑系统

当机油压力超出正常范围时，机油压力警示灯会亮起，如图6－1所示。

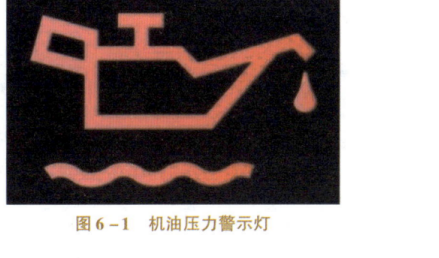

图6－1 机油压力警示灯

小贴士

机油压力过高或过低

发动机润滑系统机油压力过低或过高，对发动机的正常运行和使用寿命会产生重要影响，因此必须对油压过低或过高问题引起重视。通常机油压力过低的原因有两方面：一是由于机油消耗量过大或泄漏过多而导致机油量不足；二是机油泵吸入油量过少，可能是集滤器堵塞或者机油泵失效等。机油压力过高则主要是限压阀堵塞或调整不当、机油黏度过大或者机油压力表损坏等。在检查机油压力时，要全程遵守8S管理理念，养成安全细致、整洁规范的工作习惯和职业素养。

四、润滑系统的基本组成

润滑系统主要由机油存储和供给装置、机油滤清装置、机油指示和传感装置以及机油冷却装置四大装置组成。图6-2所示为大众EA211 1.4T发动机的润滑系统。

1. 机油存储和供给装置

机油存储和供给装置主要包括油底壳、机油泵、输油管、油道、限压阀等，这些装置主要确保机油能够以一定的压力和流量在系统中循环流动，到达需润滑的部位。

2. 机油滤清装置

机油滤清装置主要包括机油集滤器、机油粗滤清器、机油细滤清器、旁通阀（堵塞指示器）等，主要用于清除机油中的各种杂质，保持机油的清洁。

3. 机油指示和传感装置

机油指示和传感装置主要包括机油压力传感器、机油温度传感器、旁通阀、限压阀、机油尺、机油压力警示器或机油压力表等，这些装置使驾驶员或操作员能够随时了解润滑系统的工作状态。

4. 机油冷却装置

机油冷却装置为机油散热器，用于降低机油温度，保持润滑系统正常工作。

五、润滑系统的基本油路

当发动机工作时，曲轴驱动机油泵运转产生吸力，将油底壳内的机油吸出，经机油集滤器初步滤清后送入机油滤清器，滤清后的机油被压入机体主油道，再经分油道到达各润滑部位，经过气缸体、气缸盖上的油道，输送到曲轴轴颈、连杆轴颈、凸轮轴轴颈的机油使轴浮在轴承（轴瓦）上旋转。喷射或飞溅的机油，在活塞环作用下，会在气缸壁等金属表面形成油膜，使摩擦减小，并在润滑结束后回流到油底壳，如图6-3所示。图6-4所示为大众EA888发动机润滑系统基本油路。

项目⑥ 润滑系统结构与检修

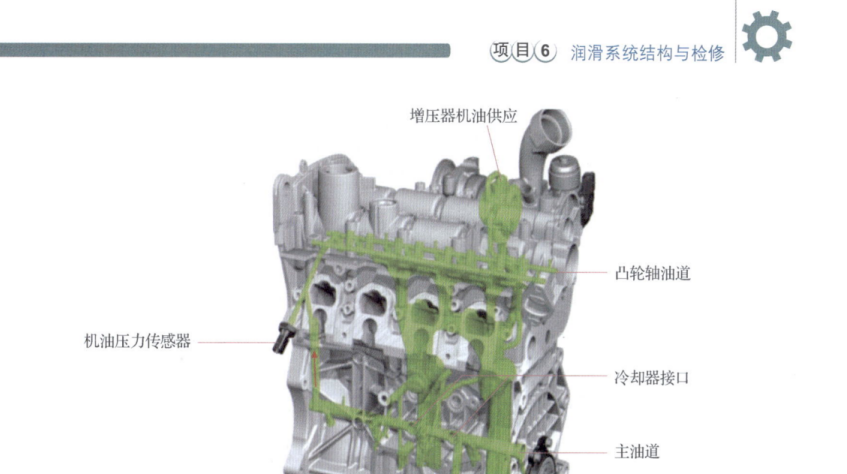

图6-2 大众EA211 1.4T发动机润滑系统

图6-3 润滑系统基本油路

图6-4 大众EA888发动机润滑系统油路

任务实施

详见《任务实施与评价手册》"任务实施单6.1 发动机润滑系统认知"。

任务评估

详见《任务实施与评价手册》"任务评估单6.1 发动机润滑系统认知"。

学习任务2 发动机润滑系统结构与检修

任务导入

一辆大众迈腾轿车，行驶里程约18万km，配备1.8TSi发动机。用户反映冷起动后机油压力警告灯可以正常熄灭，但当发动机温度上升后遇到堵车路况时，机油压力警告灯便会闪亮。此时，若将发动机熄火后重新起动或正常车速行驶后，机油压力警告灯又可熄灭。维修技师分析：该故障为机油压力正常而警告灯闪亮，可能原因是机油压力开关或油位开关、机油压力警示灯线路、油压警示控制器等存在故障或者润滑系统机械结构有泄漏。经初步检查润滑系统相关开关、线路和控制器均正常，请配合维修技师拆检润滑系统机械结构是否有泄漏。

任务目标

知识目标：

1. 了解润滑系统主要部件的功用及类型；
2. 掌握机油泵、机油滤清器等主要零部件的结构及工作原理；
3. 熟悉润滑系统各主要部件的检修内容和方法。

技能目标：

1. 能够在实车或台架上指认润滑系统各主要部件；
2. 能够规范地检修机油泵、机油滤清器等润滑系统主要零部件；
3. 能够规范地检查和更换机油。

素养目标：

1. 了解汽车润滑系统中的"四新"技术；
2. 遵守8S管理规范，强化安全操作及环保意识，注意细节；
3. 具备劳动精神和工匠精神，牢固树立技能报国的理想抱负。

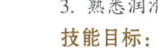

一、机油泵

机油泵的功用是给机油建立压力，保证机油在润滑系统中循环流动，并在发动机任何转速下都能以足够高的压力向润滑部位输送足够数量的机油。

大部分机油泵都安装于曲轴箱内，由曲轴直接驱动，也有部分机油泵安装于曲轴前油封处。

常见的机油泵类型有齿轮式机油泵、转子式机油泵和叶片式机油泵（可变排量机油泵）三种。

1. 齿轮式机油泵

齿轮式机油泵的工作原理是依靠齿轮相互啮合，通过在啮合过程中工作容积的变化来输送液体。齿轮式机油泵根据其结构形式不同可分为外啮合齿轮式机油泵和内啮合齿轮式机油泵，分别如图6-5（a）和图6-5（b）所示。

1）外啮合齿轮式机油泵

外啮合齿轮式机油泵的基本结构如图6-6所示，主要由主动齿轮轴、主动齿轮、从动齿轮、泵体、泵盖等组成。

外啮合齿轮式机油泵的齿轮和壳体内壁之间留有很小的间隙，如图6-7所示，当齿轮按图示方向旋转时，进油腔的容积由于轮齿向脱离啮合方向运动而增大，腔内产生一定的真空度，润滑油便从进油口被吸入并充满进油腔，旋转的齿轮将齿间的润滑油带到出油腔。由于轮齿进入啮合，出油腔容积减小、油压升高，润滑油经出油口被输送到发动机油道中。在机油泵中有限压阀，通常安装在机油泵出油口处，限压阀主要由阀体、球阀、弹簧和弹簧座组成。

汽车发动机构造与维修（含任务实施与评价手册）

图6-5 齿轮式机油泵
(a) 外啮合式；(b) 内啮合式

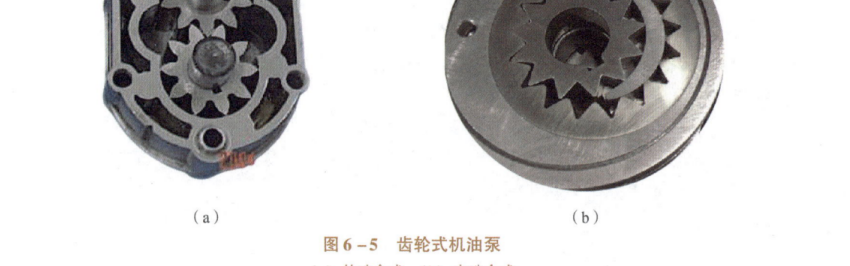

图6-6 外啮合齿轮式机油泵结构

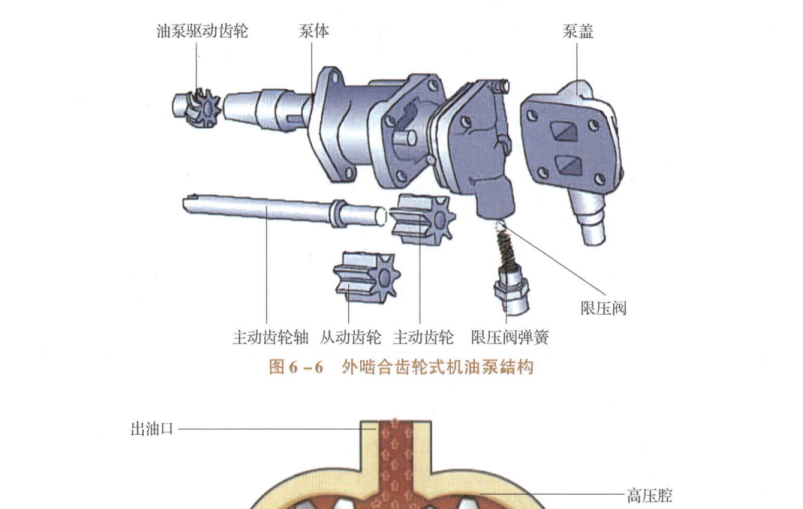

图6-7 外啮合齿轮式机油泵工作原理

泵盖上一般会铣出一条泄压槽与出油腔相通，使轮齿啮合时挤出的润滑油通过泄压槽流向出油腔，以消除轮齿进入啮合时在齿轮间产生的很大推力。

小贴士

大众EA888发动机的两段式外啮合齿轮式机油泵

大众EA888发动机采用两段式外啮合齿轮式机油泵，如图6-8所示。滑动装置位于两段式外部齿轮机油泵中，从而能够让两个泵齿轮沿纵向移动，实现两段式泵的动力控制。如果两个齿轮的高度完全相等，则泵以最大的动力运行；如果两个齿轮一起被推动，则泵以更小的动力运行。其中，滑动装置由机油泵内的控制活塞和控制口移动。控制活塞将调节过的油液导向滑动装置的左侧或右侧，滑动装置根据油压进行纵向移动。控制活塞由油压控制阀N428驱动，由低压段切换到高压段是由负载和/或发动机转速决定的。当发动机转速低于限值时，泵以1.5 bar的压力运行；当达到4 500 r/min时，泵会产生3.75 bar的油压。在高压段，发动机的最高转速仅可达1 000 r/min。

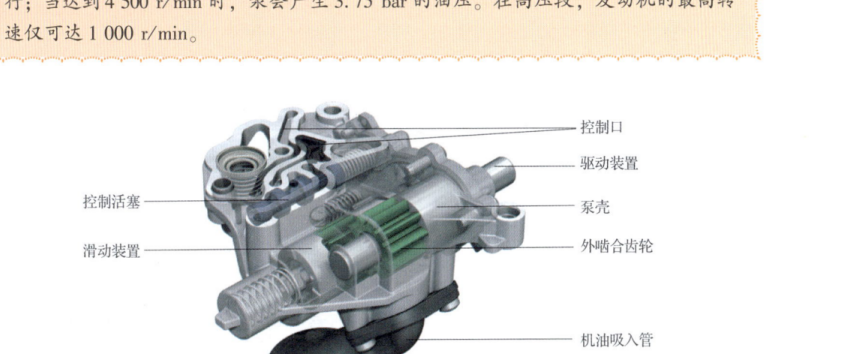

图6-8 大众EA888发动机的两段式外啮合齿轮式机油泵

2）内啮合齿轮式机油泵

内啮合齿轮式机油泵由一对内啮合齿轮、月牙形块及泵体等组成。主动小齿轮与内齿圈的中心线不重合，啮合后形成的空腔内安装了月牙形块。月牙形块将小齿轮和内齿圈隔开，形成了进油腔和出油腔。

当发动机工作时，如图6-9所示，小齿轮随曲轴一起转动并带动内齿圈以相同的方向旋转。内、外齿轮在转到进油口处时开始逐渐脱离啮合，并沿旋转方向运动，使两者形成的空间逐渐增大，产生一定的真空吸力，将机油从进油口吸入进油腔。随着齿轮的继续旋转，月牙块将内、外齿轮隔开，齿轮旋转时把齿间所存的机油带往出油口。在靠近出油口处，内、外齿轮逐渐进入啮合，空间逐渐变小，油压升高，机油从机油泵的出油口送往发动机油道中，直至内、外齿轮完全啮合。

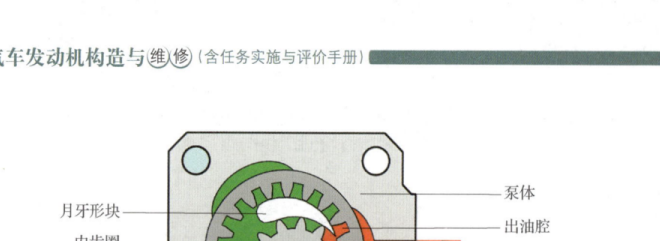

图 6-9 内啮合齿轮式机油泵的工作原理

3）齿轮泵的拆解

机油泵在进行检修前要先进行拆卸分解，分解步骤如下：

（1）拆下机油集滤器及进、出油管，拆下集滤器滤网；

（2）拆下紧固油泵盖的螺栓，取下泵盖；

（3）取下主、从动齿轮和主动轴；

（4）拧下泵盖上限压阀的螺塞，取出限压阀弹簧座、弹簧和球阀。

（5）用汽油将分解后的零件彻底清洗干净，并用压缩空气吹干。

4）齿轮泵的检修

机油泵主要的损伤形式是零件磨损造成泄漏，使泵油压力降低，泵油量减少。齿轮泵具体的损伤形式包括泵盖磨损、泵轴与承孔磨损松旷、主/从动齿轮磨损、壳体破裂等，因此，对应的检修项目主要有：

（1）泵盖检修。泵盖平面上有轻微的拉毛时，可在平板上磨光。当有明显台阶时，应测量其平面公差，当公差超过 0.10 mm 时，可在机床上磨平或车平。

（2）机油泵壳的检修。检查机油泵轴孔的磨损程度，检查螺孔是否损坏、泵壳有无裂纹。机油泵主动轴与轴孔的间隙一般为 $0.03 \sim 0.07$ mm，最大不得超过 0.15 mm。如间隙超过规定，或晃动机油泵轴有明显松旷感觉，应将主动轴涂镀加粗或用镶套法修复。

（3）机油泵轴的检修。检查机油泵轴的弯曲变形，当其直线度在全长上超过 0.03 mm 时，应进行校正。若泵轴的磨损超过 0.05 mm，则可光磨后电镀修复。机油泵主动轴上端安装传动齿轮的键槽和半圆键应良好，如有损坏或松旷，应予修复或更换。

（4）主/从动齿轮啮合间隙的检修。用较窄的塞尺在互成 $120°$ 处分三点测量，啮合间隙一般为 $0.05 \sim 0.20$ mm。测量各点齿轮啮合间隙相差不得超过 0.10 mm，否则更换新齿轮，如图 6-10 所示。

（5）检查机油泵主/从动齿轮与机油泵盖端面的间隙。如图 6-11 所示，机油泵主/从动齿轮与机油泵盖端面的正常间隙应为 0.05 mm，磨损极限值为 0.15 mm。

（6）检查主/从动齿轮端面与机油泵壳之间的配合间隙。如图 6-12 所示，主动齿轮端面与机油泵壳配合间隙应为 $0.03 \sim 0.075$ mm，磨损极限值为 0.20 mm。

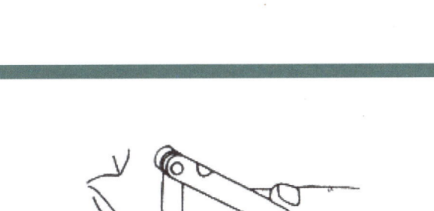

图6-10 主/从动齿轮啮合间隙检测

图6-11 主/从动齿轮与机油泵盖端面间隙检测

图6-12 主/从动齿轮与机油泵壳配合间隙检测
（a）检查主动齿轮齿顶间隙；（b）检查从动齿轮齿顶间隙

2. 转子式机油泵

1）结构及工作原理

转子式机油泵结构如图6-13所示，油泵壳体内装有内转子和外转子。内转子通过键固定在主动轴上，外转子外圆柱面与壳体配合，二者之间有一定的偏心距，外转子在内转子的带动下转动。壳体上设有进油口和出油口。

在内、外转子的转动过程中，转子每个齿的齿形齿廓线上总能相互成点接触，这样内、外转子间形成了四个封闭的工作腔。由于外转子总是慢于内转子，故随着转子的转动，这四个工作腔容积不断变化。在进油道的一侧空腔，由于转子脱离啮合，容积逐渐增大，产生真空，机油被吸入；转子继续旋转，机油被带到出油道一侧，这时，转子正好进入啮合，使这一空腔容积减小、油压升高，机油从齿间被挤出并经出油道压送出去。这样，随着转子的不断旋转，机油就不断地被吸入和压出，其工作过程如图6-14所示。

机油泵的出油量与它的尺寸、转速及润滑系统的阻力有关，出油量是用油量的几倍以上，所以机油泵工作时，其限压阀应一直溢油。若发动机磨损增大，回油量减少，当回油停止时，发动机就接近大修了。机油泵的出油压力会随发动机转速、机油黏度、润滑油路中的阻力及配合间隙的变化而变化。

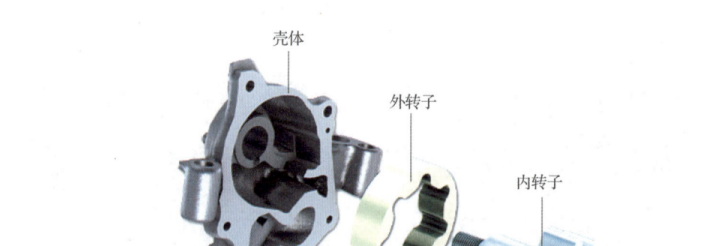

图6-13 转子式机油泵

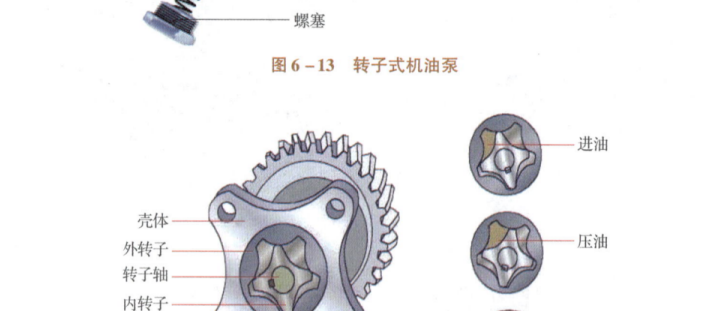

图6-14 转子式机油泵工作原理

转子式机油泵结构紧凑，体积小，质量轻，吸油真空度高，泵油量大，供油均匀度好，安装在曲轴箱外位置较高处时也能很好地供油。

2）检修

转子式机油泵的检修主要是检测几个重要间隙：

（1）检测转子轴与轴孔的配合间隙；

（2）检测外转子与泵壳的配合间隙；

（3）检测内、外转子的啮合间隙；

（4）检测转子端面与泵盖的轴向间隙。

转子式机油泵各部位间隙的检测如图6-15所示，主要是用塞尺检测，各间隙若不符合维修手册技术要求，则应更换新泵。

3. 叶片式机油泵（可变排量机油泵）

1）类型

常见的叶片式机油泵有单作用叶片式机油泵和双作用叶片式机油泵两种。

图6-15 转子式机油泵各部位间隙的检测

(a) 检查外转子与泵壳配合间隙；(b) 检查内、外转子啮合间隙；(c) 检查转子端面与泵盖轴向间隙

单作用叶片式机油泵主要由定子、转子，叶片和配油盘等组成。定子的内表面为圆柱形，转子偏心安装在定子中，叶片装在转子径向滑槽中，并可在槽内径向滑动。转子转动时，在离心力和叶片根部压力油的作用下，叶片紧贴在定子内表面上，这样相邻两片叶片间就形成了密封工作腔。在其中一边，叶片逐渐伸出，密封工作腔逐渐增大，形成局部真空，形成吸油；反之，另一边形成压油。转子每转一周，叶片在滑槽内往复滑移1次，完成1次吸油、1次压油。其油压所产生的径向力是不平衡的，故称单作用叶片式机油泵，也称不平衡叶片式机油泵。如图6-16（a）所示。

双作用叶片式机油泵由定子、转子、叶片和配油盘等组成。定子内壁近似椭圆形。叶片安装在转子径向槽内并可沿槽滑动，转子与定子同心安装。当转子转动时，叶片在离心力的作用下压向定子内表面，并随定子内表面曲线的变化而被迫在转子槽内往复滑动，相邻两叶片间的密封工作腔就会发生增大和缩小的变化。当叶片由小半径圆弧向大半径圆弧处滑移时，密封工作腔随之逐渐增大形成局部真空，于是油箱中油液通过配油盘上吸油腔被吸入；反之将油压出。其转子每转一周，叶片在槽内往复滑移2次，完成2次吸油和2次压油，并且油压所产生的径向力是平衡的，故称双作用叶片式机油泵，也称平衡叶片式机油泵。如图6-16（b）所示。

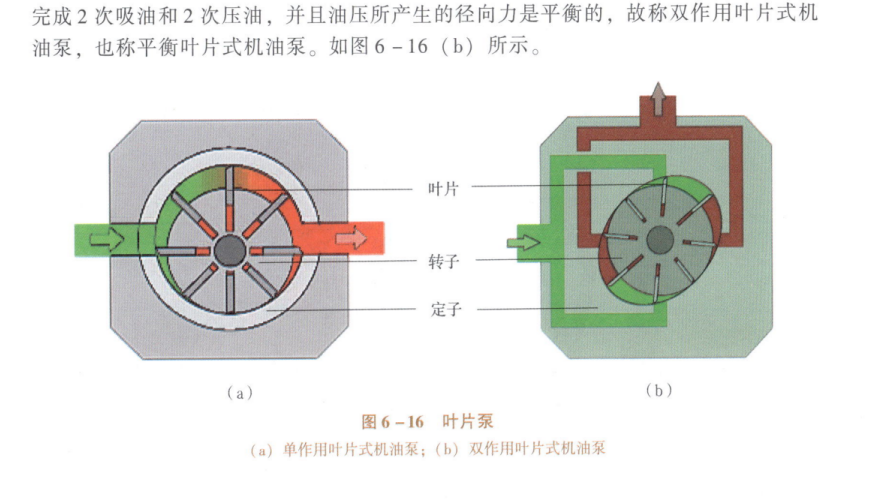

图6-16 叶片泵

(a) 单作用叶片式机油泵；(b) 双作用叶片式机油泵

当发动机的转速逐渐上升时，机油泵泵油量和压力随着转速增加而增加，在泵油量和压力满足润滑需求后继续增加，就会多消耗一部分发动机功率，所以需要采用可变排量机油泵，常采用叶片式机油泵。采用叶片式可变排量机油泵一般能降低发动机1%~2%的燃油消耗。

2）结构及工作原理

汽车发动机用的可变排量机油泵通常为叶片式机油泵，由转子、滑阀、叶片、调节油室、机油压力控制电磁阀等组成。机油压力控制电磁阀安装在主油路上，由电脑控制，如图6-17所示。图6-18所示为大众EA211系列发动机可变排量机油泵的分解结构图。

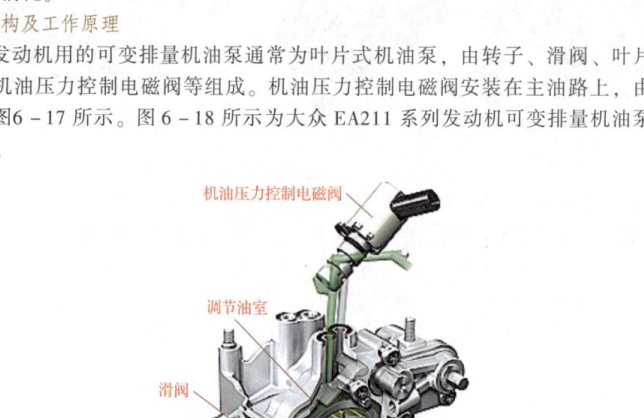

图6-17 可变排量机油泵安装关系图

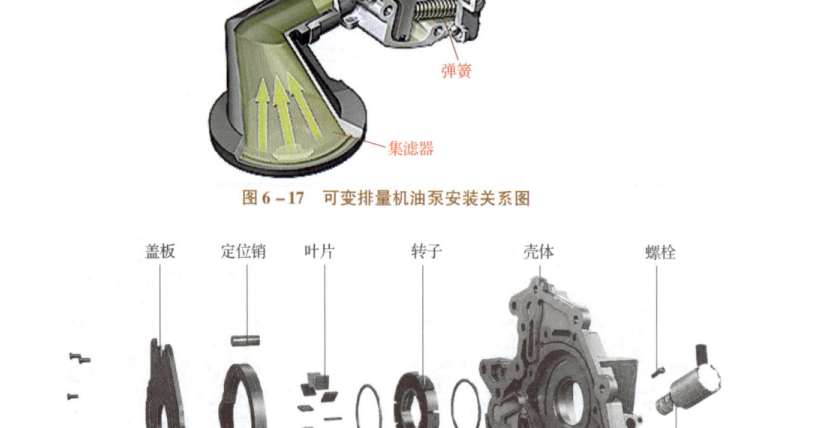

图6-18 大众EA211系列发动机可变排量机油泵分解结构图

以通用新一代小排量发动机的电控可变排量机油泵为例，当发动机低速转动时，机油泵的定子在回位弹簧的作用下，保持与转子的偏心度最大，如图6-19（a）所示，此时的排量也是最大，满足发动机润滑的要求。定子与油泵外壁间有两个油腔A和B，这两个油腔是调节油泵排量的最关键因素。A腔引入经过滤清器的主油路油压，而B腔的油压受到一个电磁阀控制，当发动机高速转动时，ECU控制机油压力控制电磁阀通电打开，主油路的油压就会作用在B腔，与A腔的压力一起将定子向逆时针方向推动。这样，定子与转子的偏心度就会减小，排量也就随之变小，避免回流，节约能耗。如图6-19（b）所示。

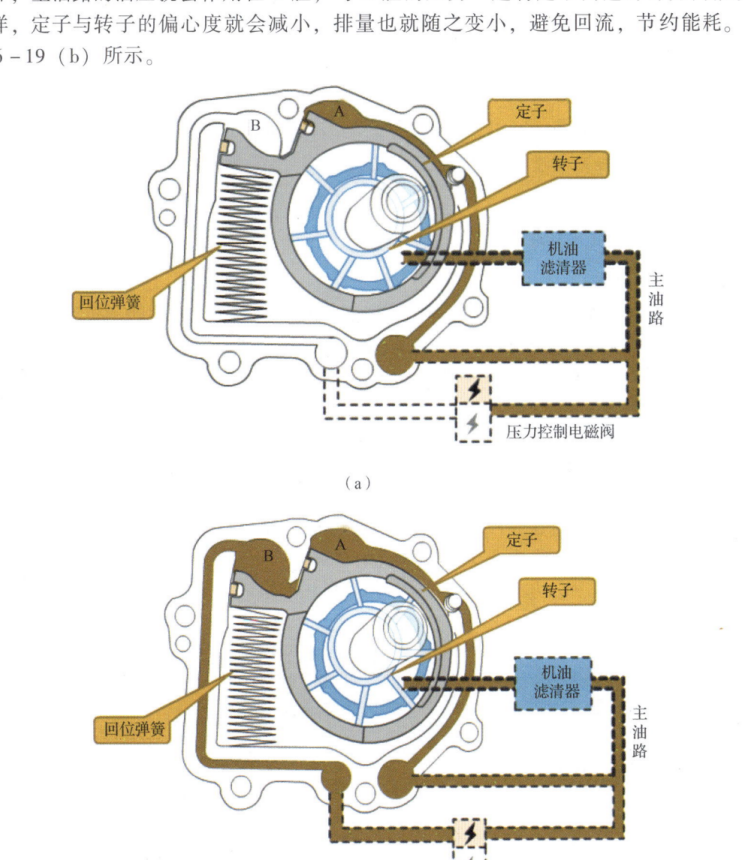

图6-19 可变排量机油泵工作原理

（a）大排量状态；（b）小排量状态

汽车发动机构造与维修（含任务实施与评价手册）

 小贴士

> **可变排量机油泵电磁阀如果失效，发动机还能润滑吗？**
>
> 可变排量机油泵的电磁阀一旦失效，相当于电磁阀断电，机油泵将会保持大排量的状态。这时可以保证足够的发动机润滑需求，但是，由于实现不了小排量控制，故其燃油经济性就会有所牺牲。可变排量机油泵是不允许分解维修的，如果出现故障，只能更换总成。发动机主油路上装有压力传感器，我们可以安装机油压力表或者通过 GDS 读取机油压力数据和机油压力控制电磁阀指令，协助对机油泵性能进行判断。
>
> 注意：如果机油压力低，除了机油泵外，还有可能是机油黏度低或发动机油路堵塞以及曲轴轴颈磨损等。

4. 机油泵的性能试验

1）简易试验法

试验时，集滤器浸入清洁的机油中，按机油泵的工作转向，用手转动机油泵主动轴，机油应从出油口流出；用手指堵住出油口，继续转动机油泵，手指应有压力感，同时感到转动主动轴的阻力明显增大，直至转不动或机油被压出；径向和轴向推拉、晃动主动轴，应有间隙感但不松旷。

2）机油泵在试验台上检验

代表机油泵工作性能的泵油量（L/min）和泵油压力两个指标应符合标准，且机械传动部分转动灵活，无松旷、卡滞和响声。

将机油泵安装于油泵试验台上，当机油泵转速为 1 800 r/min、发动机转速为 3 600 r/min 时，泵油量应不小于 67.5 L/min。堵住出油阀使油压增高，机油泵限压阀应在 (588 ± 98) kPa 范围内打开。将机油泵装回发动机，发动机温度正常时，机油压力应符合规定。如果不符合规定，则应调整机油限压阀。

当机油压过低时，可在限压阀螺孔内加调整垫片，以增大弹簧张力，使油压升高。当油压过高时，应在螺塞连接处加垫圈，或减少螺孔内调整垫片，以减弱弹簧张力，使油压降低。若因球阀关闭不严影响机油压力，则应更换新阀。

二、机油滤清器

在发动机工作过程中，金属磨屑、尘土、高温下被氧化的积炭和胶状沉淀物、水等会不断混入机油，机油滤清器的作用就是滤掉这些机械杂质和胶质，保持润滑油的清洁，延长其使用期限。机油滤清器应具有滤清能力强、流通阻力小、使用寿命长等性能。

现在越来越多的发动机为维修方便，采用旋转式滤芯结构，滤芯为纸质折叠式结构，封闭式外壳，直接旋装于滤清器盖上，达到规定里程后定期进行整体更换。

1. 类型

为了保证滤清效果，一般润滑系统中装用多个不同滤清能力的滤清器，包括机油集滤器、机油粗滤清器和机油细滤清器。机油的过滤方式按机油滤清器与主油道的安装关系可以分为全流式过滤、分流式过滤和并联式过滤，如图6-20所示。与主油道串联的滤清器一般为机油集滤器和机油粗滤清器；与主油道并联的滤清器一般为机油细滤清器，过油量为10%~15%。

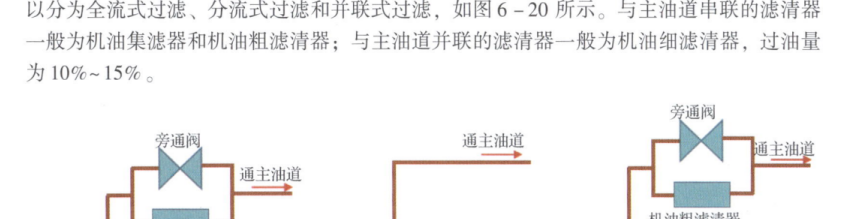

图6-20 机油的过滤方式

(a) 全流式过滤；(b) 分流式过滤；(c) 并联式过滤

2. 机油集滤器

机油集滤器通常安装于油底壳中机油泵进油口之前，其功用是防止较大（直径为0.1 mm以上）的机械杂质进入机油泵。

机油集滤器有固定式和浮式两种。浮式集滤器漂浮于机油表面，保证油泵吸入最上层较清洁的机油，但油面上的泡沫易被吸入，使机油压力降低，润滑欠可靠。固定式集滤器淹没在油面之下，吸入的机油清洁度较差，但可防止泡沫吸入，润滑可靠，结构简单。目前常用固定式机油集滤器。

固定式机油集滤器的结构如图6-21所示。吸油管总成的上端有与机油泵进油孔连接的凸缘，下端与滤网支座中心固定连接，滤网夹装在支座与罩之间，滤网靠自身的弹力紧压在罩上，罩的中间有开口，形成进油通道。

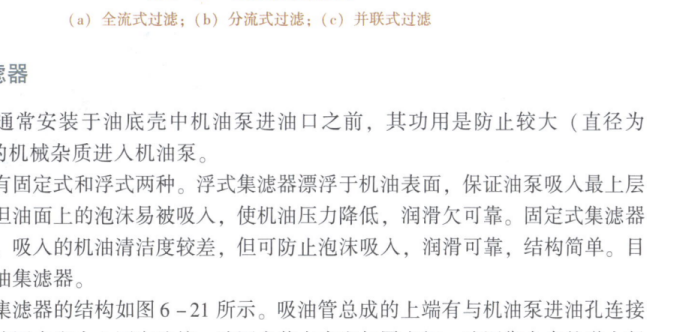

图6-21 机油集滤器

当机油泵工作时，润滑油从罩的开口处经滤网被吸入，粗大的杂质被滤网滤去，然后经吸油管进入机油泵。

3. 机油粗滤清器

机油粗滤清器通常串联于机油泵与主油道之间，属于全流式滤清器，它对机油的流动阻力比较小，主要功用是过滤机油中颗粒较大（直径为 $0.05 \sim 0.1$ mm）的杂质。

机油粗滤清器由壳体、纸质滤芯、安全阀（或旁通阀）、进油口和出油口等组成。滤芯由经过树脂处理的多孔滤纸折叠而成，滤芯的两端有环形密封圈，滤芯内有金属网或带有网眼的薄铁皮作为滤芯的骨架。机油粗滤清器的结构如图 6-22 所示。

图 6-22 机油粗滤清器的结构

当机油粗滤清器工作时，机油经进油口进入滤芯的外表面，经滤芯后由出油口流出。机油粗滤清器端盖上装有旁通阀，当滤芯堵塞，进、出油口压差达到 $150 \sim 180$ kPa 时，旁通阀被顶开，机油不经过滤芯直接进入主油道。如图 6-23 所示。

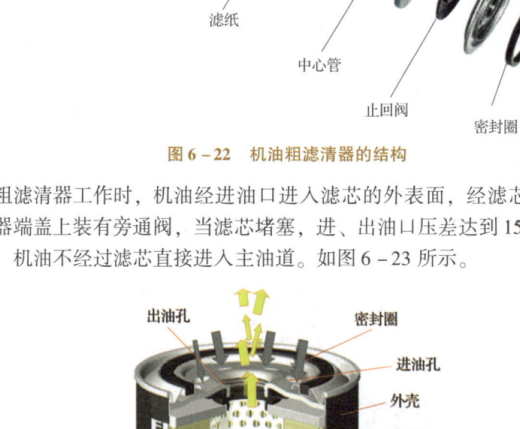

图 6-23 机油粗滤清器的工作原理

采用纸质滤芯的机油粗滤清器结构简单，滤清效果好，更换方便，目前得到了较为广泛的应用。

4. 机油细滤清器

机油细滤清器多与主油道并联，属于分流式滤清器，因其对润滑油的流动阻力较大，故也有制成全流式的，但需要加装旁通阀以防断流。

机油细滤清器的功用主要是滤除机油中细小（直径在0.01 mm以上）的杂质、胶质和水等，通常有过滤式和离心式两种。

过滤式机油细滤清器由壳体、纸质滤芯、旁通阀、进油口和出油口等组成。其壳体由薄钢板冲压封闭而成，滤芯采用耐油、耐水的微孔滤纸，有较大的滤面面积和良好的通过性，滤芯的下部装有旁通阀，其结构与纸质滤芯的机油粗滤清器类似。

离心式机油细滤清器由底座、外壳、空心轴、转子、管状网罩、驱动轴、喷嘴、进油口和出油口等组成。工作时机油从底座进油口被吸入，进入空心轴，转子高速转动，机油在离心力的作用下穿过管状网罩进入转子体，将杂质吸附于污物聚积层，干净的机油从喷嘴喷出，再从底座的出油口流出。其结构和工作过程如图6-24所示。

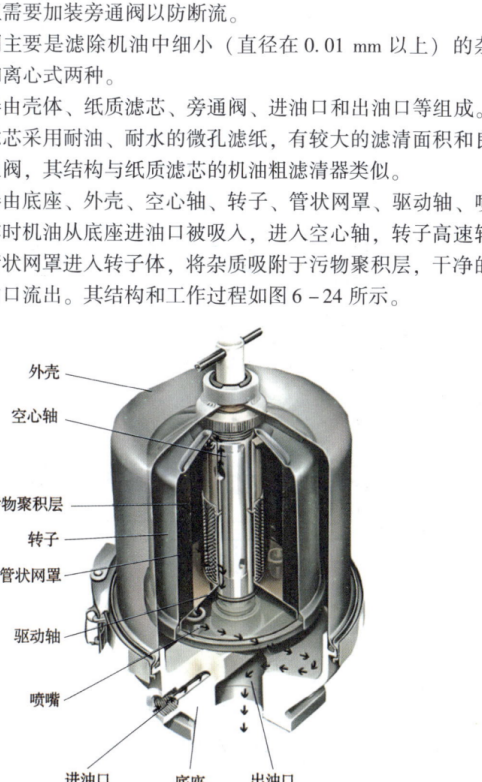

图6-24 离心式机油细滤清器

三、机油冷却器

当发动机运转时，由于机油黏度随温度升高而变稀，使润滑效果变差。因此，大功率的发动机由于热负荷大，故必须装用机油冷却器，以保持机油温度在正常范围之内。机油冷却器也叫机油散热器，一般有水冷式和风冷式两种，现代汽车多采用水冷式。如图6-25所示。

水冷式机油冷却器为圆筒形，内部有由黄铜管、散热片和隔片组成的芯子，水在芯子的管内流动，机油在芯子与外壳的夹层间流动，在流动的过程中冷水将机油中多余的热量带走，起到冷却散热的作用。

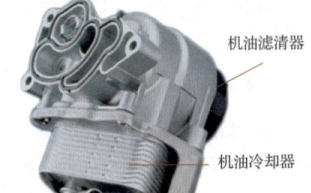

图6-25 机油冷却器

四、机油喷管

直喷发动机的工作温度更高，有的发动机气缸体下部装有机油冷却喷管或喷嘴，通过向活塞内腔喷射机油来帮助活塞散热，如图6-26所示，这对减轻发动机爆燃倾向有明显的改善作用。如果机油冷却喷嘴堵塞，活塞就会积热升温，可能导致活塞烧顶或损坏。

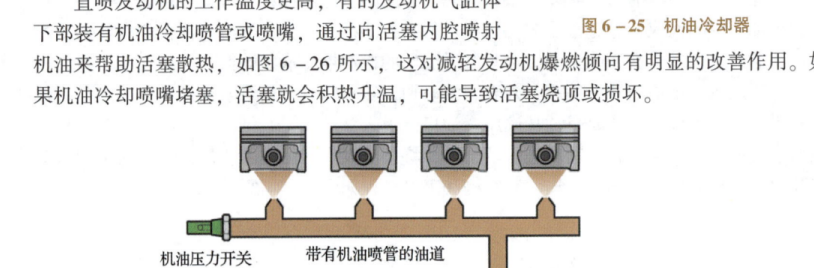

图6-26 机油喷管

五、机油尺

机油尺是用来检查油底壳内机油量和机油液面高低的，它是一根金属杆，下端制成扁平状并有"MAX"和"MIN"两个刻线或标记。正常机油液面应处于机油尺上、下刻线或标记之间，如图6-27所示。

六、润滑系统的拆装

若在维修时发现发动机机油中存在大量的切屑或金属屑（比如，由曲轴或连杆轴承的局部问题所致），则应彻底清洁油道，然后更换发动机机油冷却器，以防止后续损坏。以大众Magotan B8L EA888发动机为例，润滑系统相关部件的拆装步骤如下。

项目⑥ 润滑系统结构与检修

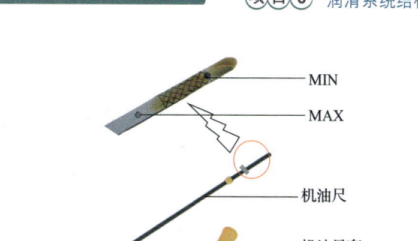

图 6-27 机油尺

1. 拆卸与安装油位和油温传感器

1）拆卸

拆卸时，先排尽发动机机油，然后拆下密封件，脱开电气连接插头，松开螺母，最后拆下油位和油温传感器，如图 6-28 所示。

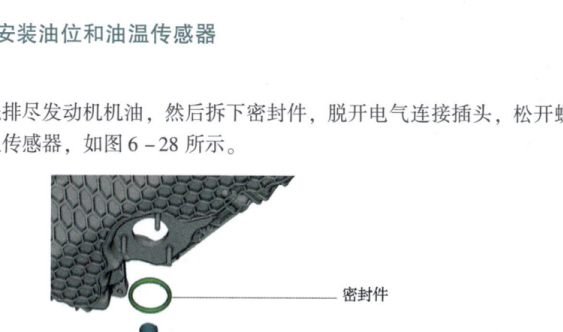

图 6-28 拆卸油位和油温传感器

2）安装

安装时按与拆卸相反的顺序进行，注意更换密封件，重新加注机油并检查油位，按规定力矩扭紧。

2. 拆卸和安装机油泵

1）拆卸

（1）拆下油底壳下部件。

（2）拆下机油防溅板。

（3）锁止链条张紧装置。

（4）拧下螺栓，拆下机油泵，如图 6-29 所示。

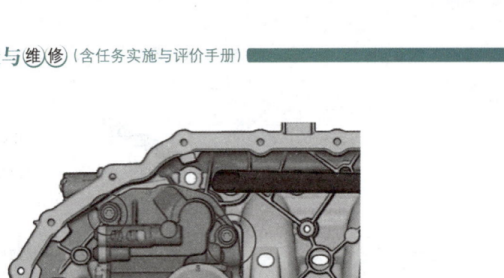

图6-29 拆卸机油泵

2）安装

安装时按与拆卸相反的顺序进行，同时注意下列事项：

（1）确认用于机油泵定心的两个定心套均完好。

（2）安装机油泵前，检查吸油管中的滤网和油底壳上部中的回油孔是否脏污。

（3）将机油泵链轮引导到传动链中，然后安装机油泵。

3. 拆卸和安装发动机机油冷却器

1）拆卸

（1）排空冷却液。当发动机处于暖机状态时，冷却系统处于高压状态，热蒸汽/热冷却液可能溢出，有烫伤的危险。因此，应用一块布盖住膨胀箱上的加注口盖并小心打开，以排放压力。

（2）拆下辅助总成支架，如图6-30所示。

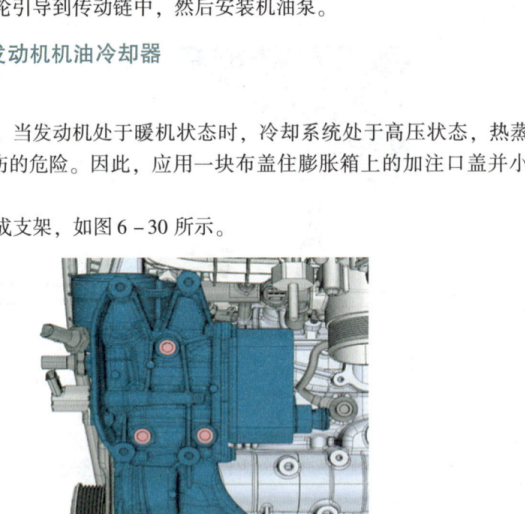

图6-30 拆下辅助总成支架

（3）拧下螺栓，然后将发动机机油冷却器连同密封垫一起拆下，如图6-31所示。

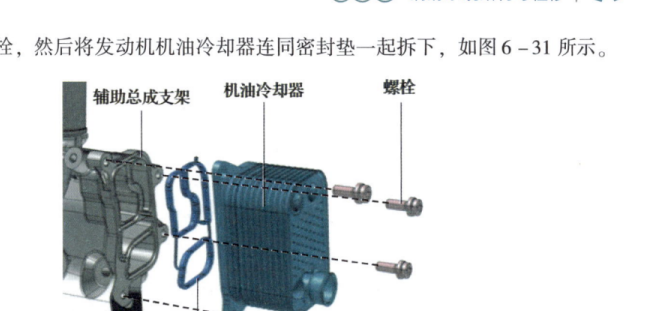

图6-31 拆下机油冷却器和密封垫

2）安装

安装时按与拆卸相反的顺序进行，同时注意下列事项：

（1）更换密封垫和密封件。

（2）用正确类型的软管夹（与原厂设备相同）固定所有软管接头。

（3）安装后补充冷却液，重新加注发动机机油并检查油位。

七、润滑系统的维护

1. 机油液面高度的检查

将车辆停放在水平位置，预热发动机使机油温度达到60 ℃以上。将发动机熄火后等待几分钟，让机油流回油底壳中；拔出机油尺，用干净的抹布擦干净，再次将机油尺插入到底；拔出机油尺，查看液面高度是否在上、下刻线或标记之间，不能高于上刻线，也不能低于下刻线。

2. 更换机油和机油滤清器

机油在使用过程中会有质和量的变化，必须定期更换，否则将导致发动机润滑效果差，形成油泥、积炭等沉积物，影响发动机的正常工作。

更换机油时，应按汽车制造商推荐的换油周期（国产汽车通常为5 000 km、7 500 km或10 000 km），并考虑车辆的使用条件等因素进行。具体操作步骤如下：

（1）将汽车停放在平坦的地面上，起动发动机并使其处于热机状态，然后熄火。

（2）拧下油底壳放油螺塞，趁热将旧机油排入合适的机油容器内，清洁放油螺塞。

（3）拧下机油滤清器，并排干净其内部的旧机油。

（4）在确保所有旧机油都已被排出的前提下，将油底壳放油螺塞装回油底壳。

（5）将符合规定（机油规格和数量）的新机油从机油加注口加入曲轴箱中。

（6）在安装新的机油滤清器前，应先在其油封上涂上机油，向新滤清器中注满符合规定要求的机油，以消除初次起动过程中润滑系统当中的空气。

（7）起动发动机并检查机油压力，检查滤清器周围是否漏油。

（8）停熄发动机并检查机油标尺上的机油油位是否合适。

 小贴士

> 更换机油时，要严格遵守8S管理规范，根据维修手册及当地气温合理选用机油，严格按标准施工，注重细节，强化安全操作及环保意识，将换下的废旧机油集中妥善处理，不可因小失大。努力将专业理论应用于实践中，培养劳动精神和工匠精神，牢固树立劳动光荣、技能报国的理想抱负。

拓展：机油的分类及选用

机油一般由基础油和添加剂两部分组成。基础油是机油的主要成分，决定着机油的基本性质；添加剂可以弥补和改善基础油性能方面的不足，赋予某些新的性能，是机油的重要组成部分。

一、机油的分类

发动机的机油通常有矿物质油、合成油和植物性机油三大类。目前许多国家采用API质量分类法和SAE黏度分类法。

1. API 质量分类法

API是美国石油协会的简称，API等级代表发动机机油质量等级的分类。

API将机油分为汽油发动机机油和柴油发动机机油。汽油发动机机油以"S"系列表示，从"SA"一直到"SN"，字母越靠后，机油的质量等级越高。柴油发动机机油以"C"系列表示，字母越靠后，质量等级越高。当S和C同时存在时，表示该机油为汽、柴发动机通用型机油。

2. SAE 黏度分类法

SAE是美国汽车工程学会的简称，它规定了机油的黏度等级。该分类将机油分为冬季用油和春秋与夏季用油，黏度从小到大有0W、5W、10W、15W、20W、25W、20、30、40、50和60共11个黏度等级。

"W"是英文"Winter"的缩写，适合于在冬天气温较低时使用。其排号是根据最大低温黏度、最低泵送温度以及100℃时的运动黏度范围划分的，号数越低，表示其所适用的环境温度也越低。

不带"W"的为春秋与夏季用油，牌号仅根据100℃的运动黏度划分，号数越大，表明高温时的黏度越大，适用的最高气温越高。

冬、夏季通用油牌号主要有5W/20、5W/30、5W/40、5W/50、10W/20、10W/30、10W/40、10W/50、15W/20、15W/30、15W/40、15W/50、20W/20、20W/30、20W/40、20W/50，代表冬季部分的数字越小、代表夏季部分的数字越大，表示机油黏度越高，适用的气温范围越大。

项目⑥ 润滑系统结构与检修

二、机油的选用

机油的牌号由质量等级和黏度等级两部分组成。因此，在选用机油时，首先根据车辆使用说明书或发动机工作条件确定发动机机油的质量等级；其次，根据车辆使用地区的气温情况选择合适的发动机黏度等级。

我国发动机机油黏度等级与适应温度范围见表6-1。

表6-1 发动机机油黏度等级与适应温度范围

SAE 黏度级别	适用气温/℃	SAE 黏度级别	适用气温/℃
5W/30	-30~30	20W/20	-15~20
10W/40	-25~40	20W/30	-15~30
15W/20	-20~20	30	-10~30
15W/40	-20~40	40	-5~40

由于单级油不可能同时满足低温和高温用油的要求，所以只能根据当地季节、气温适当选用；而多级油的优越性是它的黏温性能好，适用温度范围广，特别是在严寒地区，短途运输、低温起动较多者，其优越性更为明显，故应尽量选用多级油。

机油选用应注意以下几点：

（1）如果不是通用机油，则汽、柴机油不能混用，不同牌号的机油也不能混用。

（2）质量等级较高的机油可以替代质量等级较低的机油，反之则不能。

（3）经常检查机油液面高度，适时（定期或者按质）换油。

（4）注意使用地区的气温变化，及时换用黏度等级适宜的机油，在满足使用条件的前提下，机油的黏度应尽可能选择小一些。

详见《任务实施与评价手册》"任务实施单6.2 发动机润滑系统结构与检修"。

详见《任务实施与评价手册》"任务评估单6.2 发动机润滑系统结构与检修"。

汽车发动机构造与维修（含任务实施与评价手册）

学习任务3 曲轴箱通风

任务导入

一辆2016年产的Magotan B8L汽车正常进店保养，该车搭载大众EA888（第三代）发动机。经维修技师检查发现，发动机各接合部位的油封、衬垫处都有机油渗漏现象，机油量明显不足，试车排气管冒蓝烟，严重时甚至从机油检查尺口向外喷溅机油，车主同意一并维修。请根据故障现象，在深入学习曲轴箱通风相关知识与技能的基础上与维修技师共同诊断和排除该故障。

任务目标

知识目标：

1. 了解曲轴箱通风的功用和类型；
2. 掌握曲轴箱强制通风的基本原理；
3. 熟悉大众EA888发动机曲轴箱强制通风系统的结构。

技能目标：

1. 能够在发动机上找到曲轴箱强制通风系统；
2. 能够对曲轴箱强制通风系统进行简单的拆检。

素养目标：

1. 了解与发动机润滑系统相关的新技术、新工艺，牢固树立汽车行业发展的"四新"理念；
2. 激发创新意识，弘扬工匠精神。

 知识链接

一、曲轴箱通风的功用

发动机工作时，燃烧室的高压可燃混合气和已燃气体或多或少会通过活塞组与气缸之间的间隙窜入曲轴箱内，窜入的气体由于温度的下降，一部分会凝结于机油中，使机油变稀、性能变差，加速机油的氧化和变质，同时形成泡沫，影响润滑质量；漏入曲轴箱中的废气遇水后会生成酸类液体，腐蚀机件，同时，窜入的气体会导致曲轴箱压力和温度升高，造成机油从油封、衬垫处泄漏。

为了防止曲轴箱压力过高，延长机油使用期限，减少零件磨损和腐蚀，防止发动机漏油，曲轴箱都设有通风装置，用以排出窜入的气体并回收，同时使新鲜空气进入曲轴箱，形成不断的对流，平衡曲轴箱内的压力。另外，由于多数曲轴箱通风系统将排出的废气引入燃烧室进行燃烧，避免了大气污染，因此，曲轴箱通风还具有环保功能。

二、曲轴箱通风的类型

曲轴箱通风包括自然通风和强制通风。

（1）自然通风即在曲轴箱上设置通风管，管上装有空气滤网。当曲轴箱内压力增大时，漏入曲轴箱中的气体经由通风管直接排入大气中。这种通风方式不但会造成燃料的浪费，还会增加大气污染，且通风效果不理想，因此目前已被淘汰。

（2）强制通风是利用发动机进气管道内的真空作用，将曲轴箱内的混合气通过连接管导向进气管的适当位置，返回气缸重新燃烧，提高了发动机的燃油经济性，避免污染环境，被现在汽车广泛采用，故又称PCV系统。

三、强制曲轴箱通风

1. 强制曲轴箱通风的基本原理

带流量控制阀（PCV）的曲轴箱强制通风系统主要由空气滤清器、进气管、出气管、PCV阀及缸体和缸盖的油气通道所组成，如图6-32所示。多数车型的进气滤清器不单独设置，而是与发动机的空气滤清器合用一个。

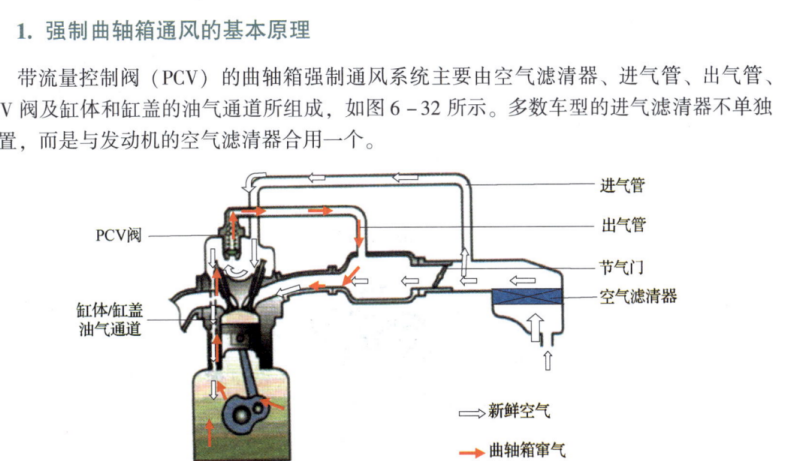

图6-32 曲轴箱强制通风示意图

发动机工作时，新鲜空气经空气滤清器进入气门室罩盖内，并进入曲轴箱与曲轴箱内的窜气混合，曲轴箱窜气经过缸体与缸盖的油气通道，再经罩盖上的PCV阀后，通过出气管进入进气管中。因此，有适量的窜气在气缸内再次燃烧。

PCV阀属于单向计量阀，用来控制通气量的大小，防止气体或火焰反向流动。PCV阀通常安装在气门室盖上，如图6-33所示。

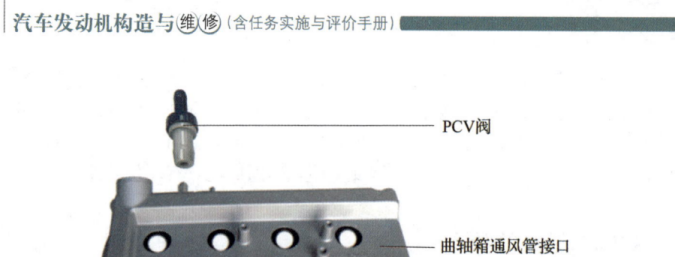

图6-33 PCV阀及其安装位置

当发动机不工作时，PCV阀在弹簧作用下保持截止状态；当发动机工作时，进气管的真空度作用在PCV阀上。怠速时真空度大，通流面积小；大负荷时真空度小，通流面积大。

2. 大众EA888发动机强制曲轴箱通风系统

在具有涡轮增压器的车型上装配的曲轴箱强制通风系统中，因进气管内并不常保持负压状态，且在增压器投入工作时甚至是处于正压状态，若只采用一根连接进气管的出气管，则会导致曲轴箱通风装置在发动机处于非自然吸气工况时不能进行正常通风。因此，在这样的车型上，曲轴箱通风出气管被分为两根，一根通向进气管，另一根通向涡轮增压器进气入口处。以大众EA888发动机为例，其曲轴箱强制通风系统主要由缸体内的机油粗分离器、拧在气缸盖罩上的机油细分离器、将洁净旁通气体引导至涡轮增压器的软管、气缸体内的机油回流管（油底壳蜂巢状插入件中有单向阀）、压力调节阀以及与机油细分离器连接的活性炭过滤器等组成，如图6-34所示。

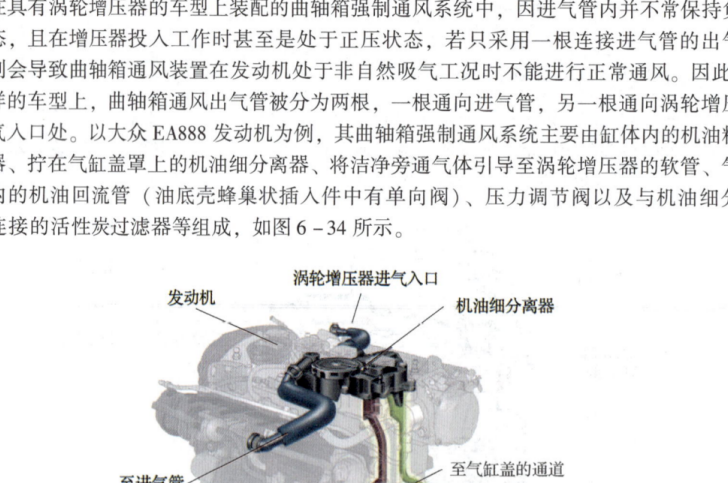

图6-34 大众EA888发动机曲轴箱强制通风系统

项目⑥ 润滑系统结构与检修

机油粗分离器让窜气气流在一个迷宫式结构（见图6-35）中改变方向，就可以分离出一部分机油，分离出的机油经缸体内的回油通道流回到油底壳中，该通道的末端在机油油面以下。

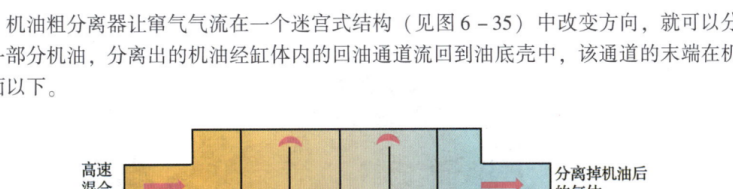

图6-35 迷宫式分离器

经过粗分离后的窜气从缸体经缸盖内的一个通道被引入到机油细分离器模块。窜气先在旋流式分离器（见图6-36）中进行净化，机油蒸气顺着红色轨迹通过缸体内的一个独立通道流回油底壳，汽油蒸气则随着绿色轨迹回到进气系统中二次参与燃烧。

图6-36 旋流式分离器

在通向进气管和通向涡轮增压器进气入口的两根管路之间设有两个单向阀（设置在细油气分离器内），当发动机处于急速或小负荷工况时，曲轴箱蒸气由进气管进入；在其他工况时，曲轴箱蒸气由涡轮增压器进气入口进入，保证了曲轴箱的正常通风。不同工况下的曲轴箱通风情况如图6-37所示。

当发动机处于冷机状态运行时，从曲轴箱来的低温机油蒸气可能会在通风管路及节气门阀板和内壁上凝结、沉积并固化，这可能导致通风系统出现堵塞现象，也会造成节气门阀板发生轻微粘连现象，为此有的汽车在曲轴箱通风管路上设置了加热装置。加热装置不仅可以给通过的机油蒸气加热（见图6-38），避免机油蒸气凝结，还可以防止通风装置在吸入很冷的空气时窜气结冰，堵塞通风管路，防止曲轴箱出现正压并延缓节气门脏污。

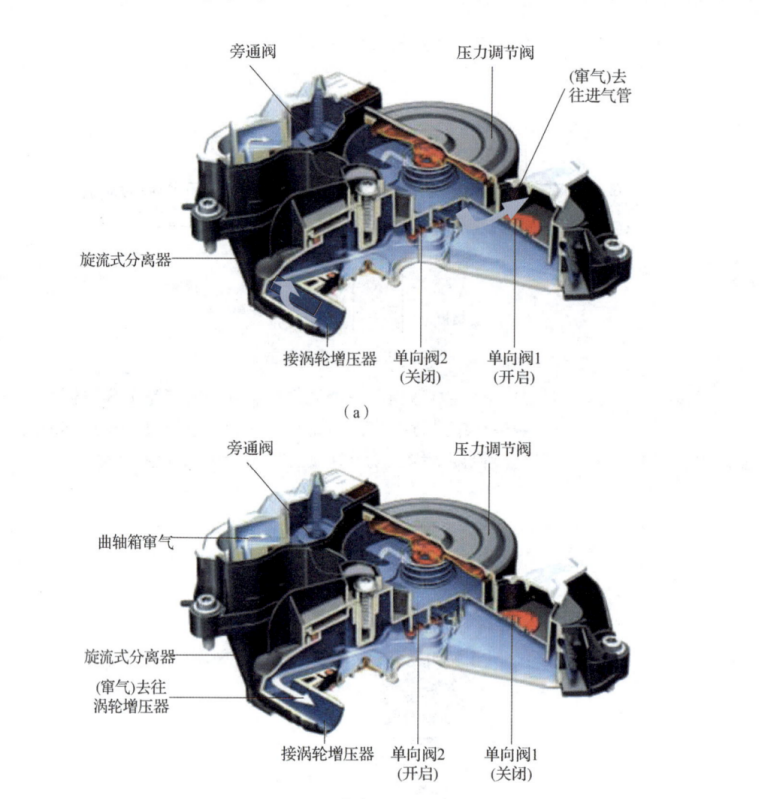

图6-37 不同工况下的曲轴箱通风

(a) 怠速或小负荷工况时；(b) 中、高负荷或满负荷工况时

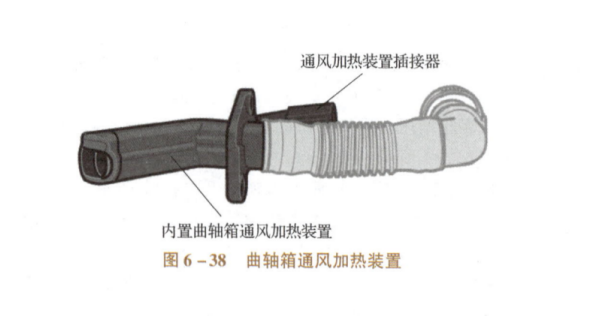

图6-38 曲轴箱通风加热装置

曲轴箱通风系统常见故障

曲轴箱通风系统常见故障主要有曲轴箱通风不畅或曲轴箱通风过度两种。

曲轴箱通风不畅会造成曲轴箱内压力过高，故障表现为从发动机各接合部位的油封、衬垫处渗漏机油，机油消耗过快、排气冒蓝烟，严重时甚至会从机油尺口向外喷减机油。导致该故障的原因可能是：PCV阀卡滞在关闭位置（机械原因卡滞或被脏污的机油泥粘住）、通风管路堵塞或曲轴箱内自身压力过高等。

曲轴箱通风过度是指曲轴箱通风装置不能随发动机工况变化而自动调节通风量，在某些车型上会表现为发动机怠速不稳或转速过高，或因进气真空作用导致大量机油及蒸气被吸入发动机中燃烧，从而导致机油消耗过快、排气管冒蓝烟。导致该故障的原因可能是：PCV阀损坏（单向阀失去作用，处于常开状态）或者维护PCV阀后装反。

目前很多车型将曲轴箱通风系统中的单向阀、调压阀和油气分离器等集成为一体，当检查出某一部件故障后，一般需更换总成。

任务实施

详见《任务实施与评价手册》"任务实施单6.3 曲轴箱通风"。

任务评估

详见《任务实施与评价手册》"任务评估单6.3 曲轴箱通风"。

项目小结

见附件6。

项目检测

一、填空题

1. 发动机的润滑方式主要有_____、_____和_____三种。

2. 常见的机油泵类型有_____、_____和_____三种。

3. 现代汽车的机油冷却器多采用_____式（风冷/水冷）。

二、选择题

1. 润滑系统的主要功用是（　　）。

A. 润滑　　　　　　　　　　　　B. 清洗

C. 冷却　　　　　　　　　　　　D. 密封

2. 下列为机油压力警示符号的是（　　）。

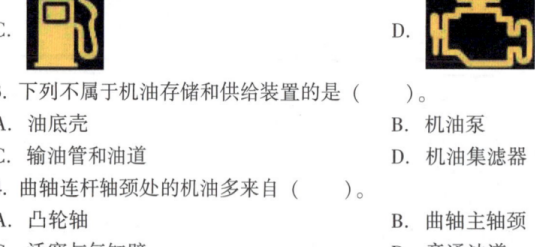

3. 下列不属于机油存储和供给装置的是（　　）。

A. 油底壳　　　　　　　　　　　B. 机油泵

C. 输油管和油道　　　　　　　　D. 机油集滤器

4. 曲轴连杆轴颈处的机油多来自（　　）。

A. 凸轮轴　　　　　　　　　　　B. 曲轴主轴颈

C. 活塞与气缸壁　　　　　　　　D. 旁通油道

5. 转子式机油泵工作时，其外转子转速比内转子转速（　　）。

A. 相等　　　　　　　　　　　　B. 高

C. 低　　　　　　　　　　　　　D. 不确定

三、简答分析题

1. 列表对机油集滤器、机油粗滤清器和机油细滤清器进行比较。

机油滤清器	安装位置	功能	与主油道关系	全流/分流
机油集滤器				
机油粗滤清器				
机油细滤清器				

2. 绘制润滑系统的基本油路示意图。

参 考 文 献

[1] 麻常选,王小娟,杨祖闹.汽车发动机机械系统检测[M].上海:同济大学出版社,2017.

[2] 冯益增.汽车发动机检修[M].北京:北京理工大学出版社,2019.

[3] 刘宜,石启军,刘勇兰.汽车发动机机械构造与维修一体化教程[M].北京:机械工业出版社,2021.

[4] 王敏,程俊,蒋红波.汽车发动机构造与维修[M].北京:北京理工大学出版社,2019.

[5] 杨波,张莉,白秀秀.汽车发动机构造与维修[M].北京:北京理工大学出版社,2019.

[6] 黄艳玲,田有为.汽车发动机机械系统检测与修复[M].北京:机械工业出版社,2023.

[7] 刘桂光,车志.汽车发动机构造与维修[M].西安:西安交通大学出版社,2014.

[8] 谢伟钢,韩鑫.汽车发动机构造与检修[M].北京:机械工业出版社,2019.

[9] 何宇,单家正,李春超.汽车发动机构造与拆装.天津:天津科学技术出版社,2022.

[10] 仇雅莉.汽车发动机构造与维修[M].北京:机械工业出版社,2021.

[11] 吴立安,胡兵,许云奎.汽车发动机构造与维修[M].天津:天津科学技术出版社,2020.

[12] 于万海.汽油发动机管理系统故障诊断与修理[M].北京:高等教育出版社,2016.

[13] 陈新亚.汽车为什么会跑图解汽车构造与原理[M].北京:机械工业出版社,2023.

[14] 陈新亚.汽车创新简史改变汽车的关键技术与设计[M].北京:机械工业出版社,2023.

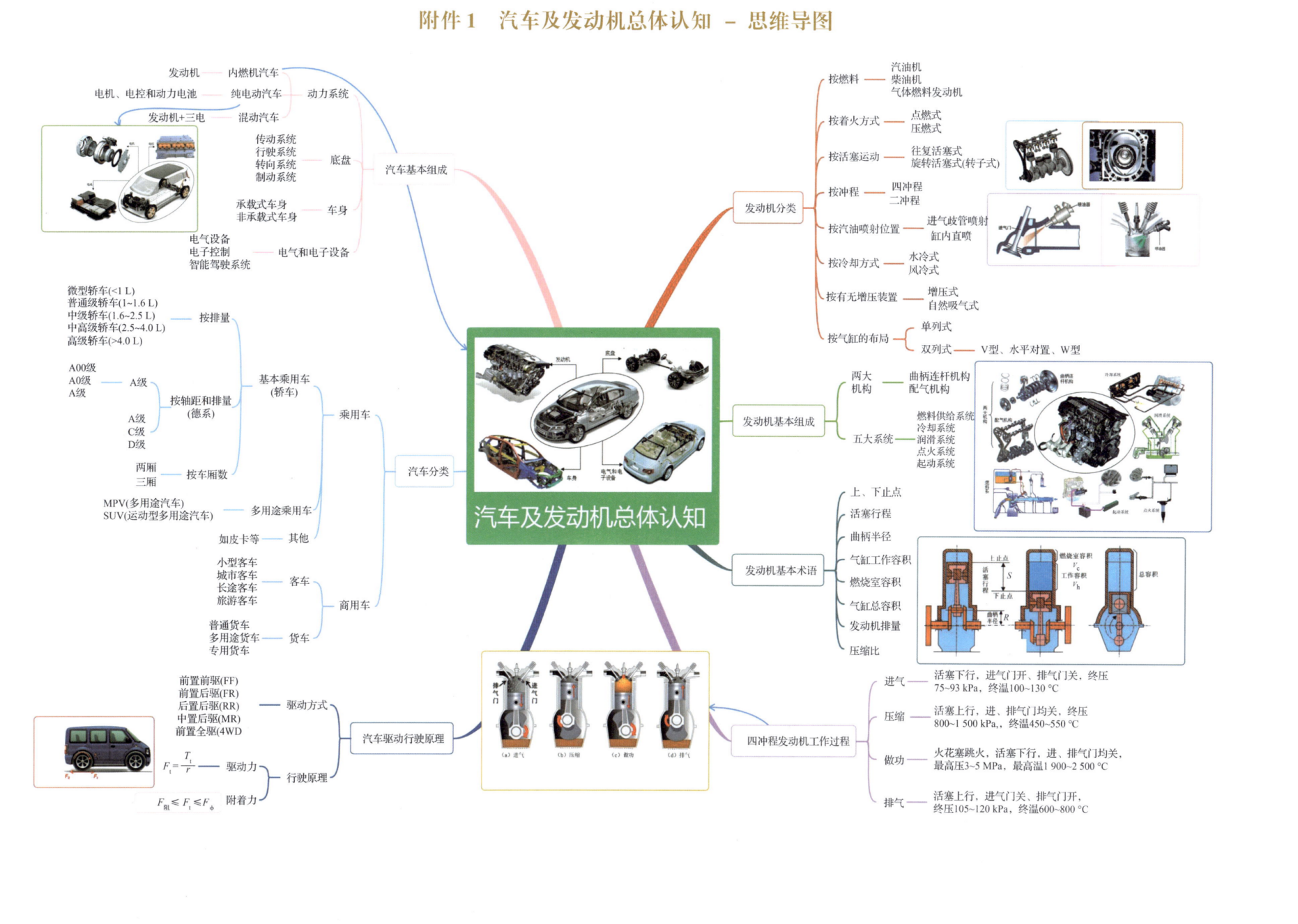

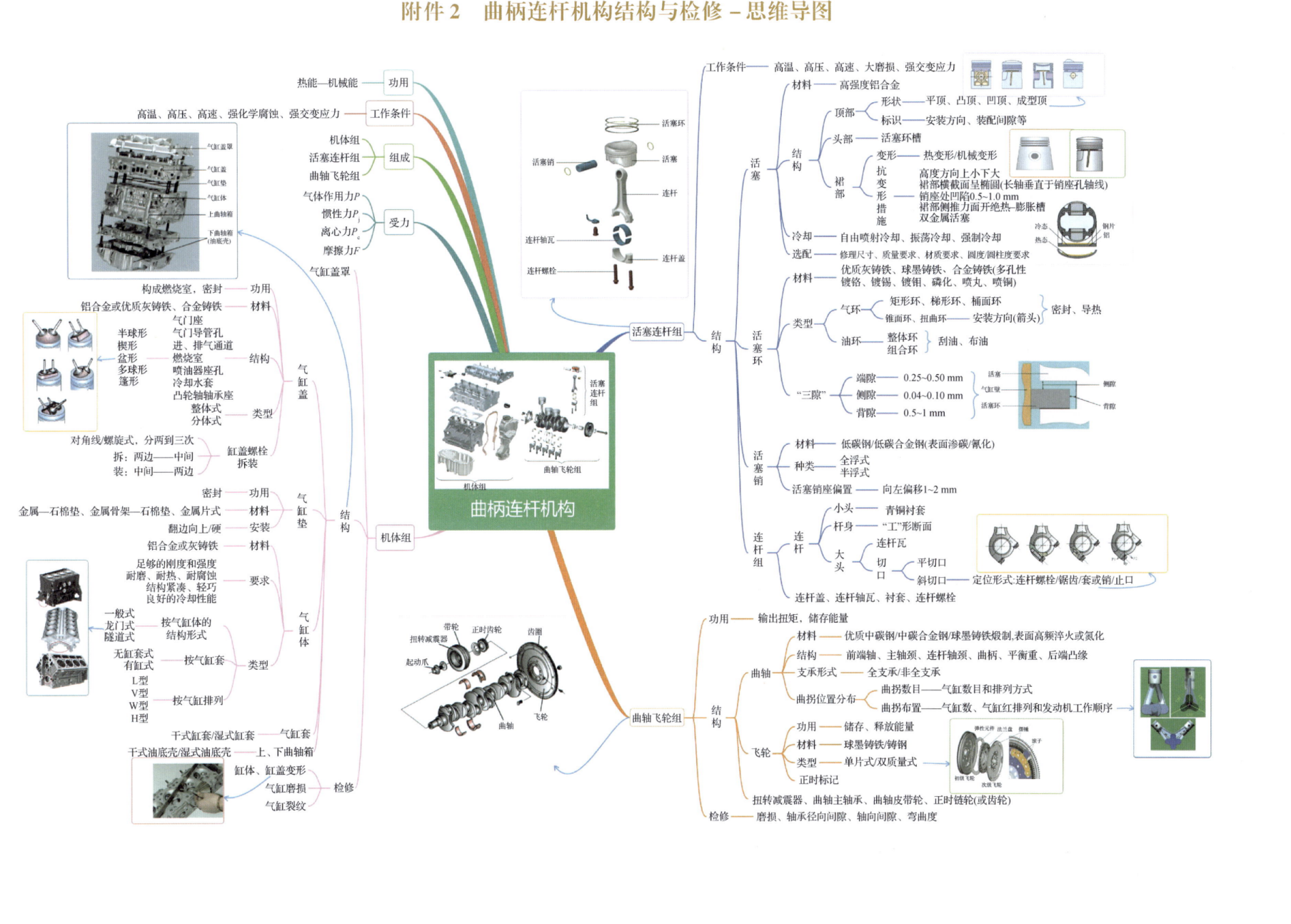

附件2 曲柄连杆机构结构与检修 – 思维导图

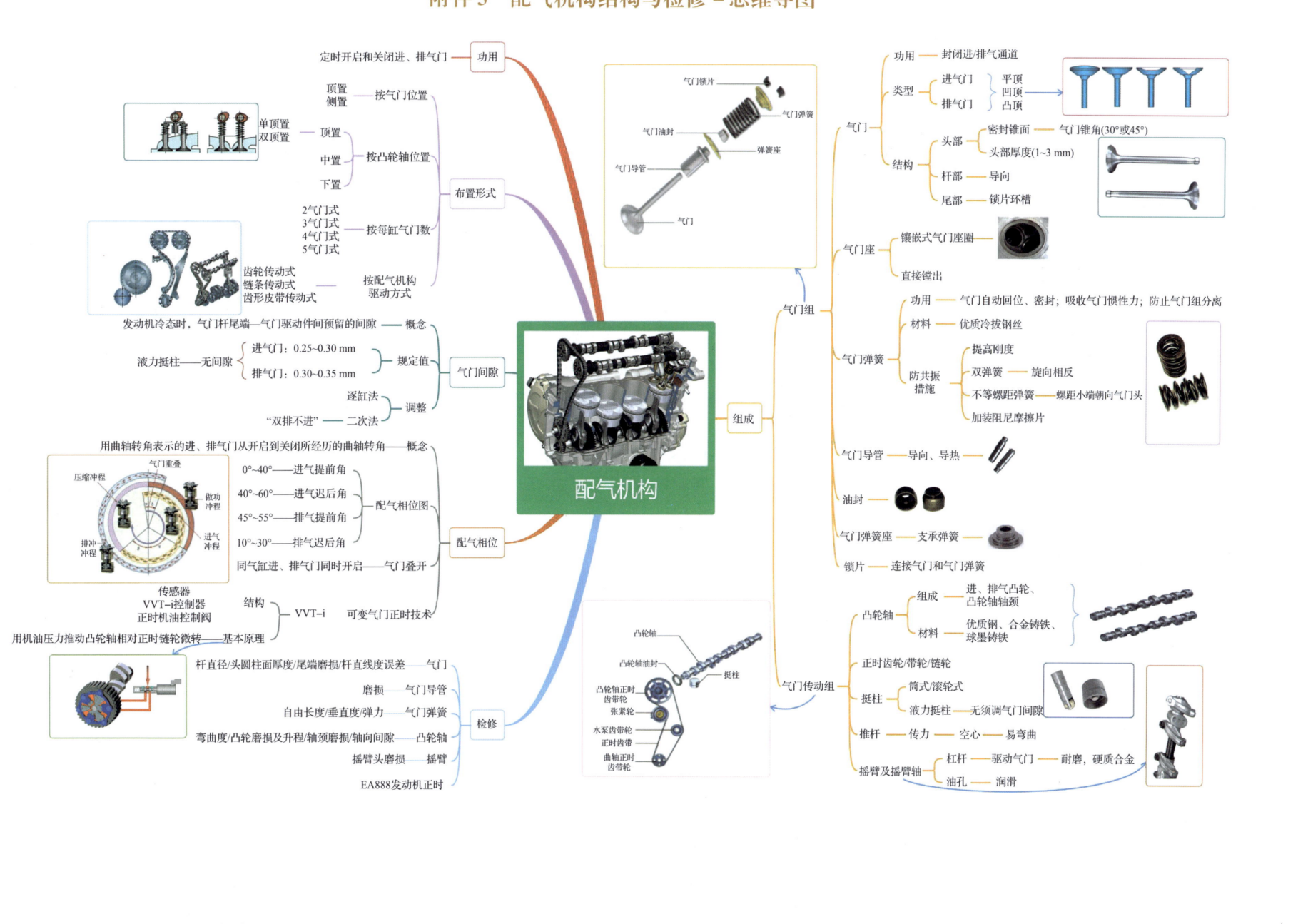

附件3 配气机构结构与检修–思维导图

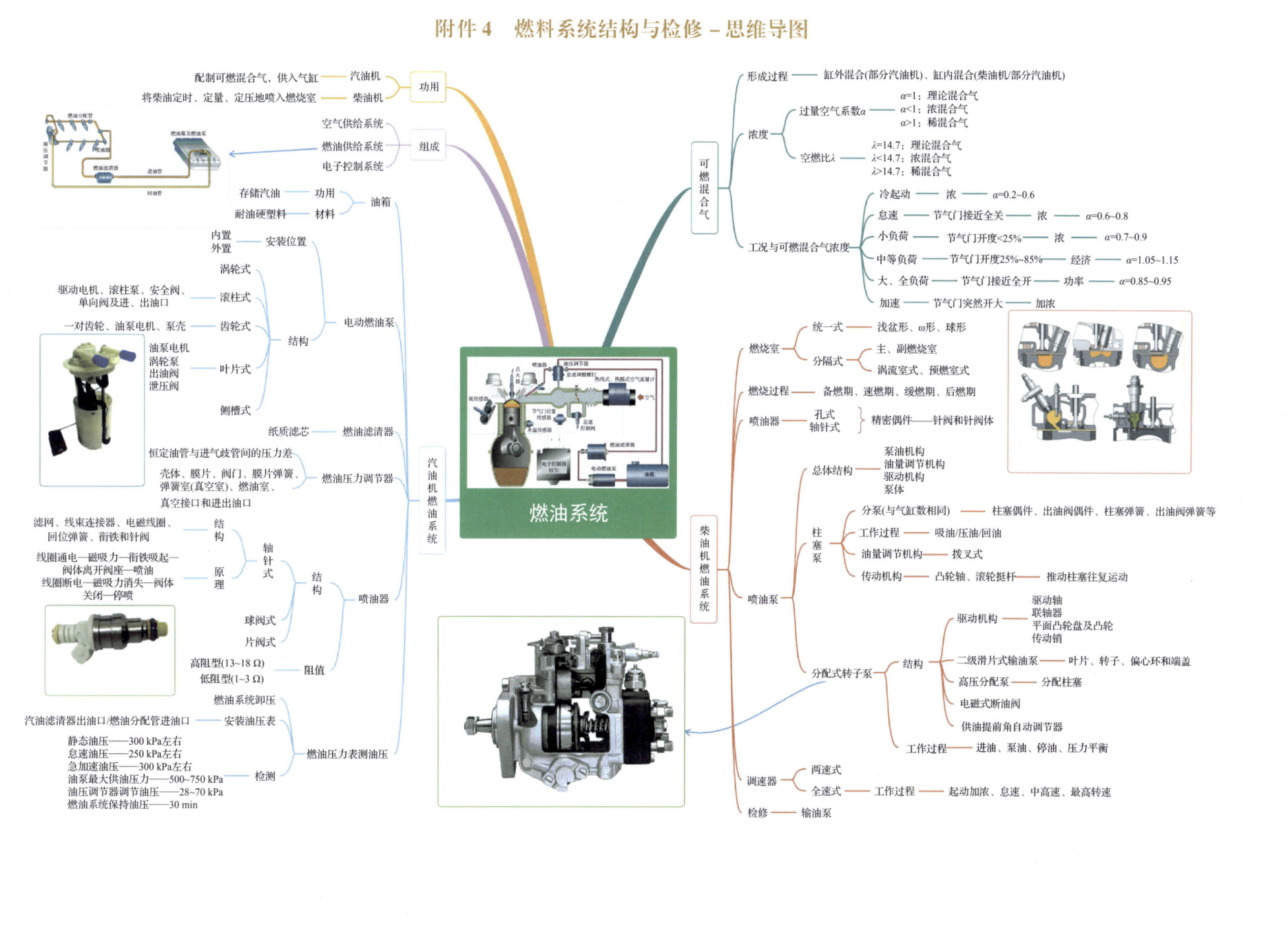

附件4 燃料系统结构与检修–思维导图

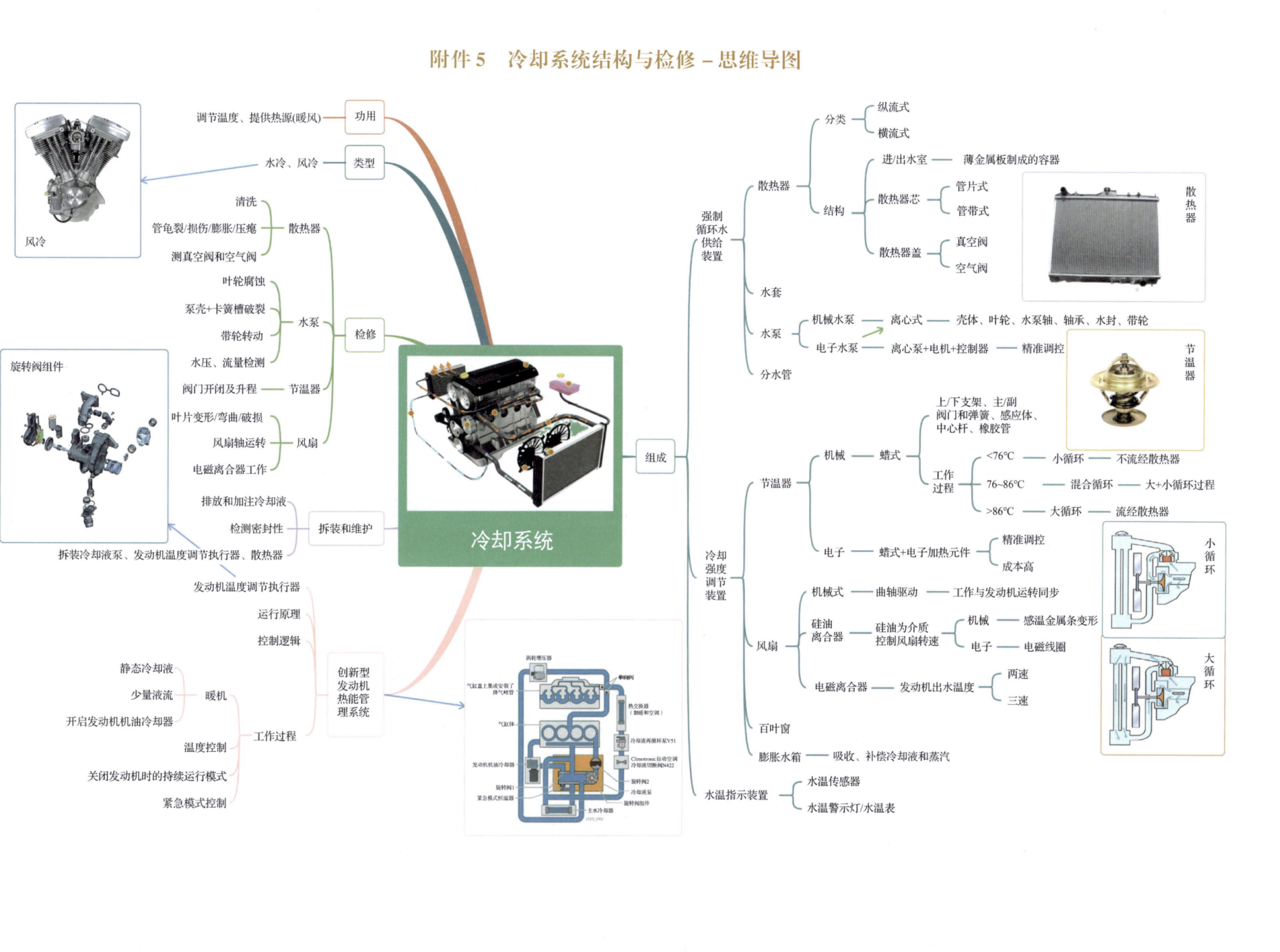

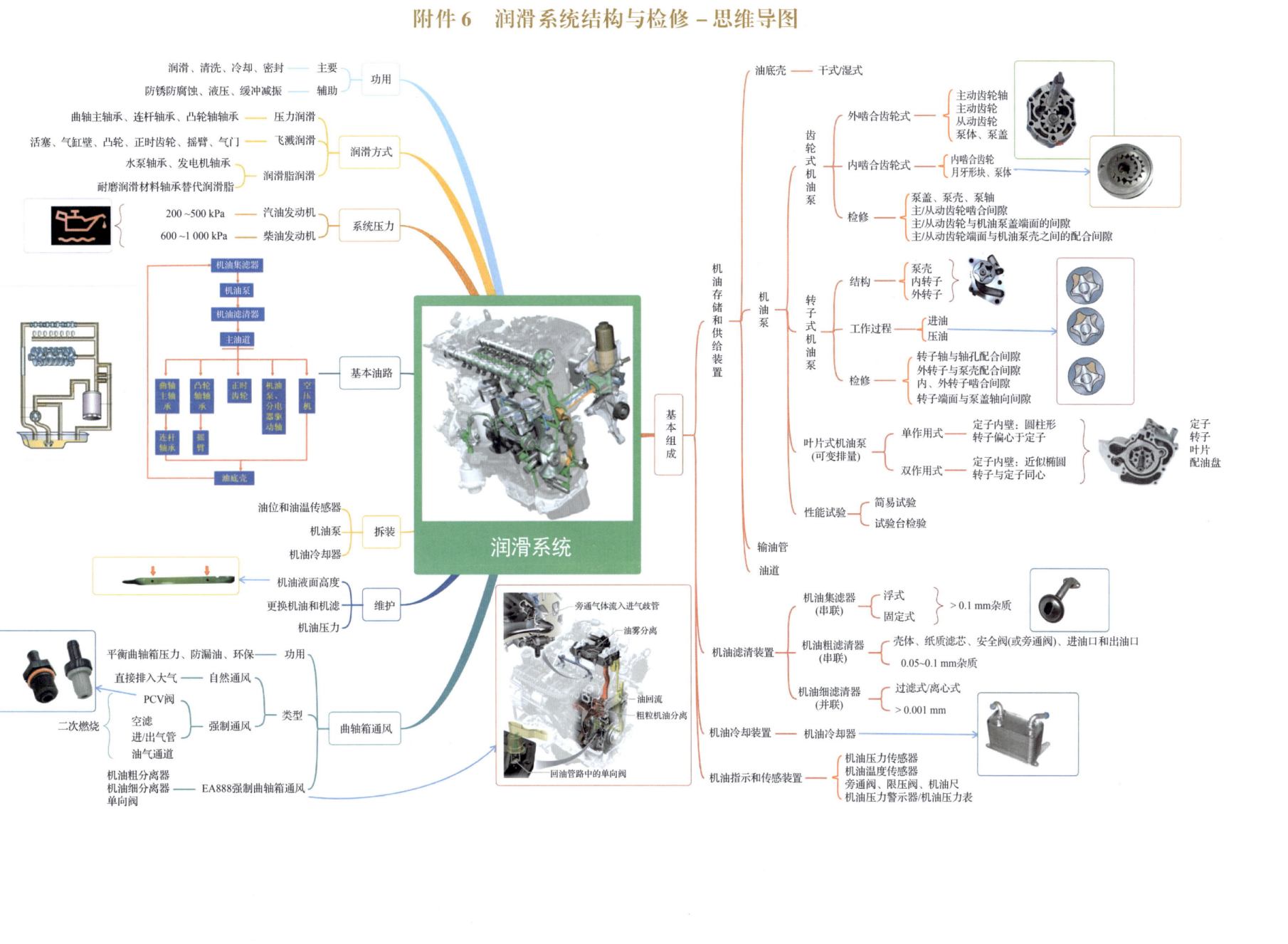

附件 6 润滑系统结构与检修 – 思维导图

汽车发动机构造与维修

任务实施与评价手册

主编 王小娟 赵 磊

姓 名 _____

班 级 _____

团 队 _____

北京理工大学出版社

BEIJING INSTITUTE OF TECHNOLOGY PRESS

目 录

项目 1 汽车及发动机总体认知

任务实施单 1.1	探究汽车行驶的奥秘	002
任务评估单 1.1	探究汽车行驶的奥秘	004
任务实施单 1.2	发动机总体认知	005
任务评估单 1.2	发动机总体认知	009

项目 2 曲柄连杆机构结构与检修

任务实施单 2.1	曲柄连杆机构认知	012
任务评估单 2.1	曲柄连杆机构认知	014
任务实施单 2.2	机体组结构及检修	015
任务评估单 2.2	机体组结构及检修	018
任务实施单 2.3	活塞连杆组结构及检修	019
任务评估单 2.3	活塞连杆组结构及检修	022
任务实施单 2.4	曲轴飞轮组结构及检修	023
任务评估单 2.4	曲轴飞轮组结构及检修	027

项目 3 配气机构结构及检修

任务实施单 3.1	配气机构认知	030
任务评估单 3.1	配气机构认知	032
任务实施单 3.2	配气相位	033
任务评估单 3.2	配气相位	035
任务实施单 3.3	气门组结构及检修	036
任务评估单 3.3	气门组结构及检修	038

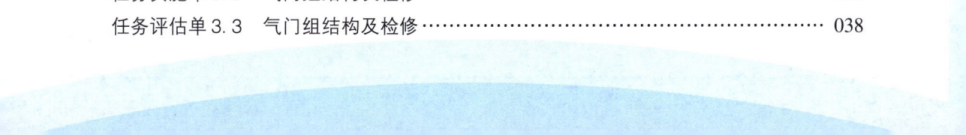

汽车发动机构造与维修 任务实施与评价手册

任务实施单3.4 气门传动组结构及检修 ………………………………………… 039

任务评估单3.4 气门传动组结构及检修 ………………………………………… 042

任务实施单3.5 发动机正时机构的拆装与检修 ………………………………… 043

任务评估单3.5 发动机正时机构的拆装与检修 ………………………………… 045

项目4 燃料系统结构及检修

任务实施单4.1 发动机燃料系统认知 ………………………………………… 048

任务评估单4.1 发动机燃料系统认知 ………………………………………… 049

任务实施单4.2 汽油机燃油供给系统结构及检修 …………………………… 051

任务评估单4.2 汽油机燃油供给系统结构及检修 …………………………… 054

任务实施单4.3 柴油机燃油供给系统结构及检修 …………………………… 055

任务评估单4.3 柴油机燃油供给系统结构及检修 …………………………… 057

项目5 冷却系统结构与检修

任务实施单5.1 发动机冷却系统认知 ………………………………………… 060

任务评估单5.1 发动机冷却系统认知 ………………………………………… 062

任务实施单5.2 冷却系统结构与检修 ………………………………………… 063

任务评估单5.2 冷却系统结构与检修 ………………………………………… 065

任务实施单5.3 创新型发动机热能管理系统 ………………………………… 066

任务评估单5.3 创新型发动机热能管理系统 ………………………………… 068

任务实施单5.4 冷却系统拆装与维护 ………………………………………… 069

任务评估单5.4 冷却系统拆装与维护 ………………………………………… 070

项目6 润滑系统结构与检修

任务实施单6.1 发动机润滑系统认知 ………………………………………… 074

任务评估单6.1 发动机润滑系统认知 ………………………………………… 075

任务实施单6.2 发动机润滑系统结构与检修 ………………………………… 076

任务评估单6.2 发动机润滑系统结构与检修 ………………………………… 079

任务实施单6.3 曲轴箱通风 ………………………………………………… 080

任务评估单6.3 曲轴箱通风 ………………………………………………… 083

项 目 1

汽车及发动机总体认知

任务实施单 1.1 探究汽车行驶的奥秘

姓名	组号	实训名称	日期

信息获取

通过学习查阅教材、维修手册及其他学习资料获取以下信息：

实训车型：_____

车辆识别代码（VIN）：_____

行驶里程：_____

计划决策

实训准备

场地设备：实训整车（1 辆/组）。

资料：教材及实训工单（1 本/人）。

工具、耗材：_____

人员分组

4～6 人/组，选出组长，小组成员分工：_____

_____

流程/步骤：_____

_____

实施记录

1. 对照实训车辆指认汽车的四大组成部分。

项目 1 汽车及发动机总体认知

续表

姓名	组号	实训名称	日期

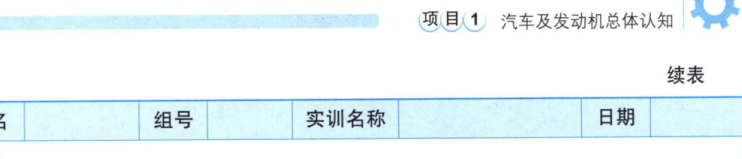

2. 查看实训车辆发动机和底盘的布置，判断其驱动方式。

（1）实训车辆的发动机位于整车的_____（前/中/后）部，_____（前/后）桥为驱动桥，共有_____个驱动车轮，因此，该实训车辆的驱动方式为_____（FF/FR/RR/MR/4WD）。

（2）绘制出实训车辆驱动方式的简单示意图。

3. 简述汽车驱动行驶的基本原理。

_____

_____

_____

检查			
1. 指认汽车四大组成部分：	□ 已确认	□ 部分确认	□ 未确认
2. 判断汽车的驱动方式：	□ 已确认	□ 部分确认	□ 未确认
3. 简述汽车行驶的基本原理：	□ 已确认	□ 部分确认	□ 未确认

汽车发动机构造与维修 任务实施与评价手册

任务评估单 1.1 探究汽车行驶的奥秘

评价要点	评价标准	分值	自评	互评	师评	备注
知识目标	能了解汽车的总体组成和驱动方式	5				
	能掌握汽车的分类	15				
	能理解汽车行驶的基本原理	10				
技能目标	能够在实车上指认汽车的四大组成部分	10				
	能够准确判断汽车的驱动方式	10				
素养目标	能激发专业兴趣，具备探索精神和探究欲望	10				
	能提升爱国主义情怀，坚定技能报国的热情	10				
	能增强对我国汽车工业的自豪感和自信心，理解新质生产力的内涵	10				
学习过程与方法	课前任务完成度好；学习资料查找准确、及时；课堂参与度高，积极参加教学活动，遵守课堂纪律；课后作业提交及时	20				
合计		100				
增值评价与反思	本次课在哪些方面有了进步					

项目 1 汽车及发动机总体认知

任务实施单 1.2 发动机总体认知

姓名	组号	实训名称	日期

信息获取

通过学习查阅教材、维修手册及其他学习资料获取如下信息：

实训车型：_____。

车辆识别代码（VIN）：_____。

行驶里程：_____。

发动机型号：_____。

计划决策

实训准备

场地设备：实训发动机或发动机台架（1台/组），解剖发动机（1套/组）。

资料：教材及实训工单（1本/人）。

工具、耗材：_____。

人员分组

4~6人/组，选出组长，小组成员分工：_____

_____。

流程/步骤：_____；

_____。

实施记录

1. 根据下表中的图示写出发动机的类型。

分类依据	发动机类型	图示
		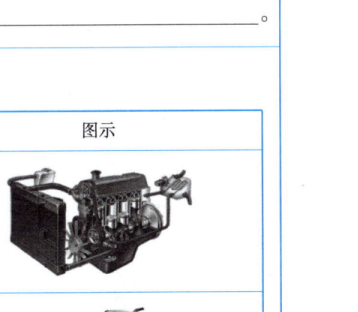
冷却方式		

汽车发动机构造与维修 任务实施与评价手册

续表

姓名	组号	实训名称	日期

	分类依据	发动机类型	图示
	使用燃料		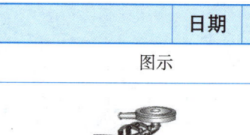

实施记录	活塞运动		

	燃油喷射位置		
			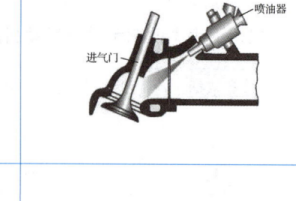

续表

姓名	组号	实训名称	日期

2. 对照解剖发动机指认其两大机构和五大系统，并在下图中画线标出认识的零部件名称。

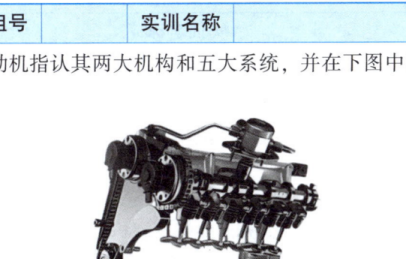

两大机构：_____。

五大系统：_____。

3. 辨识下图中发动机的行程，在图中标出活塞运动及曲轴旋转的方向。

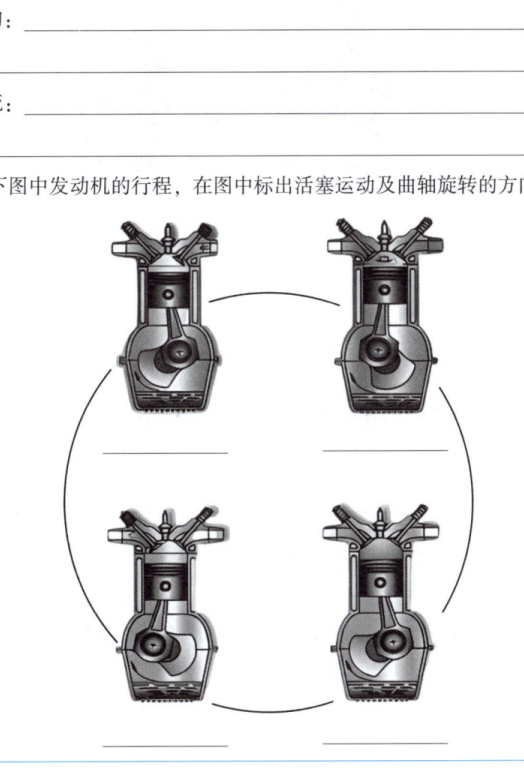

续表

姓名	组号	实训名称	日期

总结：发动机每完成一个工作循环，曲轴旋转_____圈（_____°），进、排气门各打开和关闭_____次，活塞上下往复运动_____次（_____个行程），发动机对外做功_____次。

4. 在下图中标出气缸工作容积、燃烧室容积和总容积。假如该直列四缸发动机气缸工作容积为0.5 L，燃烧室容积为0.2 L，试计算该发动机的压缩比为多少？

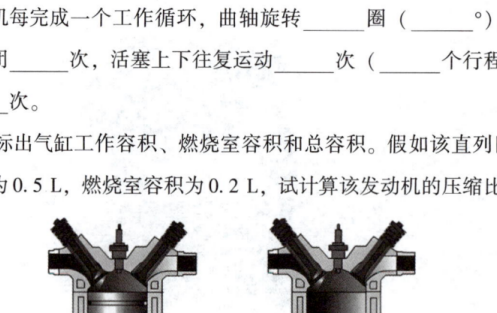

压缩比计算：

_____

_____

_____

5. 你知道哪些国产汽车品牌？请查阅你最想了解的1~2个国产汽车官网，了解该品牌汽车的最新技术。

_____

_____

_____

_____

_____

项目 1 汽车及发动机总体认知

续表

姓名	组号	实训名称	日期

检查	1. 区分发动机的类型：	□ 已确认 □ 部分确认 □ 未确认
	2. 指认发动机的结构：	□ 已确认 □ 部分确认 □ 未确认
	3. 辨析发动机的工作过程：	□ 已确认 □ 部分确认 □ 未确认
	4. 理解并应用发动机的基本术语：	□ 已确认 □ 部分确认 □ 未确认
	5. 查阅国产汽车品牌及新技术：	□ 已确认 □ 部分确认 □ 未确认

任务评估单 1.2 发动机总体认知

评价要点	评价标准	分值	自评	互评	师评	备注
知识目标	能了解发动机的分类	5				
	能熟悉发动机的基本组成及功用	15				
	能掌握发动机的基本术语和工作过程	10				
技能目标	能够辨识发动机的两大机构和五大系统	10				
	能够准确判断发动机的工作过程	10				
素养目标	能激发专业兴趣，具备探索精神和探究欲望	10				
	能提升爱国主义情怀，增强对我国汽车工业及发动机技术的自豪感和自信心	10				
	能了解国内外发动机所使用的"四新"技术，理解新质生产力的内涵	10				

汽车发动机构造与维修 任务实施与评价手册

续表

评价要点	评价标准	分值	评价分数			备注
			自评	互评	师评	
学习过程与方法	课前任务完成度好；学习资料查找准确、及时；课堂参与度高，积极参加教学活动，遵守课堂纪律；课后作业提交及时	20				
合计		100				
增值评价与反思	相较上次课在哪些方面有了进步					

项 目 2

曲柄连杆机构结构与检修

任务实施单 2.1 曲柄连杆机构认知

姓名	组号	实训名称	日期

信息获取	通过学习查阅教材、维修手册及其他学习资料获取如下信息：实训车型：_____。车辆识别代码（VIN）：_____。行驶里程：_____。发动机型号：_____。
计划决策	**实训准备**　　场地设备：实训发动机或发动机台架（1台/组）、曲柄连杆机构主要零部件（1套/组）。　　资料：教材及实训工单（1本/人）、维修手册（1本/组）。　　工具、耗材：_____。**人员分组**　　4~6人/组，选出组长，小组成员分工：_____　　_____。流程/步骤：_____；_____。
实施记录	1. 对照实物指认曲柄连杆机构各主要组成部件。

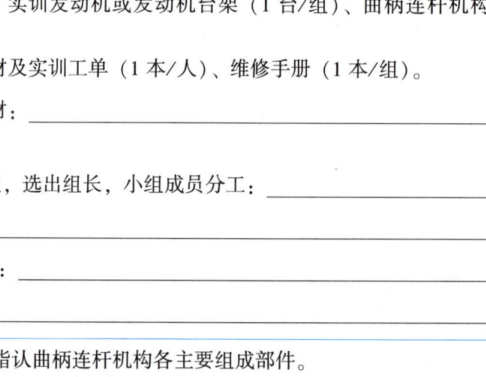

项目 2 曲柄连杆机构结构与检修

续表

姓名	组号	实训名称	日期

1：_____；2：_____；

3：_____；4：_____；

5：_____；6：_____；

7：_____；8：_____；

9：_____；10：_____。

2. 发动机工作时，曲柄连杆机构主要受到哪些力的作用？结合下图对这些力进行简要说明和分析。

P：_____；

P_j：_____；

P_c：_____；

F：_____。

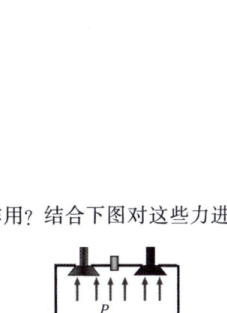

结论：上述各种力作用在曲柄连杆机构的各有关零件上，使它们受到_____等不同形式的载荷，使发动机工作时产生_____（磨损/振动/零部件变形/噪声）。

3. 为了保证发动机工作可靠，在结构上采取了什么措施？你还能想到更好的改进措施吗？（思考、选做）

_____

_____

_____

_____。

检查	1. 指认曲柄连杆机构主要部件并分组：	□ 已确认 □ 部分确认 □ 未确认
	2. 分析曲柄连杆机构的受力：	□ 已确认 □ 部分确认 □ 未确认

汽车发动机构造与维修 任务实施与评价手册

任务评估单 2.1 曲柄连杆机构认知

评价要点	评价标准	分值	自评	互评	师评	备注
知识目标	能了解曲柄连杆机构的功用	5				
	能掌握曲柄连杆机构的组成	15				
	能熟悉曲柄连杆机构的工作条件	10				
技能目标	能够对照发动机曲柄连杆机构实物完成零部件认知	10				
	能够根据实物描述各主要部件的安装关系及工作原理	10				
	能够分析曲柄连杆机构工作时的受力情况	10				
素养目标	能提升自主学习和探究的能力，激发专业兴趣	10				
	能够具备创新意识和工匠精神，提升创新能力	10				
学习过程与方法	课前任务完成度好；学习资料查找准确、及时；课堂参与度高，积极参加教学活动，遵守课堂纪律；课后作业提交及时	20				
合计		100				
增值评价与反思	相较上次课在哪些方面有了进步					

任务实施单 2.2 机体组结构及检修

姓名	组号	实训名称	日期

信息获取

通过学习查阅教材、维修手册及其他学习资料获取如下信息：

实训车型：_____。

车辆识别代码（VIN）：_____。

行驶里程：_____。

发动机型号：_____。

气缸体布置型式：_____ [直列（L型）/V型/W型/水平对置（H型）]。

计划决策

实训准备

场地设备：供拆装的发动机（1台/组）、机体组主要部件（1套/组）。

资料：教材及实训工单（1本/人）、维修手册（1本/组）。

工具、耗材：_____。

人员分组

4~6人/组，选出组长，小组成员分工：_____

_____。

流程/步骤：_____；

_____。

实施记录

1. 参照维修手册完成气缸盖的拆卸和装复，在右图中标出缸盖螺栓的对角线拆装顺序，并阐述其拆装要点。

_____
_____
_____
_____
_____
_____
_____。

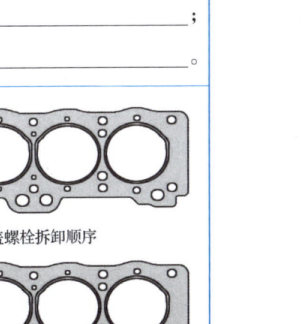

缸盖螺栓拆卸顺序

缸盖螺栓拧紧顺序

续表

姓名	组号	实训名称	日期

2. 完成气缸盖下平面、气缸体上平面的平面度误差检测，将检测结果填入下表中。

检测气缸盖和气缸体平面度误差所需的量具有：_____。

气缸体、气缸盖平面度误差测量记录表

测量次数	测量部位	
	气缸盖	气缸体
第1次		
第2次		
第3次		
第4次		
第5次		
第6次		
最终结果		

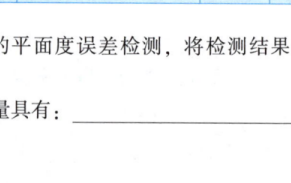

实施记录

查阅维修手册，该发动机气缸盖下面的平面度误差极限值是_____；气缸体上面的平面度误差极限值是_____。

根据测量结果，提出维修方案：_____

3. 选定一个气缸测量其磨损情况，将相关测量数据记入下表。

标准缸径：　　　　　　　　校表尺寸：

测量位置		测量值	缸径	圆度误差	圆柱度误差
上	左右				
	前后				
中	左右				
	前后				
下	左右				
	前后				

项目 2 曲柄连杆机构结构与检修

续表

姓名	组号	实训名称	日期

分析及结论：

从维修手册查得：该发动机气缸的磨损极限值为_____；圆度误差极限值为_____；圆柱度误差极限值为_____。

根据测量数据判断：该发动机气缸属于_____（正常/异常）磨损，计算得圆度误差最大为_____，_____（是/否）在规定值范围内；圆柱度误差为_____，_____（是/否）在规定值范围内。由此判断，该发动机_____（仍可正常运行/需进行镗缸或更换缸套/更换机体）。

4. 请查阅一个与机体组相关的故障案例并进行记录。

实施记录

_____

_____

_____

5. 气缸磨损过大对发动机性能有何影响？小组讨论并对本任务导入时的故障案例进行分析。

_____

_____

_____

_____

检查		
1. 缸盖螺栓的规范拆装：	□ 已完成 □ 部分完成 □ 未完成
2. 气缸盖/气缸体平面度误差检测：	□ 已完成 □ 部分完成 □ 未完成
3. 气缸磨损测量：	□ 已完成 □ 部分完成 □ 未完成
4. 机体组相关故障案例查找记录：	□ 已完成 □ 部分完成 □ 未完成
5. 气缸磨损影响发动机性能故障案例分析：	□ 已完成 □ 部分完成 □ 未完成

汽车发动机构造与维修 任务实施与评价手册

任务评估单 2.2 机体组结构及检修

评价要点	评价标准	分值	自评	互评	师评	备注
知识目标	能了解机体组的组成及功用	5				
	能掌握气缸体、气缸盖、气缸垫及油底壳的结构及类型	15				
	能熟悉缸盖螺栓的拆装次序及要求	10				
技能目标	能够安全规范地拆装机体组	10				
	能够较熟练地测量气缸体或气缸盖的平面度误差	10				
	能够完成气缸磨损的测量并进行分析判断	10				
素养目标	养成按照维修手册规范操作的习惯，强化安全文明操作意识	10				
	具备团队协作、主动沟通交流及查询资料和收集信息的能力	5				
	激发创新意识，弘扬精益求精的工匠精神，树立技能报国的家国情怀	5				
学习过程与方法	课前任务完成度好；学习资料查找准确、及时；课堂参与度高，积极参加教学活动，遵守课堂纪律；课后作业提交及时	20				
合计		100				
增值评价与反思	相较上次课在哪些方面有了进步					

项目 2 曲柄连杆机构结构与检修

任务实施单 2.3 活塞连杆组结构及检修

姓名	组号	实训名称	日期

信息获取

通过学习查阅教材、维修手册及其他学习资料获取如下信息：

发动机型号：_____。

活塞连杆组数：_____。

实训准备

场地设备：供拆装的发动机（1台/组）、活塞连杆组主要零部件（1套/组）。

资料：教材及实训工单（1本/人）、维修手册（1本/组）。

工具、耗材：_____。

人员分组

计划决策

4～6人/组，选出组长，小组成员分工：_____

_____。

流程/步骤：_____；

_____。

实施记录

1. 对照实物指认活塞连杆组的零部件，并在下图中写出各编号零部件的名称。

1：_____；

2：_____；

3：_____；

4：_____；

5：_____；

6：_____；

7：_____；

8：_____。

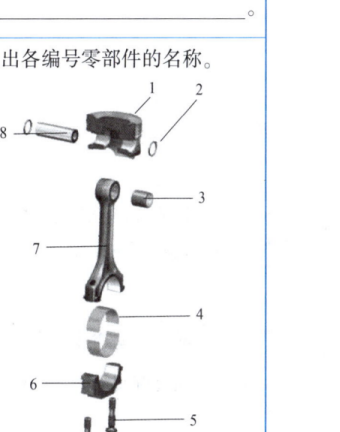

汽车发动机构造与维修 任务实施与评价手册

续表

姓名	组号	实训名称	日期

2. 拆装活塞环并测量活塞环"三隙"，将测量结果填入下表。

活塞环"三隙"测量记录表

项目	端隙（标准值：0.25～0.50 mm）		侧隙（标准值：0.04～0.10 mm）		背隙（标准值：0.5～1.0 mm）	
	测量值	是否合格	测量值	是否合格	测量值	是否合格
第一道气环						
第二道气环						
油环						

活塞环上的"TOP"或"↑"是_____标志。

3. 拆装活塞连杆组，记录拆装步骤及相关要点。

拆卸顺序：

_____

_____

装复顺序：

_____

_____

该活塞连杆组的装配标记有：_____。

每个活塞上有_____道活塞环，按从上往下的顺序写出每道环的断面形状：

_____。

活塞销的连接方式是：_____。

通过查阅维修手册获知连杆盖螺栓的拧紧力矩为_____。

项目 2 曲柄连杆机构结构与检修

续表

姓名	组号	实训名称	日期

通过查阅维修手册获知该发动机的配缸间隙为_____，经检测_____（是/否）符合要求。如不符合要求，请提出维修方案。

---

4. 请查阅一个与活塞连杆组相关的故障案例并进行记录。

实施记录

---

5. 在现代发动机的活塞连杆组中应用了哪些新技术、新材料和新工艺？请查阅相关资料列举 1～2 项并在组内交流。

检查			
1. 活塞连杆组主要零部件指认：	□ 已完成	□ 部分完成	□ 未完成
2. 活塞环"三隙"测量：	□ 已完成	□ 部分完成	□ 未完成
3. 活塞连杆组拆装：	□ 已完成	□ 部分完成	□ 未完成
4. 活塞连杆组相关故障案例查找记录：	□ 已完成	□ 部分完成	□ 未完成
5. 活塞连杆组"四新"技术的应用及交流：	□ 已完成	□ 部分完成	□ 未完成

汽车发动机构造与维修 任务实施与评价手册

任务评估单 2.3 活塞连杆组结构及检修

评价要点	评价标准	分值	评价分数			备注
			自评	互评	师评	
知识目标	能了解活塞连杆组的功用及组成	5				
	能掌握活塞连杆组主要零部件的类型、结构、工作原理及检修内容	15				
	能理解活塞环与发动机烧机油的关系机理	10				
技能目标	能够正确选配活塞连杆组的主要零部件	15				
	能够按维修手册要求规范拆装和检修活塞连杆组	15				
素养目标	能了解与活塞连杆组相关的新技术、新工艺、新材料、新设备，牢固树立汽车行业发展的"四新"理念	10				
	激发创新意识，弘扬精益求精的工匠精神	10				
学习过程与方法	课前任务完成度好；学习资料查找准确、及时；课堂参与度高，积极参加教学活动，遵守课堂纪律；课后作业提交及时	20				
合计		100				
增值评价与反思	相较上次课在哪些方面有了进步					

任务实施单 2.4 曲轴飞轮组结构及检修

姓名	组号	实训名称	日期

信息获取	通过学习查阅教材、维修手册及其他学习资料获取如下信息： 发动机型号：_____。 曲轴支承型式：_____（全支承/非全支承）。 有无平衡轴：_____（有/无）。 曲轴主轴承螺栓的拧紧力矩是：_____。
计划决策	**实训准备** 场地设备：供拆装的发动机（1台/组）、曲轴飞轮组主要零部件（1套/组）。 资料：教材及实训工单（1本/人）、维修手册（1本/组）。 工具、耗材：_____。 **人员分组** 4~6人/组，选出组长，小组成员分工：_____ _____。 流程/步骤：_____； _____。
实施记录	1. 对照实物指认曲轴飞轮组的基本结构，并写出下图中各零部件的名称。 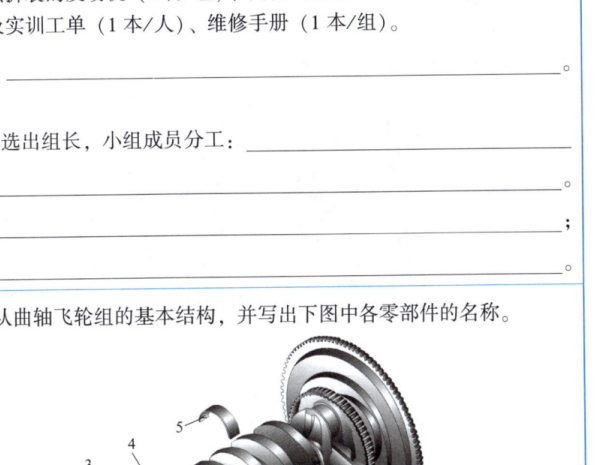

续表

姓名	组号	实训名称	日期

1: _____; 2: _____; 3: _____; 4: _____;
5: _____; 6: _____; 7: _____; 8: _____;
9: _____; 10: _____; 11: _____。

2. 在下图中标出飞轮、曲轴的前端轴、后端凸缘、主轴颈、连杆轴颈、曲柄、曲拐、平衡重等基本结构。

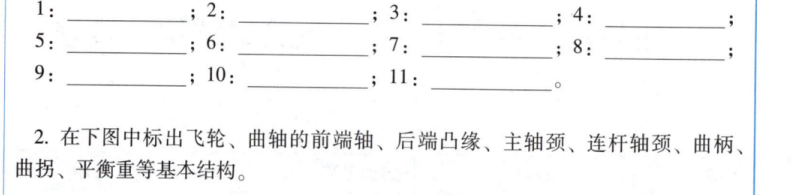

根据图片判断，该发动机曲轴为_____（直列式/V 型/水平对置式）_____缸（气缸数目）发动机曲轴；该飞轮为_____（单片式/双质量）飞轮。

3. 判断下图分别是哪种发动机曲轴的曲拐。

(a) _____; (b) _____; (c) _____。

4. 拆装曲轴飞轮组，记录拆装步骤，并完成下列问题。

_____

_____

_____

_____

_____。

项目 2 曲柄连杆机构结构与检修

续表

姓名	组号	实训名称	日期

（1）该发动机的曲轴是用_____进行轴向定位的。

（2）该发动机曲轴有_____段连杆轴颈、_____段主轴颈，其支承方式是_____。

5．完成曲轴飞轮组的检修，并将检修结果记入下列表格中。

曲轴主轴颈磨损测量记录表

轴颈测量		1号主轴颈	2号主轴颈	3号主轴颈	4号主轴颈	5号主轴颈
截面1	A位置					
	B位置					
	圆度					
截面2	A位置					
	B位置					
	圆度					
圆柱度						
结果分析						

曲轴连杆轴颈磨损测量记录表

轴颈测量		1号连杆轴颈	2号连杆轴颈	3号连杆轴颈	4号连杆轴颈
截面1	A位置				
	B位置				
	圆度				
截面2	A位置				
	B位置				
	圆度				
圆柱度					
结果分析					

查阅维修手册，该发动机曲轴轴颈的标准直径为：主轴颈_____mm；连杆轴颈_____mm；圆度误差极限_____mm；圆柱度误差极限_____mm。

结论及维修方案：_____。

续表

姓名	组号	实训名称	日期

曲轴弯曲度测量记录表

测量位置	测量值	使用极限值	结果分析

曲轴轴向间隙测量记录表

测量位置	测量值	使用极限值	是否需要调整

曲轴主轴承间隙测量记录表

测量位置	1	2	3	4	5
实测值					
极限值					
结果分析					

曲轴连杆轴承间隙测量记录表

测量位置	1	2	3	4
实测值				
极限值				
结果分析				

6. 分析思考：任务导入中所述案例可能的故障原因是什么？曲轴异响有何特点，是什么原因导致的？

_____

_____

_____

_____

检查			
1. 曲轴飞轮组基本结构认知：	□ 已完成	□ 部分完成	□ 未完成
2. 曲轴的曲拐分布判断：	□ 已完成	□ 部分完成	□ 未完成
3. 曲轴飞轮组拆装：	□ 已完成	□ 部分完成	□ 未完成
4. 曲轴飞轮组检修：	□ 已完成	□ 部分完成	□ 未完成
5. 故障案例分析思考：	□ 已完成	□ 部分完成	□ 未完成

任务评估单 2.4 曲轴飞轮组结构及检修

评价要点	评价标准	分值	评价分数			备注
			自评	互评	师评	
知识目标	能了解曲轴飞轮组的功用及组成	5				
	能掌握曲轴与飞轮的基本结构和检修内容	10				
	能熟悉曲轴的支承型式	5				
	能理解曲轴曲拐的分布原理	10				
技能目标	能够对照实物指认曲轴飞轮组的主要零部件	10				
	能够规范完成曲轴和飞轮的拆装	10				
	能够查阅维修手册完成曲轴和飞轮的基本检修	10				
素养目标	能强化8S管理理念，养成安全整洁、求实规范的工作习惯和职业素养	10				
	牢固树立严谨细致、规范维修的理念，弘扬精益求精的工匠精神	10				
学习过程与方法	课前任务完成度好；学习资料查找准确、及时；课堂参与度高，积极参加教学活动，遵守课堂纪律；课后作业提交及时	20				
合计		100				
增值评价与反思	相较上次课在哪些方面有了进步					

项 目 3

配气机构结构及检修

任务实施单 3.1 配气机构认知

姓名	组号	实训名称	日期

信息获取

通过学习查阅教材、维修手册及其他学习资料获取如下信息：

实训车型：_____。

车辆识别代码（VIN）：_____。

行驶里程：_____。

发动机型号：_____。

配气机构的类型：_____（下置/中置/顶置）。

计划决策

实训准备

场地设备：实训车辆或发动机台架（1 台/组）、配气机构主要零部件（1 套/组）。

资料：教材及实训工单（1 本/人）、维修手册（1 本/组）。

工具、耗材：_____。

人员分组

4~6人/组，选出组长，小组成员分工：_____

_____。

流程/步骤：_____；

_____。

实施记录

1. 在实车或台架上指认配气机构各主要部件，熟悉其连接关系并写出标注的各部件的名称。

1：_____；
2：_____；
3：_____；
4：_____；
5：_____；
6：_____；
7：_____。

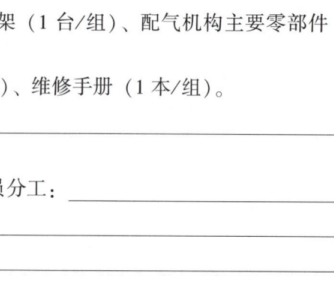

项目 3 配气机构结构及检修

续表

姓名	组号	实训名称	日期

2. 发动机配气机构由_____和_____组成。请在下图所示的方格中写出各零部件的名称。

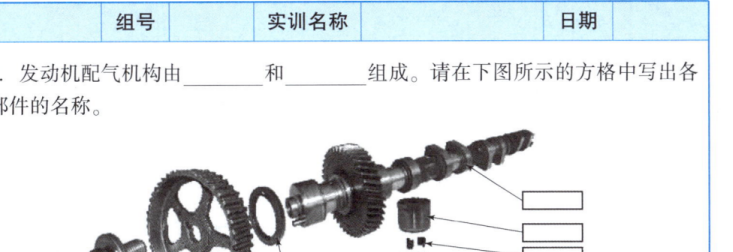

3. 辨认下列配气机构的类型。

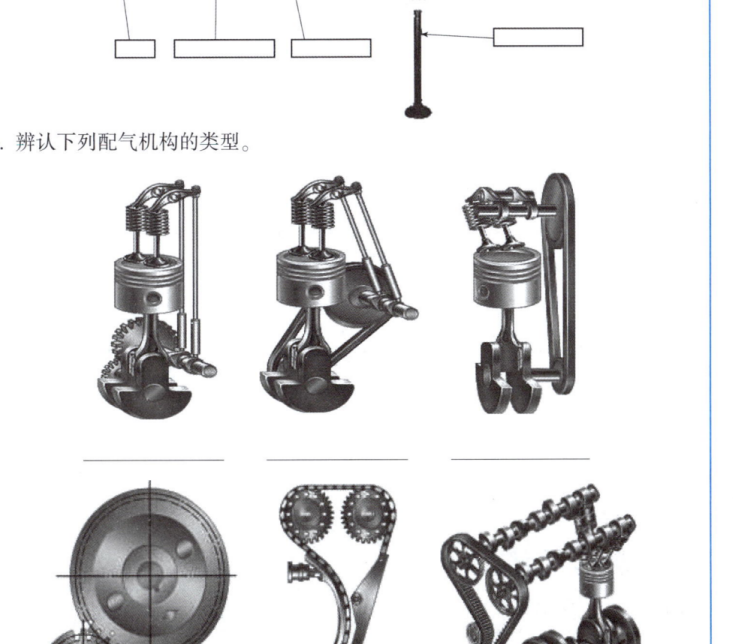

检查
1. 指认配气机构主要部件并观察其连接关系：□ 已确认 □ 部分确认 □ 未确认
2. 判断配气机构类型： □ 已确认 □ 部分确认 □ 未确认

汽车发动机构造与维修 任务实施与评价手册

任务评估单 3.1 配气机构认知

评价要点	评价标准	分值	自评	互评	师评	备注
知识目标	能了解配气机构的功用与类型	5				
	能掌握配气机构的组成	15				
	能熟悉配气机构的布置形式	10				
技能目标	能够在实车或台架上简单拆解并对比观察发动机配气机构的布置形式	15				
	能够在实车或台架上指认配气机构部件	15				
素养目标	能养成终身学习的良好习惯	10				
	能坚持学用结合，做到学以致用	10				
学习过程与方法	课前任务完成度好；学习资料查找准确、及时；课堂参与度高，积极参加教学活动，遵守课堂纪律；课后作业提交及时	20				
合计		100				
增值评价与反思	相较上次课在哪些方面有了进步					

项目 3 配气机构结构及检修

任务实施单 3.2 配气相位

姓名	组号	实训名称	日期

通过学习查阅教材、维修手册及其他学习资料获取如下信息：

信息获取

实训车型：_____

车辆识别代码（VIN）：_____

行驶里程：_____

发动机型号：_____

实训准备

场地设备：实训车辆或发动机台架（1 台/组）、配气机构主要零部件（1 套/组）。

资料：教材及实训工单（1 本/人）、维修手册（1 本/组）。

计划决策

工具、耗材：_____

人员分组

4～6 人/组，选出组长，小组成员分工：_____

_____

流程/步骤：_____；

_____

实施记录

1. 什么是配气相位？配气相位对发动机有什么影响？

_____

_____

_____

续表

姓名	组号	实训名称	日期

2. 阅读配气相位图，完成下列任务。

(1) 将进、排气门的提前开启角和迟后关闭角与对应的字母连线，并分别用不同的颜色在图上进行标注。

α 　　排气门提前开启角

β 　　进气门提前开启角

γ 　　进气门迟后关闭角

δ 　　排气门迟后关闭角

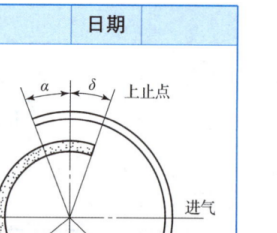

(2) 图中气门重叠角为_____，

发动机设计气门重叠角的意义是什么？

_____。

3. 结合下图简述可变配气相位控制机构——VVT-i 的功用、组成及其工作原理。

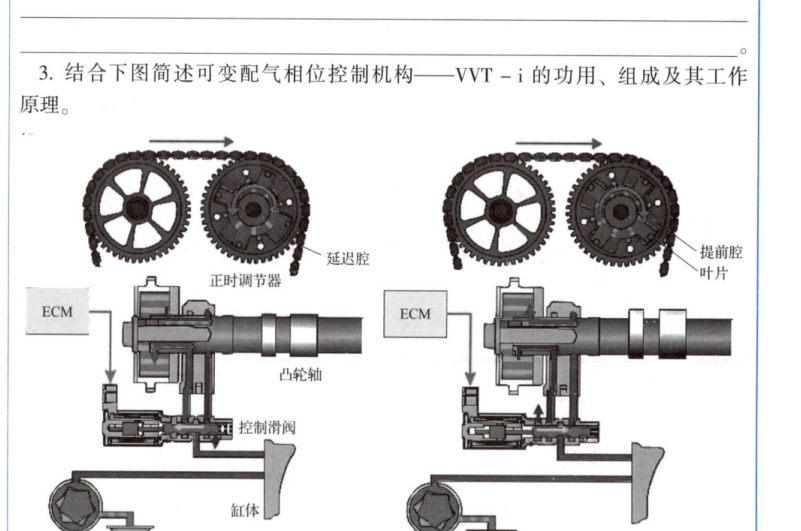

功用：_____

_____。

结构：_____

_____

_____。

项目 3 配气机构结构及检修

续表

姓名	组号	实训名称	日期

实施记录	工作原理：

检查	1. 配气相位概念的理解：	□ 已完成 □ 部分完成 □ 未完成
	2. 配气相位图的阅读与应用：	□ 已完成 □ 部分完成 □ 未完成
	3. 可变配气机构的理解：	□ 已完成 □ 部分完成 □ 未完成

任务评估单 3.2 配气相位

评价要点	评价标准	分值	自评	互评	师评	备注
知识目标	能熟悉配气相位及其对发动机的影响	10				
	能掌握可变配气相位的结构	10				
	能理解可变配气相位的工作原理	10				
技能目标	能够在实车或台架上检查和调整配气正时	10				
	能够按操作规范拆装可变配气相位各零部件	10				
	能够掌握配气相位的调整方法	10				
素养目标	能够遵守安全规范，强化安全操作意识	10				
	能具备团队合作及吃苦耐劳的精神	10				
学习过程与方法	课前任务完成度好；学习资料查找准确、及时；课堂参与度高，积极参加教学活动，遵守课堂纪律；课后作业提交及时	20				
合计		100				
增值评价与反思	相较上次课在哪些方面有了进步					

任务实施单 3.3 气门组结构及检修

姓名	组号	实训名称	日期

信息获取

通过学习查阅教材、维修手册及其他学习资料获取如下信息：

实训车型：_____

车辆识别代码（VIN）：_____

行驶里程：_____

发动机型号：_____

实训车辆配气机构是否是双顶置式配气机构：_____ （是/否）。

计划决策

实训准备

场地设备：实训车辆或气缸盖拆装台架（1 台/组）、气门组件主要零部件（1套/组）。

资料：教材及实训工单（1 本/人）、维修手册（1 本/组）。

工具、耗材：_____

人员分组

4～6 人/组，选出组长，小组成员分工：_____

流程/步骤：_____；

实施记录

1. 按图填写零部件名称。

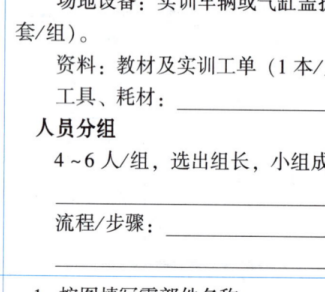

1：_____	9：_____	17：_____
2：_____	10：_____	18：_____
3：_____	11：_____	19：_____
4：_____	12：_____	20：_____
5：_____	13：_____	21：_____
6：_____	14：_____	
7：_____	15：_____	
8：_____	16：_____	

项目3 配气机构结构及检修

续表

姓名	组号	实训名称	日期

2. 拆装气门组并做相关记录。

拆装气门组需用到的专用拆装工具是：_____；

拆装步骤：_____

_____

_____

_____。

拆装注意事项：_____

_____

_____。

3. 按维修手册要求完成气门组相关部件的检查与测量，并做好记录。

（1）气门检测。

气门弯曲度测量记录表

测量项目	实测值	最大使用极限	是否超过极限
气门杆弯曲			
气门头部歪斜			

气门磨损测量记录表

测量项目	实测值	最大使用极限	是否超过极限
气门长度			
气门杆直径			
气门头部直径			

（2）气门弹簧及气门导管检测。

气门弹簧检测记录表

测量项目	实测值	最大使用极限	是否超过极限
自由长度			
垂直度			

汽车发动机构造与维修 任务实施与评价手册

续表

姓名	组号	实训名称	日期

气门导管检查结果

测量项目	实测值	最大使用极限	是否超过极限
导管直径			
配合间隙			

（3）检测各缸进、排气门的密封性是否合格，如有不合格者，请记录缸号和气门名称。

不合格缸号及气门名称：_____

4. 请查阅一个与发动机气门密封不良的故障案例并进行记录。

_____

_____

_____

检查				
	1. 气门组主要零部件指认：	□ 已完成	□ 部分完成	□ 未完成
	2. 气门组的拆装：	□ 已完成	□ 部分完成	□ 未完成
	3. 气门组主要部件的检测：	□ 已完成	□ 部分完成	□ 未完成
	4. 气门密封不良故障案例查找：	□ 已完成	□ 部分完成	□ 未完成

任务评估单 3.3 气门组结构及检修

评价要点	评价标准	分值	自评	互评	师评	备注
知识目标	能了解气门组件的基本组成	5				
	能熟悉气门组件的功用及结构特点	15				
	能掌握气门组件的工作原理	10				

项目 3 配气机构结构及检修

续表

评价要点	评价标准	分值	评价分数			备注
			自评	互评	师评	
技能目标	能够在实车或台架上指认气门组件的各主要部件	15				
	能检查、拆卸和更换气门组件，并可根据维修资料判断部件好坏	15				
素养目标	能养成规范、安全、科学、严谨、精益求精的职业素养	10				
	能坚持知行合一，做到学以致用	10				
学习过程与方法	课前任务完成度好；学习资料查找准确、及时；课堂参与度高，积极参加教学活动，遵守课堂纪律；课后作业提交及时	20				
合计		100				
增值评价与反思	相较上次课在哪些方面有了进步					

任务实施单 3.4 气门传动组结构及检修

姓名	组号	实训名称	日期

信息获取

通过学习查阅教材、维修手册及其他学习资料获取如下信息：

实训车型：_____。

车辆识别代码（VIN）：_____。

行驶里程：_____。

发动机型号：_____。

续表

姓名	组号	实训名称	日期

实训准备

场地设备：实训车辆或气缸盖拆装台架（1台/组）、气门传动组主要零部件（1套/组）。

资料：教材及实训工单（1本/人）、维修手册（1本/组）。

工具、耗材：_____

人员分组

4～6人/组，选出组长，小组成员分工：_____

_____。

流程/步骤：_____；

_____。

1. 比较下图所示的配气机构气门传动组有何异同，并标注各部件的名称。

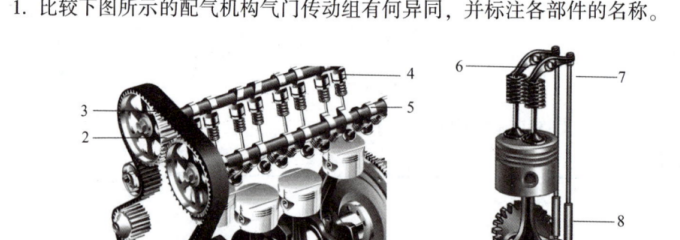

（a）　　　　　　　　　（b）

异同：_____

_____。

1：_____；2：_____；3：_____；4：_____；5：_____；

6：_____；7：_____；8：_____；

9：_____；10：_____。

2. 完成气门传动组的拆装并记录拆装步骤。

_____

_____。

项目 3 配气机构结构及检修

续表

姓名	组号	实训名称	日期

3. 检测气门传动组主要部件并记录检测结果。

（1）凸轮轴弯曲的检查。

测量位置	测量值	极限值	是否超过极限值

（2）凸轮轴轴承间隙测量。

检测位置	实际测量值	极限值	是否超过极限值
1			
2			
3			
4			

（3）凸轮高度的检查。

检测位置	实际测量值	极限值	是否超过极限值
1			
2			
3			
4			

（4）液力挺柱的检查。

外观：_____；工作性能：_____。

检查	1. 气门传动组主要部件指认：	□ 已完成 □ 部分完成 □ 未完成
	2. 气门传动组拆装：	□ 已完成 □ 部分完成 □ 未完成
	3. 气门传动组检测：	□ 已完成 □ 部分完成 □ 未完成

汽车发动机构造与维修 任务实施与评价手册

任务评估单 3.4 气门传动组结构及检修

评价要点	评价标准	分值	评价分数			备注
			自评	互评	师评	
知识	能了解气门传动组件的基本组成	10				
目标	能熟悉气门传动组件的功用及工作原理	15				
技能	能够在实车或台架上指认气门传动组件的各主要部件	10				
	能检查、拆卸和更换气门组件	10				
目标	能依据检测结果并根据维修资料判断部件是否完好	15				
素养	能够在工作过程中与小组其他成员合作、交流，养成团队合作意识，锻炼沟通能力	10				
目标	能养成8S的工作习惯	5				
	能养成服从管理、规范作业、精益求精的良好工作习惯	5				
学习过程与方法	课前任务完成度好；学习资料查找准确、及时；课堂参与度高，积极参加教学活动，遵守课堂纪律；课后作业提交及时	20				
合计		100				
增值评价与反思	相较上次课在哪些方面有了进步					

项目 3 配气机构结构及检修

任务实施单 3.5 发动机正时机构的拆装与检修

姓名	组号	实训名称	日期

信息获取

通过学习查阅教材、维修手册及其他学习资料获取如下信息：

实训车型：_____

车辆识别代码（VIN）：_____

行驶里程：_____

发动机型号：_____

计划决策

实训准备

场地设备：大众 EA888 发动机正时拆装台（1 套/组）。

资料：教材及实训工单（1 本/人）、维修手册（1 本/组）。

工具、耗材：_____

人员分组

4～6 人/组，选出组长，小组成员分工：_____

_____

流程/步骤：_____

_____

实施记录

1. 完成发动机正时拆装台检查并记录操作过程。

（1）正时拆装台检查记录：_____

（2）拆卸凸轮轴正时链机构步骤：_____

_____

_____

（3）拆卸平衡轴正时链机构步骤：_____

_____

_____

汽车发动机构造与维修 任务实施与评价手册

续表

姓名	组号	实训名称	日期

（4）拆卸进气凸轮轴的平衡轴步骤：

_____

_____

（5）安装凸轮轴正时链机构步骤：

_____

_____

（6）安装平衡轴正时链机构步骤：

_____

_____

（7）安装进气凸轮轴的平衡轴步骤：

_____

_____

（8）拆卸和安装凸轮轴正时链机构的注意事项：

_____

_____

（9）拆卸和安装平衡轴正时链机构的注意事项：

_____

_____

（10）拆卸和安装进气凸轮轴的平衡轴注意事项：

_____

_____

检查	1. 配气相位的调整：	□ 已完成 □ 部分完成 □ 未完成
	2. 正时机构的拆卸：	□ 已完成 □ 部分完成 □ 未完成
	3. 正时机构的装复：	□ 已完成 □ 部分完成 □ 未完成

任务评估单 3.5 发动机正时机构的拆装与检修

评价要点	评价标准	分值	评价分数			备注
			自评	互评	师评	
知识目标	了解发动机正时机构的拆装方法	15				
	熟悉正时机构的检修标准	15				
技能目标	能够从发动机上拆卸和装复正时机构的主要部件	15				
	能够完成正时机构的检修	15				
素养目标	强化 8S 管理理念，养成整洁规范、安全细致的工作习惯和职业素养	10				
	牢固树立环保意识，做到绿色维修	5				
	弘扬精益求精的工匠精神	5				
学习过程与方法	课前任务完成度好；学习资料查找准确、及时；课堂参与度高，积极参加教学活动，遵守课堂纪律；课后作业提交及时	20				
合计		100				
增值评价与反思	相较上次课在哪些方面有了进步					

项 目 4

燃料系统结构及检修

任务实施单 4.1 发动机燃料系统认知

姓名	组号	实训名称	日期

通过学习查阅教材、维修手册及其他学习资料获取如下信息：

实训车型：_____。

车辆识别代码（VIN）：_____。

行驶里程：_____。

发动机型号：_____。

燃油喷射系统的类型：_____ （缸内喷射/缸外喷射）。

实训准备

场地设备：实训车辆或发动机台架（1 台/组）、燃料供给系统主要零部件（1套/组）。

资料：教材及实训工单（1 本/人）、维修手册（1 本/组）。

工具、耗材：_____。

人员分组

4~6 人/组，选出组长，小组成员分工：_____

_____。

流程/步骤：_____；

_____。

1. 在实车或台架上指认燃料供给系统各主要部件，熟悉其连接关系并在下图中标注各部件的名称及功用。

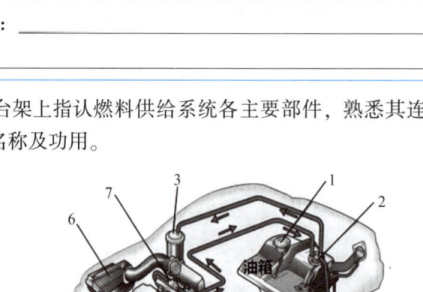

项目4 燃料系统结构及检修

续表

姓名	组号	实训名称	日期

计划决策	1：名称＿＿＿＿＿＿；功用＿＿＿＿＿＿＿＿＿＿＿＿。
	2：名称＿＿＿＿＿＿；功用＿＿＿＿＿＿＿＿＿＿＿＿。
	3：名称＿＿＿＿＿＿；功用＿＿＿＿＿＿＿＿＿＿＿＿。
	4：名称＿＿＿＿＿＿；功用＿＿＿＿＿＿＿＿＿＿＿＿。
	5：名称＿＿＿＿＿＿；功用＿＿＿＿＿＿＿＿＿＿＿＿。
	6：名称＿＿＿＿＿＿；功用＿＿＿＿＿＿＿＿＿＿＿＿。
	7：名称＿＿＿＿＿＿；功用＿＿＿＿＿＿＿＿＿＿＿＿。
	2．根据燃料供给系统的工作过程，完成下列方框图的填写。

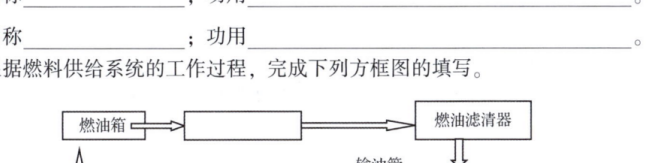

检查	1．指认燃料供给系统主要部件并观察其连接关系：
	□ 已确认 □ 部分确认 □ 未确认
	2．燃料供给路线确认： □ 已确认 □ 部分确认 □ 未确认

任务评估单4.1 发动机燃料系统认知

评价要点	评价标准	分值	评价分数			备注
			自评	互评	师评	
知识目标	能了解燃料供给系统的功用与类型	5				
	能掌握燃料供给系统的组成	15				
	能熟悉燃料供给系统中燃料供给路线及回油路线	10				

汽车发动机构造与维修 任务实施与评价手册

续表

评价要点	评价标准	分值	评价分数			备注
			自评	互评	师评	
技能目标	能够在实车或台架上简单拆解并对比观察发动机燃料供给系统的布置结构	15				
	能够在实车或台架上指认燃料供给系统各部件的安装位置	15				
素养目标	能够在工作过程中与小组其他成员合作、交流，养成团队合作意识，锻炼沟通能力	10				
	能养成8S的工作习惯	5				
	能养成服从管理、规范作业、精益求精的良好工作习惯	5				
学习过程与方法	课前任务完成度好；学习资料查找准确、及时；课堂参与度高，积极参加教学活动，遵守课堂纪律；课后作业提交及时	20				
合计		100				
增值评价与反思	相较上次课在哪些方面有了进步					

任务实施单 4.2 汽油机燃油供给系统结构及检修

姓名	组号	实训名称	日期

信息获取	通过学习查阅教材、维修手册及其他学习资料获取如下信息：实训车型：_____。车辆识别代码（VIN）：_____。行驶里程：_____。发动机型号：_____。
计划决策	**实训准备**　场地设备：实训车辆或发动机台架（1台/组）、燃油供给系统主要零部件（1套/组）。　资料：教材及实训工单（1本/人）、维修手册（1本/组）。　工具、耗材：_____。　**人员分组**　4~6人/组，选出组长，小组成员分工：_____　_____。　流程/步骤：_____；
实施记录	1. 下图为燃油供给系统，请简述燃油供给系统的功用和基本组成。

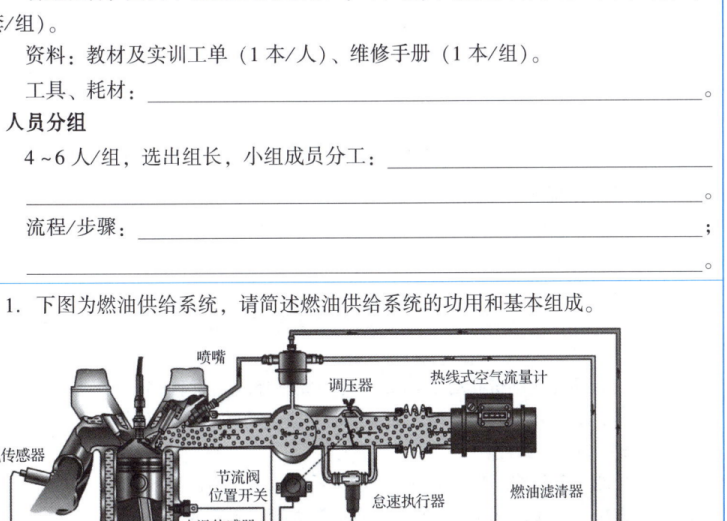

汽车发动机构造与维修 任务实施与评价手册

续表

姓名	组号	实训名称	日期

功用：_____

_____

组成：_____

_____

_____

2. 电动燃油泵电阻的检测

用万用表欧姆挡测量电动燃油泵上两个接线端子间的电阻，即为电动燃油泵直流电动机线圈的电阻，其阻值应为_____(20 ℃时)。如电阻值不符，则_____。

3. 喷油器电阻检查

拆开线束连接器，用万用表测量喷油器两端子之间的电阻。

低阻值喷油器电阻为_____Ω。

高阻值喷油器标准电阻为_____Ω。

将实际测量值填入下表。

实施记录

一缸喷油器电阻	二缸喷油器电阻	三缸喷油器电阻	四缸喷油器电阻

4. 燃油系统的压力释放

目的：防止在拆卸时，系统内的压力油喷出，造成人身伤害和火灾。

释放方法如下：

（1）起动发动机，维持怠速运转。

（2）在发动机运转时，拔下油泵继电器或电动燃油泵电源接线，使发动机熄火。

（3）再使发动机起动2~3次，即可完全释放燃油系统压力。

（4）关闭点火开关，装上油泵继电器或电动燃油泵电源接线。

5. 燃油系统压力预置

目的：避免首次起动发动机时，因系统内无压力而导致起动时间过长。

方法一：通过反复打开和关闭点火开关数次来完成。

方法二：

（1）检查燃油系统元件和油管接头是否安装好。

（2）用专用导线将诊断座上的燃油泵测试端子跨接到12 V电源上。

（3）将点火开关转至"ON"位置，使电动燃油泵工作约10 s。

项目 4 燃料系统结构及检修

续表

姓名	组号	实训名称	日期

（4）关闭点火开关，拆下诊断座上的专用导线。

6. 燃油系统压力测试

（1）检查油箱中的燃油应足够，释放燃油系统压力。

（2）检查蓄电池电压在 12 V 左右，拆下蓄电池负极电缆线。

（3）将专用油压表接到燃油系统中。对于日本丰田汽车连接在输油管的进油管接头处，对于韩国大宇或通用汽车连接在燃油滤清器与输油管之间安装脉动阻尼器的位置。

（4）接上负极电缆，起动发动机使其维持怠速运转。

（5）拆下燃油压力调节器上真空软管，用手堵住进气管一侧，检查油压表指示的压力，多点喷射系统应为 0.25～0.35 MPa，单点喷射系统为 0.07～0.10 MPa。

（6）接上燃油压力调节器的真空软管，检查燃油压力表的指示值应有所下降，约为 0.05 MPa。

（7）将发动机熄火，等待 10 min 后观察压力表的压力，多点喷射系统不低于 0.20 MPa，单点喷射系统不低于 0.05 MPa。

（8）检查完毕后，应释放系统压力，拆下油压表，装复燃油系统。

实际压力测试记录表

怠速工况时	急加速工况时	拔下真空管时	堵住真空管时

1. 燃油供给系统主要部件的类型判断： □ 已完成 □ 部分完成 □ 未完成
2. 燃油泵的检修： □ 已完成 □ 部分完成 □ 未完成
3. 喷油器的检修： □ 已完成 □ 部分完成 □ 未完成
4. 油压的检测： □ 已完成 □ 部分完成 □ 未完成

汽车发动机构造与维修 任务实施与评价手册

任务评估单 4.2 汽油机燃油供给系统结构及检修

评价要点	评价标准	分值	评价分数			备注
			自评	互评	师评	
	能了解燃油供给系统各组成部件的功用及类型	5				
知识目标	能掌握油泵、喷油器、油压调节器等主要零部件的结构及工作原理	15				
	能熟悉燃油供给系统各主要部件的检修内容和方法	10				
技能目标	能够在实车或台架上指认燃油供给系统各主要部件	15				
	能够规范地检修燃油泵、喷油器、油压调节器等燃油供给系统的主要零部件	15				
素养目标	能遵守安全规范，强化安全操作意识	10				
	能牢固树立生命至上、安全第一的理念	5				
	能激发创新意识，强化工匠精神，牢固树立科技报国的家国情怀和使命担当	5				
学习过程与方法	课前任务完成度好；学习资料查找准确、及时；课堂参与度高，积极参加教学活动，遵守课堂纪律；课后作业提交及时	20				
合计		100				
增值评价与反思	相较上次课在哪些方面有了进步					

任务实施单 4.3 柴油机燃油供给系统结构及检修

姓名	组号	实训名称	日期

信息获取

通过学习查阅教材、维修手册及其他学习资料获取如下信息：

实训车型：_____。

车辆识别代码（VIN）：_____。

行驶里程：_____。

发动机型号：_____。

实训车辆发动机是否是燃油共轨系统：_____（是/否）。

计划决策

实训准备

场地设备：实训车辆或发动机台架（1台/组）、高压泵主要零部件（1套/组）。

资料：教材及实训工单（1本/人）、维修手册（1本/组）。

工具、耗材：_____。

人员分组

4~6人/组，选出组长，小组成员分工：_____

_____。

流程/步骤：_____；

_____。

实施记录

1. 写出下图中 VE 泵各部件的名称。

续表

姓名	组号	实训名称	日期

1: _____ ; 2: _____ ; 3: _____ ; 4: _____ ;
5: _____ ; 6: _____ ; 7: _____ ; 8: _____ ;
9: _____ ; 10: _____ 。

2. 拆装 VE 泵并记录拆装步骤及注意事项。

拆装步骤：

_____

注意事项：

_____

3. 结合下图简述喷油器的工作原理。

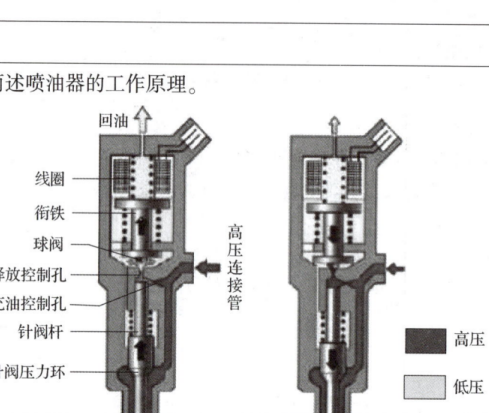

_____

检查	1. 燃油供给系统结构认知：	□ 完成 □ 部分完成 □ 未完成
	2. 柱塞泵的结构认知：	□ 完成 □ 部分完成 □ 未完成
	3. VE 泵的结构认知：	□ 完成 □ 部分完成 □ 未完成

任务评估单 4.3 柴油机燃油供给系统结构及检修

评价要点	评价标准	分值	评价分数			备注
			自评	互评	师评	
知识目标	能了解创新型热能管理系统在现代发动机上的应用	5				
	能掌握创新型热能管理系统的结构、运行原理和控制逻辑	15				
	能熟悉创新型热能管理系统的工作过程	10				
技能目标	能够在实车或台架上指认创新型热能管理系统各主要部件	15				
	能够准确分析创新型热能管理系统暖机、温度控制、持续运行和紧急等几种模式下的工作状态	15				
素养目标	能够体会新质生产力对我国内燃机技术领域的促进与提升，树立汽车产业发展的"四新"技术理念	10				
	能增强对我国汽车工业的自豪感和自信心，激发创新意识	5				
	能弘扬精益求精的工匠精神	5				
学习过程与方法	课前任务完成度好；学习资料查找准确、及时；课堂参与度高，积极参加教学活动，遵守课堂纪律；课后作业提交及时	20				
合计		100				
增值评价与反思	相较上次课在哪些方面有了进步					

项 目 5

冷却系统结构与检修

任务实施单 5.1 发动机冷却系统认知

姓名	组号	实训名称	日期

通过学习查阅教材、维修手册及其他学习资料获取如下信息：

信息获取

实训车型：_____。

车辆识别代码（VIN）：_____。

行驶里程：_____。

发动机型号：_____。

冷却系统的类型：_____(风冷/水冷)。

实训准备

场地设备：实训车辆或发动机台架（1台/组）、冷却系统主要零部件（1套/组）。

资料：教材及实训工单（1本/人）、维修手册（1本/组）。

工具、耗材：_____。

人员分组

4~6人/组，选出组长，小组成员分工：_____

流程/步骤：_____；

_____。

实施记录

1. 在实车或台架上指认冷却系统各主要部件，熟悉其连接关系并在下图中标注各部件的名称。

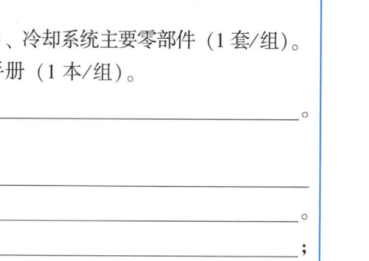

1：_____；

2：_____；

3：_____；

4：_____；

5：_____；

6：_____；

7：_____；

8：_____。

项目5 冷却系统结构与检修

续表

姓名	组号	实训名称	日期

2. 在实车或台架上指出冷却液大、小循环的路线，然后用不同颜色在下图中画出大、小循环路线。

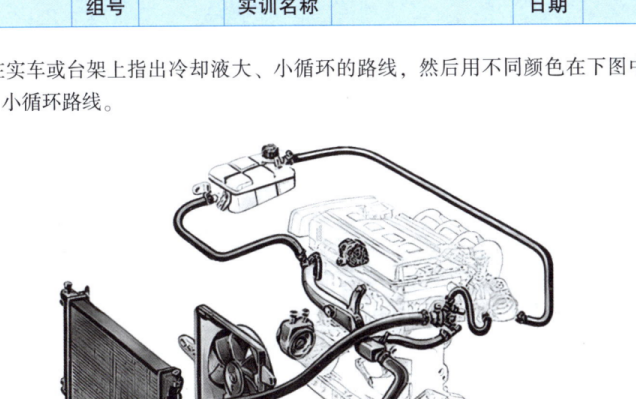

3. 分析如果发动机节温器出现故障，导致冷却液只能进行小循环而不能进行大循环，将对发动机有何影响？

_____

_____

_____

检	1. 指认冷却系统主要部件并观察其连接关系：	□ 已确认 □ 部分确认 □ 未确认
查	2. 判断冷却系统大、小循环路线：	□ 已确认 □ 部分确认 □ 未确认

汽车发动机构造与维修 任务实施与评价手册

任务评估单 5.1 发动机冷却系统认知

评价要点	评价标准	分值	评价分数			备注
			自评	互评	师评	
知识目标	能了解冷却系统的功用与类型	5				
	能掌握冷却系统的组成	15				
	能熟悉冷却系统中冷却液大、小循环的路线及特点	10				
技能目标	能够在实车或台架上简单拆解并对比观察发动机冷却系统的布置	15				
	能够在实车或台架上指认冷却系统大、小循环路线	15				
素养目标	能持续保持浓厚的专业兴趣	10				
	能提升探索未知、追求真理、勇攀科学高峰的责任感和使命感	5				
	能进一步强化生命至上、安全操作的意识	5				
学习过程与方法	课前任务完成度好；学习资料查找准确、及时；课堂参与度高，积极参加教学活动，遵守课堂纪律；课后作业提交及时	20				
合计		100				
增值评价与反思	相较上次课在哪些方面有了进步					

任务实施单 5.2 冷却系统结构与检修

姓名	组号	实训名称	日期

信息获取

通过学习查阅教材、维修手册及其他学习资料获取如下信息：

实训车型：_____。

车辆识别代码（VIN）：_____。

行驶里程：_____。

发动机型号：_____。

计划决策

实训准备

场地设备：实训车辆或发动机台架（1台/组）、冷却系统主要零部件（1套/组）。

资料：教材及实训工单（1本/人）、维修手册（1本/组）。

工具、耗材：_____。

人员分组

4～6人/组，选出组长，小组成员分工：_____

_____。

流程/步骤：_____；

_____。

实施记录

1. 在实训车或发动机台架上找到冷却系统主要部件，判断其类型并在下图中圈出。

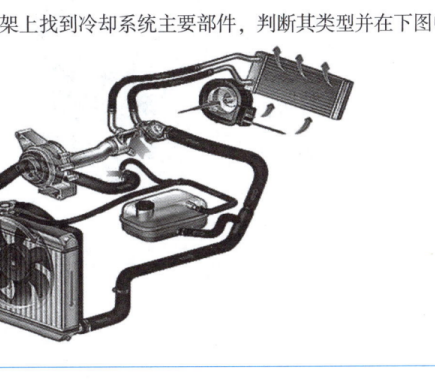

续表

姓名	组号	实训名称	日期

水泵类型：_____

散热器类型：_____

节温器类型：_____

风扇类型：_____

2. 完成冷却系统主要部件检修。

水泵总成的检修：_____

散热器总成的检修：_____

节温器的检修：_____

风扇总成的检修：_____

3. 结合下图简述蜡式节温器的工作原理。

续表

姓名		组号	实训名称		日期	

检查				
	1. 冷却系统主要部件的类型判断：	□ 已完成	□ 部分完成	□ 未完成
	2. 水泵总成的检修：	□ 已完成	□ 部分完成	□ 未完成
	3. 散热器总成的检修：	□ 已完成	□ 部分完成	□ 未完成
	4. 节温器的检修：	□ 已完成	□ 部分完成	□ 未完成
	5. 风扇总成的检修：	□ 已完成	□ 部分完成	□ 未完成
	6. 蜡式节温器的工作原理分析：	□ 已完成	□ 部分完成	□ 未完成

任务评估单 5.2 冷却系统结构与检修

评价要点	评价标准	分值	自评	互评	师评	备注
知识目标	能了解冷却系统各组成部件的功用及类型	5				
	能掌握散热器、水泵、节温器等主要零部件的结构及工作原理	15				
	能熟悉冷却系统各主要部件的检修内容和方法	10				
技能目标	能够在实车或台架上指认冷却系统各主要部件	15				
	能够规范地检修水泵、节温器等冷却系统主要零部件	15				
素养目标	遵守安全规范，强化安全操作意识	10				
	牢固树立生命至上、安全第一的理念	5				
	激发创新意识，强化工匠精神，牢固树立科技报国的家国情怀和使命担当	5				

续表

评价要点	评价标准	分值	评价分数			备注
			自评	互评	师评	
学习过程与方法	课前任务完成度好；学习资料查找准确、及时；课堂参与度高，积极参加教学活动，遵守课堂纪律；课后作业提交及时	20				
合计		100				
增值评价与反思	相较上次课在哪些方面有了进步					

任务实施单 5.3 创新型发动机热能管理系统

姓名		组号		实训名称		日期	

信息获取	通过学习查阅教材、维修手册及其他学习资料获取如下信息：实训车型：_____。车辆识别代码（VIN）：_____。行驶里程：_____。发动机型号：_____。实训车辆发动机是否有创新型热能管理系统：_____（是/否）。
计划决策	**实训准备**　场地设备：实训车辆或发动机台架（1台/组）、冷却系统主要零部件（1套/组）。资料：教材及实训工单（1本/人）、维修手册（1本/组）。工具、耗材：_____。**人员分组**　4~6人/组，选出组长，小组成员分工：_____　_____。流程/步骤：_____；_____。

项目5 冷却系统结构与检修

续表

姓名	组号	实训名称	日期

观察实训车辆冷却系统并查阅维修手册，判断实训车辆发动机是否配备有创新型发动机热能管理系统。

1. 如果配备，请拆卸发动机温度调节执行器并观察其结构，组内交流其工作原理。

拆卸步骤：

_____

_____

_____

工作原理：

_____

_____

_____

2. 如果没有配备，请在下图中简要画出发动机暖机（起动机油冷却器）过程的原理。

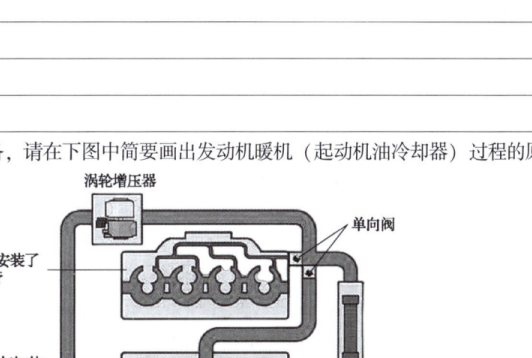

检查	1. 判断实训车辆是否配备创新型发动机热能管理系统：	□ 是	□ 否
	2. 创新型发动机热能管理系统中温度调节执行器的拆卸：		
	□ 完成 □ 部分完成 □ 未完成		
	3. 创新型发动机热能管理系统中温度调节执行器的工作原理分析：		
	□ 完成 □ 部分完成 □ 未完成		
	4. 发动机暖机（起动机油冷却器）过程的原理：		
	□ 已确认 □ 部分确认 □ 未确认		

汽车发动机构造与维修 任务实施与评价手册

任务评估单 5.3 创新型发动机热能管理系统

评价要点	评价标准	分值	评价分数			备注
			自评	互评	师评	
知识目标	能了解创新型热能管理系统在现代发动机上的应用	5				
	能掌握创新型热能管理系统的结构、运行原理和控制逻辑	15				
	能熟悉创新型热能管理系统的工作过程	10				
技能目标	能够在实车或台架上指认创新型热能管理系统各主要部件	15				
	能够准确分析创新型热能管理系统暖机、温度控制、持续运行和紧急等几种模式下的工作状态	15				
素养目标	深入理解汽车产业发展的"四新"要求	10				
	激发创新意识，弘扬精益求精的工匠精神	10				
学习过程与方法	课前任务完成度好；学习资料查找准确、及时；课堂参与度高，积极参加教学活动，遵守课堂纪律；课后作业提交及时	20				
合计		100				
增值评价与反思	相较上次课在哪些方面有了进步					

项目 5 冷却系统结构与检修

任务实施单 5.4 冷却系统拆装与维护

姓名	组号	实训名称	日期

信息获取

通过学习查阅教材、维修手册及其他学习资料获取如下信息：

实训车型：_____

车辆识别代码（VIN）：_____

行驶里程：_____

发动机型号：_____

计划决策

实训准备

场地设备：实训车辆或发动机台架（1 台/组）、冷却系统主要零部件（1 套/组）。

资料：教材及实训工单（1 本/人）、维修手册（1 本/组）。

工具、耗材：_____

人员分组

4～6 人/组，选出组长，小组成员分工：_____

_____

流程/步骤：_____；

_____

实施记录

1. 完成实训车冷却液的检查、排放和加注，并记录操作过程。

冷却液检查记录：_____

冷却液排放步骤：_____

_____

冷却液加注步骤：_____

_____

_____

_____

操作安全注意事项：_____

汽车发动机构造与维修 任务实施与评价手册

续表

姓名		组号		实训名称		日期	

实施记录	2. 检测实训车辆冷却系统的密封性并记录。
	检测仪器：_____。
	检测部位：_____。
	参考值：_____。
	实测值：_____。

检查	1. 冷却液检查：	□ 已完成	□ 部分完成	□ 未完成
	2. 冷却液排放和加注：	□ 已完成	□ 部分完成	□ 未完成
	3. 冷却系统密封性检测：	□ 已完成	□ 部分完成	□ 未完成

任务评估单 5.4 冷却系统拆装与维护

评价要点	评价标准	分值	评价分数			备注
			自评	互评	师评	
知识	能了解冷却系统主要部件的拆装方法	10				
目标	能熟悉冷却系统的维护内容	15				
技能	能够从实车上拆卸和装复冷却系统主要部件	10				
目标	能够完成冷却系统的维护	10				
	能够较熟练地更换冷却液	15				
素养	强化 8S 管理理念，养成整洁规范、安全细致的工作习惯和职业素养	10				
目标	牢固树立环保意识，做到绿色维修	5				
	弘扬精益求精的工匠精神	5				

项目 5 冷却系统结构与检修

续表

评价要点	评价标准	分值	评价分数			备注
			自评	互评	师评	
学习过程与方法	课前任务完成度好；学习资料查找准确、及时；课堂参与度高，积极参加教学活动，遵守课堂纪律；课后作业提交及时	20				
合计		100				
增值评价与反思	相较上次课在哪些方面有了进步					

项 目 6

润滑系统结构与检修

任务实施单 6.1 发动机润滑系统认知

姓名	组号	实训名称	日期

信息获取	通过学习查阅教材、维修手册及其他学习资料获取如下信息：
	实训车型：_____
	车辆识别代码（VIN）：_____
	行驶里程：_____
	发动机型号：_____

计划决策	**实训准备**
	场地设备：实训车辆或发动机台架（1台/组）、润滑系统主要零部件（1套/组）。
	资料：教材及实训工单（1本/人）、维修手册（1本/组）。
	工具、耗材：_____
	人员分组
	4~6人/组，选出组长，小组成员分工：_____
	流程/步骤：_____

实施记录	1. 对照实物指认润滑系统的各主要组成部件，在下图中标出各部件名称，用箭头画出润滑油流动的基本路线。

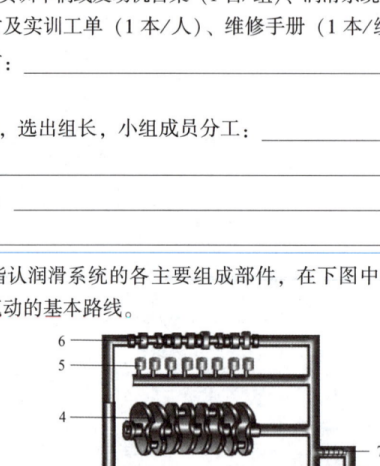

项目 6 润滑系统结构与检修

续表

姓名		组号		实训名称		日期	

实施记录	1：_____；2：_____；
	3：_____；4：_____；
	5：_____；6：_____；
	7：_____；8：_____；
	9：_____；10：_____。
	上述部件中属于机油存储和供给装置的是_____，属于机油滤清装置的是_____。
	2. 发动机的润滑方式主要有_____、_____和_____三种。其中工作载荷大、相对速度高的运动表面，如曲轴主轴承、连杆轴承、凸轮轴轴承等部位主要以_____润滑为主；载荷较轻、相对速度较低的运动件表面，如活塞、气缸壁、凸轮、正时齿轮、摇臂、气门等部位主要以_____润滑为主；水泵轴承、发电机轴承等部位主要以_____润滑为主。

检查	1. 润滑系统主要部件指认：	□ 已完成 □ 部分完成 □ 未完成
	2. 润滑系基本油路标注：	□ 已完成 □ 部分完成 □ 未完成
	3. 发动机润滑方式：	□ 已完成 □ 部分完成 □ 未完成

任务评估单 6.1 发动机润滑系统认知

评价要点	评价标准	分值	自评	互评	师评	备注
知识目标	能了解发动机润滑系统的功用及润滑方式	15				
	能熟悉发动机润滑系统各组成部件及润滑油流动路线	15				
技能目标	能够认识机油压力警示灯	15				
	能够在发动机上指认润滑油流动的基本路线	15				

汽车发动机构造与维修 任务实施与评价手册

续表

评价要点	评价标准	分值	评价分数			备注
			自评	互评	师评	
素养目标	激发专业兴趣，提升探索未知、追求真理的勇气	10				
	强化8S管理理念，养成安全细致、整洁规范的工作习惯和职业素养	10				
学习过程与方法	课前任务完成度好；学习资料查找准确、及时；课堂参与度高，积极参加教学活动，遵守课堂纪律；课后作业提交及时	20				
合计		100				
增值评价与反思	相较上次课在哪些方面有了进步					

任务实施单6.2 发动机润滑系统结构与检修

姓名		组号	实训名称		日期	
信息获取	通过学习查阅教材、维修手册及其他学习资料获取如下信息：					
	发动机型号：_____。					
	机油泵类型：_____。					
	机油滤清器数目：_____。					
计划决策	**实训准备**					
	场地设备：供拆装的发动机（1台/组）、润滑系统主要零部件（1套/组）。					
	资料：教材及实训工单（1本/人）、维修手册（1本/组）。					
	工具、耗材：_____。					

项目6 润滑系统结构与检修

续表

姓名	组号	实训名称	日期

计划决策

人员分组

4~6人/组，选出组长，小组成员分工：_____

_____。

流程/步骤：_____；

_____。

实施记录

1. 区分下列几种机油泵的类型，并做对比分析。

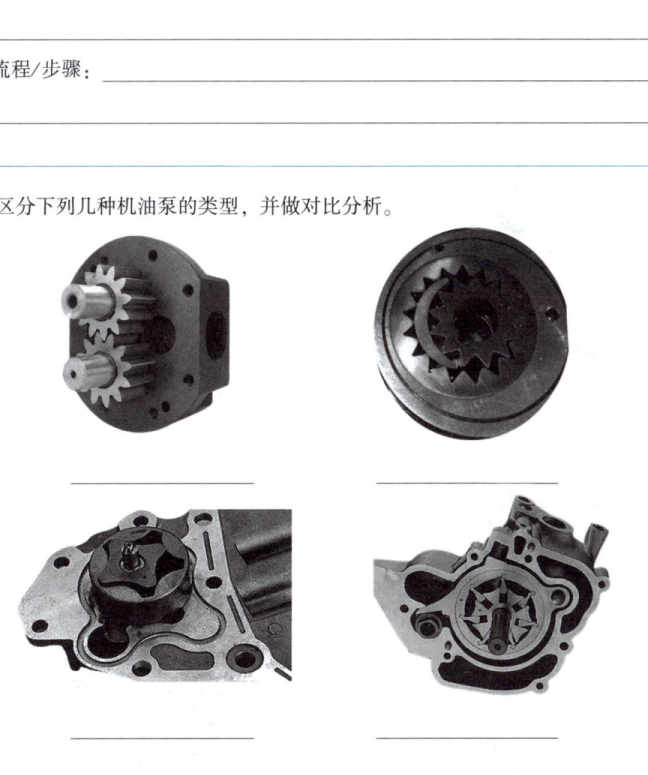

序号	类型	特点	应用
1			
2			
3			
4			

汽车发动机构造与维修 任务实施与评价手册

续表

姓名	组号	实训名称	日期

2. 辨认下列图片中的部件，将部件与正确名称连线并写出其主要功用。

部件及名称	功用
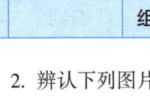 机油泵	
 机油集滤器	
 机油冷却器	
 机油滤清器	

实施记录

3. 检查机油液面高度并更换机油。

机油液面高度检查方法：_____

_____。

更换机油的操作步骤：_____。

4. 完成发动机润滑系统主要部件的拆装并记录拆装步骤。

（1）机油泵的拆装及注意事项。

拆装步骤：_____

_____。

注意事项：_____

_____。

项目6 润滑系统结构与检修

续表

姓名		组号		实训名称		日期	

实施记录	（2）机油冷却器的拆装及注意事项。拆装步骤：_____ _____ 注意事项：_____ 5. 请查阅一个与发动机润滑系统相关的故障案例并进行记录。_____ _____ _____

检查	1. 机油泵的类型的区分：	□ 已完成	□ 部分完成	□ 未完成
	2. 润滑系统主要零部件指认：	□ 已完成	□ 部分完成	□ 未完成
	3. 机油检查及更换：	□ 已完成	□ 部分完成	□ 未完成
	4. 润滑系统主要部件的拆装：	□ 已完成	□ 部分完成	□ 未完成
	5. 润滑系统相关故障案例查找记录：	□ 已完成	□ 部分完成	□ 未完成

任务评估单 6.2 发动机润滑系统结构与检修

评价要点	评价标准	分值	评价分数			备注
			自评	互评	师评	
	能了解润滑系统主要部件的功用及类型	5				
知识目标	能掌握机油泵、机油滤清器等主要零部件的结构及工作原理	10				
	能熟悉润滑系统各主要部件的检修内容和方法	10				

汽车发动机构造与维修 任务实施与评价手册

续表

评价要点	评价标准	分值	评价分数			备注
			自评	互评	师评	
技能目标	能够在实车或台架上指认润滑系统各主要部件	10				
	能够规范地检修机油泵、机油滤清器等润滑系统主要零部件	10				
	能够规范地检查和更换机油	10				
素养目标	能了解发动机润滑系统中的"四新"技术	5				
	能遵守8S管理规范，强化安全操作及环保意识，注意细节	10				
	能具备劳动精神和工匠精神，牢固树立技能报国的理想抱负	10				
学习过程与方法	课前任务完成度好；学习资料查找准确、及时；课堂参与度高，积极参加教学活动，遵守课堂纪律；课后作业提交及时	20				
合计		100				
增值评价与反思	相较上次课在哪些方面有了进步					

任务实施单 6.3 曲轴箱通风

姓名	组号	实训名称	日期

信息获取

通过学习查阅教材、维修手册及其他学习资料获取如下信息：

发动机型号：_____

曲轴箱通风类型：_____

续表

姓名	组号	实训名称	日期

实训准备

场地设备：供拆装的发动机（1台/组）、曲轴箱通风系统主要零部件（1套/组）。

资料：教材及实训工单（1本/人）、维修手册（1本/组）。

工具、耗材：_____。

人员分组

4～6人/组，选出组长，小组成员分工：_____

_____。

流程/步骤：_____；

_____。

1. 画出曲轴箱强制通风的基本原理图。

2. 下图中用圆圈出的部件叫作_____，安装在_____，它属于_____阀，用来控制_____的大小，并防止气体或火焰_____流动。

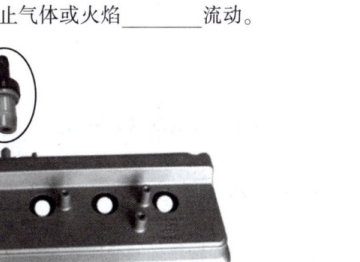

3. 拆检曲轴箱强制通风系统，清洁PCV阀，并记录操作步骤。

_____

_____。

续表

姓名	组号	实训名称	日期

4. 在下图中标出各部件的名称。

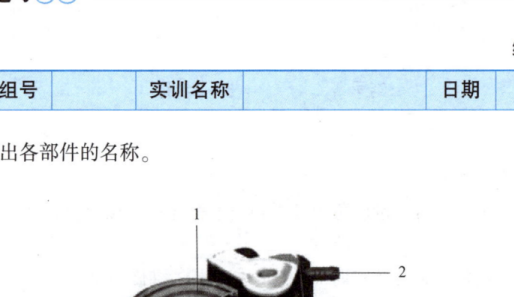

1：_____；2：_____；

3：_____；4：_____；

5：_____。

5. 请查阅一个与发动机润滑系统相关的故障案例并进行记录。

_____

_____。

检查	1. 画曲轴箱强制通风的基本原理图：	□ 已完成	□ 部分完成	□ 未完成
	2. PCV 阀认识：	□ 已完成	□ 部分完成	□ 未完成
	3. 拆检曲轴箱强制通风系统，清洁 PCV 阀：	□ 已完成	□ 部分完成	□ 未完成
	4. EA888 发动机曲轴箱强制通风系统结构：	□ 已完成	□ 部分完成	□ 未完成
	5. 曲轴箱通风相关故障案例查找记录：	□ 已完成	□ 部分完成	□ 未完成

任务评估单 6.3 曲轴箱通风

评价要点	评价标准	分值	自评	互评	师评	备注
知识目标	能了解曲轴箱通风的功用和类型	5				
知识目标	能掌握曲轴箱强制通风的基本原理	15				
知识目标	能熟悉大众 EA888 发动机曲轴箱强制通风系统结构	10				
技能目标	能够在发动机上找到大曲轴箱强制通风系统	15				
技能目标	能够对曲轴箱强制通风系统进行简单拆检	15				
素养目标	了解与发动机润滑系统相关的新技术、新工艺，牢固树立汽车行业发展的"四新"理念	10				
素养目标	能激发创新意识，弘扬工匠精神	10				
学习过程与方法	课前任务完成度好；学习资料查找准确、及时；课堂参与度高，积极参加教学活动，遵守课堂纪律；课后作业提交及时	20				
合计		100				
增值评价与反思	相较上次课在哪些方面有了进步					